LES 7 HABITUDES DE CEUX QUI RÉALISENT TOUT CE QU'ILS ENTREPRENNENT

À mes collègues

Stephen R. Covey

LES 7 HABITUDES DE CEUX QUI RÉALISENT TOUT CE QU'ILS ENTREPRENNENT

Traduction de Magali Guenette

FIRST
Editions

Du même auteur, aux Editions First :

Priorité aux priorités

L'Etoffe des leaders

Les 7 Habitudes des familles épanouies

Les 7 Habitudes en action

La 8ème Habitude

Titre original : The Seven Habits of Effective People.

Publié en accord avec l'éditeur original : Free Press, une division de Simon & Schuster, New York.

ISBN 2-75400-081-X

Dépôt légal : 3e trimestre 2005

Nous nous efforçons de publier des ouvrages qui correspondent à vos attentes et votre satisfaction est pour nous une priorité. Alors, n'hésitez pas à nous faire part de vos commentaires :

Éditions Générales First
27, rue Cassette
75006 Paris – France
e-mail : firstinfo@efirst.com
Site internet : www.efirst.com

Mise en page : KN Conception
Imprimé en France

Sommaire

Préface

DEPUIS la première édition des *Sept Habitudes de ceux qui réalisent tout ce qu'ils entreprennent*, le monde a connu de spectaculaires transformations. La vie est devenue plus complexe, plus exigeante, plus stressante. De l'ère industrielle, nous sommes passés à celle de l'information et du travailleur du savoir – avec les conséquences profondes que cela suppose. Dans notre vie privée, familiale et professionnelle, nous devons faire face à des problèmes inimaginables il y a seulement dix ou vingt ans. Ces difficultés sont autres non seulement par leur ampleur, mais aussi par leur essence.

Ces bouleversements de la société, et ceux qui s'annoncent sur des marchés internationaux transformés par l'informatique, soulèvent une question primordiale (que l'on me pose souvent) : « Les Sept Habitudes sont-elles toujours d'actualité ? Et qu'en sera-t-il dans dix, vingt, cinquante ou cent ans ? » Ma réponse : plus les changements sont radicaux et difficiles à affronter, et plus ces attitudes se justifient. Pourquoi ? Parce que nos problèmes et nos soucis, qui sont universels et ne cessent de s'accentuer, trouvent et trouveront toujours leur remède dans des *principes* universels qui, au sein de toute société durablement florissante, vont de soi depuis la nuit des temps. Je ne saurais m'en arroger la paternité. Je les ai seulement identifiés et classés.

Voici l'un des enseignements les plus profonds que m'ait apportés l'existence : qui veut réaliser ses aspirations les plus élevées, relever les défis les plus ardus, doit *découvrir et mettre en application le principe, ou loi naturelle, qui gouverne ses objectifs*. La façon d'y parvenir varie amplement en fonction des qualités de l'individu et de sa créativité. Mais en fin de compte, le succès de nos efforts dépend toujours d'une concordance entre nos actes et ce principe.

De nombreuses personnes ont un point de vue contraire, au moins inconsciemment. En fait, les modes de pensées et les pratiques en cours dans notre culture populaire s'avèrent de plus en plus souvent en nette opposition avec des solutions nourries de principes. J'illustrerai cette divergence par quelques comportements courants.

Peur et insécurité. Un sentiment de crainte se généralise aujourd'hui. Les gens ont peur de l'avenir. Dans le monde du travail, ils se sentent vulnérables, angoissés à l'idée de perdre leur emploi et les moyens de subvenir aux besoins de leur famille. C'est pourquoi ils se résignent à une existence dépourvue de risques, dépendante vis-à-vis d'autrui, dans le cadre professionnel comme privé. Dans notre culture, la norme consiste à réagir à ce problème en gagnant toujours plus d'indépendance : « Je vais m'occuper de moi, et de ce qui m'importe. Je ferai mon boulot, et je le ferai bien, mais mes véritables satisfactions, je les trouverai ailleurs. » L'indépendance représente une valeur et une finalité importantes, voire vitales. L'ennui, c'est que la réalité qui nous entoure est de nature *interdépendante*, et que nos réussites les plus marquantes exigent une aptitude à l'interdépendance bien supérieure à nos capacités actuelles.

Tout, tout de suite. « Je veux de l'argent. Je veux une grande maison, une belle voiture et de multiples distractions. Je veux tout cela et je le mérite. » Certes, la culture de la carte de crédit permet aujourd'hui de posséder avant de payer. Mais les réalités économiques reviennent bientôt en force, nous rappelant, parfois dans la douleur, que notre train de vie ne saurait excéder notre capacité de production. L'attitude contraire n'est pas soutenable dans le temps. L'intérêt individuel pose d'implacables exigences. Même en travaillant dur, on n'y arrive pas. En raison de l'étourdissante rapidité des progrès techniques et de la concurrence croissante favorisée par la mondialisation, il n'est plus possible de se contenter d'un bagage définitivement acquis. Nous sommes dans l'obligation d'acquérir de nouvelles connaissances, de nous réinventer sans cesse. Pour rester dans la course, nous devons élever et aiguiser notre esprit, investir dans le développement de nos compétences. Nos employeurs nous demandent des résultats, à juste titre. Face à une âpre concurrence, c'est une question de survie. La nécessité de produire *aujourd'hui* est la réalité d'aujourd'hui. Elle répond aux exigences du capital. Mais le véritable mantra de la réussite, c'est la croissance durable. Il ne suffit pas d'atteindre ses objectifs trimestriels, encore faut-il réaliser les investissements nécessaires pour y parvenir toujours, dans un an, dans cinq ans, dans dix ans. Notre culture, en chœur avec Wall Street, réclame à grands cris des résultats *immédiats*. Mais nous ne pouvons échapper au principe qui nous dicte de trouver *l'équilibre* entre cette exigence et les indispensables aptitudes à acquérir pour assurer nos succès de demain. Cela se vérifie aussi pour ce qui concerne notre santé, notre couple, nos rapports familiaux et sociaux.

Rejet des responsabilités et victimisation. En cas de difficulté, il est facile de pointer un doigt accusateur. Notre société a acquis un goût immodéré pour le rôle de victime. « Ah, si ce crétin de directeur n'était pas toujours sur mon dos... Ah, si les collègues ne semaient pas systématiquement la pagaille dans les commandes... Ah, si notre secteur d'activité n'était pas en plein marasme... Ah, si les gens étaient moins feignants, plus motivés... Ah, si j'étais né dans un milieu plus favorisé... Ah, si j'habitais un quartier moins pourri... Ah, si mon père ne m'avait pas transmis son caractère de cochon... Ah, si mes enfants étaient moins indisciplinés... Ah, si ma femme se montrait plus compréhensive...» C'est toujours la faute des autres. Rejeter systématiquement les torts sur autrui ou sur autre chose pour expliquer ses difficultés est entré dans la norme. Tout en nous procurant un soulagement momentané, cela a aussi pour effet de nous enchaîner à ces problèmes. Présentez-moi quelqu'un d'assez humble pour reconnaître sa part de *responsabilité* dans ses causes de tracas, et d'assez courageux pour prendre toutes *initiatives* créatrices lui permettant de surmonter ou de contourner ses difficultés, et je vous montrerai le pouvoir suprême que nous procure l'exercice du choix.

Perte d'espoir. Le rejet des responsabilités engendre cynisme et fatalisme. Lorsque, convaincus d'être victimes du sort, nous nous laissons aller au déterminisme, nous perdons toute motivation, tout espoir, pour nous installer dans un immobilisme résigné. « Je ne suis qu'un pion, un pantin, un rouage impuissant. Tout ce que je peux faire, c'est obéir. » Nombre d'individus pourtant brillants éprouvent ce sentiment, ainsi que le découragement et la dépression qui s'ensuivent. La culture populaire y répond par une réaction de survie, le cynisme : « Réduisons nos attentes au point que n'être plus déçus par rien ni par personne. » S'y oppose un principe d'espoir et de progrès, vérifié depuis toujours, qui nous amène à cette découverte : « La force créative qui dirige mon existence, c'est moi. »

Déséquilibre vie professionnelle / vie privée. À l'ère du téléphone mobile, nous subissons un mode de vie épuisant, toujours plus complexe. Nous avons beau nous efforcer d'améliorer sans cesse notre efficacité grâce aux merveilles de la technologie moderne, de gérer notre temps, de faire plus, d'être plus, nous nous voyons submerger par une masse d'infinies petitesses. Pourquoi laissons-nous passer derrière nos obligations professionnelles nos proches, notre santé, notre éthique et bien d'autres choses qui nous importent au premier chef ? Ce n'est pas le travail qui est en cause, car il représente la courroie d'entraînement de notre existence. Ce n'est pas non plus la complexité de notre environnement, ni ses transformations. Le problème, c'est que notre culture moderne nous déclare : « Arrive à l'aube au bureau, quitte-le à des heures impossibles, sois plus efficace, fais le deuil de tout ce que tu sacrifies. » Ce n'est pas avec de tels arguments que nous atteindrons à l'équilibre et à la sérénité. N'y parviennent que ceux qui se forment une idée très claire de leurs priorités, et s'emploient à leur rester fidèles.

« Voyons ce que j'ai à y gagner. » Notre société nous apprend que pour arriver à quelque chose dans la vie, il faut viser la plus haute marche du podium : « La vie est une compétition, débrouille-toi pour gagner. » Nous considérons nos camarades de classe, nos collègues et même les membres de notre famille comme des rivaux. Plus ils gagnent, moins il nous en reste. Soucieux d'apparences magnanimes, nous nous réjouissons de leur réussite, bien entendu ; mais dans notre for intérieur, combien d'entre nous n'enragent-ils pas aux succès des autres ? Notre histoire est parsemée de progrès nés de la détermination de cavaliers seuls. Mais à l'ère du travailleur du savoir, les exploits les plus remarquables sont l'apanage de ceux qui maîtrisent l'art du « nous ». La véritable grandeur ne peut désormais résulter que d'une coopération altruiste et sans réserves, dans un respect mutuel et pour le bien de tous.

Soif de compréhension. L'être humain éprouve peu de nécessités aussi aiguës que celle d'être compris. Il nous importe de faire entendre notre voix, de faire respecter et apprécier nos opinions – de savoir que nous exerçons une influence. On croit en général que l'influence est une question de communication, qu'elle consiste à s'exprimer de façon claire et persuasive. En y réfléchissant, ne constatez-vous pas que pendant que vos interlocuteurs vous parlent, il vous arrive souvent de préparer votre réponse, au lieu de les écouter ? La véritable influence commence lorsque l'autre sent que ses paroles vous pénètrent, qu'il arrive à se faire comprendre de vous, que vous lui prêtez une oreille sincère et attentive et que vous acceptez son point de vue. Mais la plupart des gens sont émotionnellement trop vulnérables pour écouter vraiment, pour laisser leurs arguments en suspens et s'efforcer de comprendre l'autre, avant de lui communiquer leurs idées. Notre culture revendique, voire exige, le droit à la compréhension et à l'influence. Pourtant, le principe d'influence est régi par une compréhension réciproque, née de l'engagement d'au moins un des interlocuteurs à accorder d'abord une écoute authentique.

Différences et conflits. Nous avons tant en commun, et pourtant nous sommes magnifiquement différents. Nous pensons différemment ; nos valeurs, nos motivations et nos objectifs divergent, quand ils ne s'opposent pas radicalement. De ces différences surgissent naturellement des conflits. Notre société nous encourage à résoudre ces différences et conflits par l'adoption d'attitudes concurrentielles, visant à nous en sortir gagnants. L'art délicat du compromis, selon lequel chacun cède du terrain jusqu'à aboutir à une situation intermédiaire acceptable, produit d'excellents résultats. Mais aucune des parties en présence ne s'en trouve jamais totalement satisfaite. Les différences nous conduisent vers le plus petit commun dénominateur. Au lieu de ce gâchis, nous gagnerions tellement à laisser le principe de *coopération créative* nous guider vers des solutions encore plus bénéfiques pour chacun que ses revendications premières !

Immobilisme personnel. La nature humaine présente quatre dimensions : corporelle, intellectuelle, affective et spirituelle. Comparons les deux attitudes possibles vis-à-vis de chacune d'entre elles.

Dimension corporelle :

Tendance culturelle : sans changer son mode de vie, répondre aux troubles de santé par des traitements médicamenteux ou chirurgicaux.

Respect de principes : prévenir les maladies et autres affections en accordant son mode de vie à des principes de santé établis de longue date et universellement admis.

Dimension intellectuelle :

Tendance culturelle : regarder la télévision (« Distrayez-moi ! »).
Respect de principes : lire en privilégiant la profondeur et la diversité, se cultiver en permanence.

Dimension affective :

Tendance culturelle : utiliser ses relations dans un but égoïste et intéressé.
Respect de principes : accorder aux autres une écoute attentive et respectueuse, les aider, et accéder ainsi à une joie et à un épanouissement intenses.

Dimension spirituelle :

Tendance culturelle : succomber à la perte de foi et au cynisme ambiants.
Respect de principes : admettre que notre quête fondamentale de sens, de même que la satisfaction de tous nos espoirs, se fonde sur des principes — lois naturelles qui, selon moi, trouvent leur source en Dieu.

Gardez à l'esprit ces idéaux universels, ainsi que les besoins et aspirations qui vous sont propres. Cela vous aidera à trouver votre voie, à surmonter les obstacles qui se présenteront face à vous. Vous comprendrez aussi, de façon de plus en plus claire, la différence entre ce que nous inculque la culture ambiante et des principes éprouvés au fil des temps.

Pour finir sur une note personnelle, je vous ferai part d'une question que je pose régulièrement pendant mes cours : qui, sur son lit de mort, regretterait de ne pas avoir passé plus de temps au bureau — ou devant le petit écran ? Personne. Dans ces moments-là, on ne songe qu'aux êtres chers, à ceux auxquels on a voué son existence.

Arrivé à la fin de sa vie, le grand psychologue Abraham Maslow lui-même plaçait le bonheur et l'épanouissement de sa descendance au-dessus de la réalisation de soi (c'est-à-dire plus haut que le sommet de sa fameuse « pyramide des besoins »). Il appelait cela son auto-transcendance.

Il en va de même pour moi. Ce sont mes enfants et petits-enfants qui m'apportent, de loin, les fruits les plus appréciables des principes illustrés par les Sept Habitudes.

Ainsi, ma fille Shannon, âgée de dix-neuf ans, s'est sentie appelée à s'occuper des orphelins de Roumanie. Un jour, l'un de ces enfants souffrants, a tendu les bras vers elle, pour demander un câlin. C'est alors que Shannon a choisi sa vocation : « Je ne veux plus d'une vie égoïste. Je veux vouer mon existence aux autres. » Depuis cette révélation, elle est en Roumanie, auprès de ceux qui ont besoin d'elle.

Tous mes enfants sont mariés. Avec leurs conjoints, ils mettent leurs principes en application, en s'engageant dans des missions d'intérêt public. Les voir ainsi mener leur barque nous emplit de joie, mon épouse et moi-même.

À vous qui commencez la lecture des *Sept Habitudes*, je promets de passionnantes découvertes. *Partagez* avec votre entourage les enseignements que vous aurez tirés de ce livre. Et, surtout, *mettez-les en application*. Apprendre et ne pas faire, ce n'est pas apprendre. Savoir et ne pas faire, ce n'est pas savoir.

Vivre les Sept Habitudes est un combat de chaque jour, j'en ai fait personnellement l'expérience – ne serait-ce que parce plus on progresse, plus la difficulté augmente, comme dans la pratique d'un sport. Mais parce que je m'efforce sincèrement d'appliquer ces principes dans mon existence quotidienne, je vous accompagnerai avec toute ma sympathie au long cette aventure.

– Stephen R. Covey
stephen.covey@stephencovey.com
www.stephencovey.com
Provo, Utah (États-Unis) 24 juillet 2004

Avant-propos

À l'attention de mes lecteurs français

PRIS dans la tourmente de la concurrence et du changement, nous réfléchissons tous à la nécessité d'améliorer nos façons de diriger. Nous sommes submergés d'ouvrages, d'articles, de programmes et de propositions de consultants. Chacun vante la formule qui nous transformera tout simplement en dirigeants puissants.

Eh bien, ce n'est pas si simple. Interrogez quiconque a essayé d'appliquer ce genre de méthodes rapides pour améliorer effectivement sa façon de diriger, les résultats ne sont guère spectaculaires ni conséquents. Cependant, partout dans le monde, de nouvelles dynamiques sont tranquillement en train d'émerger dans la philosophie de la gestion, qu'il s'agisse de celle de grandes multinationales, de petites entreprises, d'institutions gouvernementales ou éducatives. Et ces nouveaux acteurs sont devenus les praticiens des principes universels que présente ce livre, ceux qu'enseigne par ailleurs le Covey Leadership Center.

Ces principes ont eu un effet radical sur ma vie et celle de ma famille. Après des années de recherche, d'expériences et de tâtonnements, je me suis rendu compte qu'il existe des lois naturelles, des principes donc. Et qu'ils gouvernent ma vie.

Alors qu'il essayait de donner un sens à sa propre vie et à la « condition humaine », Sénèque a écrit que « *La vraie sagesse n'est pas de s'éloigner de la nature, mais de façonner son comportement selon ses lois et son modèle.* » Les siècles sont marqués par ceux qui, comme le philosophe latin, ont longuement exploré et réfléchi non seulement aux lois de la nature, mais au désir qu'a l'homme d'éclairer sa propre existence à leur lumière et de vivre en harmonie avec elles.

Les Sept Habitudes de ceux qui réalisent tout ce qu'ils entreprennent traitent des principes inhérents aux lois naturelles qui gouvernent nos vies et notre efficacité organisationnelle – des lois hors du temps, universelles, et interdépendantes. Ces principes vont bien au-delà des races, des sexes ou des religions. Ils s'appliquent à notre vie professionnelle et à nos entreprises aussi bien qu'à notre vie personnelle et familiale.

Le philosophe américain Ralph W. Emerson a dit que « *La santé des yeux semble réclamer des horizons. Tant que nous pouvons voir assez loin, notre regard ne se fatigue pas.* » Pour transformer nos vies et nos entreprises, il nous faut une boussole qui donne une nouvelle orientation à toute notre compréhension des relations et du management. Une boussole, comme un principe, est objective, externe, et le reflet de lois naturelles. La boussole indique les choses telles qu'elles sont. Plus nos valeurs, ou nos cartes de vie, s'aligneront sur des principes justes, plus elles seront précises et utiles. Une carte, qui forcément comporte une certaine imprécision, donne cependant des informations. Mais une boussole est un guide infaillible.

Une seule chose peut compter plus que l'expérience d'une vie. Ce sont ces changements spectaculaires, ces avancées dans nos connaissances, ce soudain affranchissement de nos limitations antérieures que j'ai appelés des changements de paradigmes. Ils sont comme un changement dans notre perception, ils proposent une autre manière d'appréhender d'anciens problèmes.

Le développement de nouvelles attitudes et de nouveaux savoir-faire nous permet, certes, de progresser mais la réalisation d'immenses progrès dans les performances et d'avancées technologiques révolutionnaires requiert, elle, de nouvelles cartes, de nouveaux paradigmes, et de nouvelles façons de penser et de voir le monde.

J'espère amener des personnes et des entreprises à de tels changements de paradigmes en mettant l'accent sur des principes éternellement nouveaux : ceux qui, loin des effets de mode, considèrent l'être humain dans sa totalité, selon des préceptes immémoriaux.

Le fait de fonder sa vie sur des principes correspond à la forme la plus élevée de la motivation humaine. Il donne à chacun un sens de son identité et du pouvoir qu'il a de proposer d'une contribution originale et personnelle.

J'espère que ce livre incitera les lecteurs français à aborder les choses vraiment importantes de la vie, en sachant donner la priorité à la famille, aux amis et aux relations pour agir plus efficacement dans les autres domaines.

Stephen R. Covey

Première partie

PARADIGMES ET PRINCIPES

De l'intérieur vers l'extérieur

« Il n'existe pas au monde de véritable excellence que l'on puisse dissocier d'une vie juste. »

David Starr Jordan

AU cours de mes vingt-cinq années de carrière, j'ai côtoyé des employés, des cadres, des universitaires, des couples et des familles. J'ai rencontré des individus qui avaient atteint un degré de réussite extérieure incroyablement élevé. Or, la plupart d'entre eux luttaient dans la vie avec une sorte de soif intérieure, un profond besoin de justice, d'efficacité, et de relations enrichissantes.

J'imagine que certains des problèmes qu'ils m'ont confiés ne vous sont pas totalement étrangers.

Je me suis fixé des objectifs professionnels et je les ai atteints. Ma carrière est un formidable succès, mais pour cela, j'ai dû sacrifier ma vie privée. Je ne vois plus ma femme, ni mes enfants. Je ne suis même pas sûr de savoir qui je suis et ce qui compte vraiment pour moi. J'en suis arrivé à me demander si tout cela en valait bien la peine.

Je viens de commencer un nouveau régime, pour la cinquième fois de l'année. Je sais que je suis trop gros et qu'il faut absolument que cela change. Je m'informe, je me fixe des objectifs, je me motive en adoptant un état d'esprit positif, en me disant que je peux y arriver. Mais je n'y arrive pas. Après quelques semaines, je laisse tout tomber. J'ai l'impression que je ne suis pas capable de tenir les promesses que je me fais.

J'ai suivi des dizaines de séminaires de management. J'attends énormément de mes employés et je fais beaucoup d'efforts pour être agréable et juste envers eux. Mais je ne ressens aucun dévouement de leur part à mon égard. Je crois que si j'étais en congé de maladie, ils passeraient leurs journées à bavarder près du distributeur de boissons. Pourquoi est-ce que je n'arrive pas à leur donner envie d'être responsables et indépendants, ou au moins à trouver des employés qui le soient ?

Mon fils a seize ans. Il conteste tout et il se drogue. J'ai tout essayé, il ne m'écoute pas. Que puis-je faire ?

Il y a tant de choses à mener à bien et si peu de temps. Je me sens nerveux et harassé en permanence, tous les jours, sept jours sur sept. J'ai participé à des séminaires de gestion du temps et j'ai essayé une bonne demi-douzaine de façons différentes d'organiser ma journée. Cela m'a un peu aidé, mais je ne vis toujours pas la vie heureuse, productive et tranquille que je désirerais.

Je voudrais enseigner à mes enfants la valeur du travail. Mais pour qu'ils fassent la moindre chose, je dois les surveiller d'encore plus près… et supporter leurs jérémiades à chaque nouvel effort. Il m'est beaucoup plus facile de tout faire moi-même. Pourquoi les enfants ne peuvent-ils pas travailler avec entrain et sans qu'on ait à les rappeler à l'ordre ?

Je suis très occupé, toujours pris. Mais parfois, je me demande si tout ce que j'accomplis apportera quelque chose à long terme. J'aimerais pouvoir penser que ma vie a un sens, que j'ai laissé ma trace, mon empreinte quelque part…

Lorsque je vois mes amis ou des membres de ma famille réussir et recevoir des récompenses, je souris et je les félicite avec enthousiasme. Mais intérieurement, je fulmine. Pourquoi eux ?

J'ai une personnalité très forte. Je sais que, dans mes rapports avec les autres, je peux avoir une action déterminante sur l'issue des discussions. La plupart du temps, je réussis à amener mon interlocuteur à accepter la solution que je propose. Je sais que j'ai bien réfléchi à tous les cas de figure et je suis convaincu que ma solution est la meilleure pour tout le monde. Mais je me sens mal à l'aise. Je me demande sans cesse ce que les autres pensent réellement de moi et de mes idées.

Mon mariage est un échec. Nous ne nous disputons pas, mais nous ne nous aimons plus. Nous avons consulté un psychologue, essayé pas mal de trucs, mais j'ai bien l'impression que nous n'arrivons plus à ranimer les sentiments que nous avions l'un pour l'autre.

Ce sont là des problèmes graves, douloureux, des problèmes qui ne peuvent pas se résoudre par un simple rafistolage.

Il y a quelques années, ma femme Sandra et moi-même nous trouvions confrontés à ce genre de difficultés. L'un de nos fils vivait un moment difficile à l'école. Il obtenait de très mauvaises notes. Lors des interrogations, il ne comprenait même pas les données des problèmes. En groupe, son immaturité embarrassait souvent ses proches. Physiquement petit et chétif, il manquait de coordination dans ses gestes : au base-ball, par exemple, sa batte ratait toujours la balle et ses camarades se moquaient de lui.

Ma femme et moi mourions d'envie de l'aider. Pour nous, s'il était important de réussir dans tous les domaines de la vie, le plus important s'avérait de réussir notre vie de parents. Nous avons donc modifié notre comportement envers lui et essayé de modifier le sien. Nous le motivions par des techniques d'encouragement : « Allez, vas-y ! Tu en es capable ! Nous savons tous que tu peux y arriver. Remonte tes mains sur la batte et ne quitte pas la balle des yeux. Ne frappe pas avant qu'elle soit sur toi. » Quand il progressait un peu, nous exagérions nos encouragements : « C'est bien ! Bravo ! Continue comme ça, allez, vas-y ! »

Si ses coéquipiers se moquaient de lui, nous les sermonnions : « Laissez-le tranquille et arrêtez de ricaner, il apprend. » Mais notre fils commençait à pleurer, à répéter qu'il n'y arriverait jamais et que, de toute façon, il n'aimait pas le base-ball. Rien de ce que nous entreprenions ne semblait l'aider et nous étions sérieusement inquiets. Nous nous rendions compte des conséquences que tout cela aurait sur sa personnalité. Nous avons essayé de l'encourager, de l'aider, de nous montrer positifs. Cependant, après plusieurs échecs, nous avons abandonné cette méthode et cherché à voir la situation sous un autre angle.

À cette époque, ma vie professionnelle m'amenait à travailler avec divers clients sur l'art de diriger. Je préparais des séminaires bimensuels sur la communication et la perception pour un programme d'IBM en vue de perfectionner l'encadrement.

Dans mes recherches pour la préparation de ces exposés, je commençai à m'intéresser tout particulièrement à ce qui entre en jeu dans nos perceptions et à la manière dont ces perceptions influencent notre façon de voir les choses. Il m'apparut que notre vision du monde induit notre comportement. Cela m'entraîna à étudier une théorie fondée sur nos attentes et la réalisation de soi, ou « complexe de Pygmalion ». Je réalisai à quel point nos perceptions sont profondément ancrées en nous. Je compris qu'il nous fallait observer ce filtre à travers lequel nous regardons le monde, tout autant que le monde que nous voyons. Car c'est ce filtre qui façonne notre interprétation du monde.

Ma femme et moi discutions souvent des concepts que j'enseignais chez IBM et de notre propre situation. Progressivement, nous avons réalisé que l'aide que nous apportions à notre fils n'était pas en harmonie avec l'image que nous avions de lui. En regardant honnêtement au plus profond de nous-mêmes, nous nous sommes aperçus que nous considérions notre fils comme un enfant médiocre, voire « inadapté ». Nous avions beau réfléchir sur notre attitude vis-à-vis de lui, nos efforts restaient sans effet car, en dépit de nos actions et de nos paroles, nous lui communiquions qu'il était incapable et qu'il avait besoin d'être protégé.

Nous nous sommes rendu compte que si nous voulions changer cette situation, nous devions d'abord nous changer nous-mêmes. Et pour changer réellement, il nous fallait modifier nos modes de perception.

L'ÉTHIQUE DE LA PERSONNALITÉ ET L'ÉTHIQUE DU CARACTÈRE

À la même époque, outre mes recherches sur la perception, je m'étais lancé dans l'étude des ouvrages sur la réussite, parus aux États-Unis depuis 1776. Je lisais et dépouillais des centaines de livres, articles et essais traitant de ce sujet ainsi que du perfectionnement de soi, de la psychologie courante et de l'accomplissement personnel. Je tenais entre mes mains la substance et l'intégralité de ce qu'un peuple libre et démocratique considère comme les clefs d'une vie réussie.

Mes recherches m'avaient révélé quelque deux cents années d'écrits sur la réussite. En les lisant tous, je remarquai avec étonnement leur point commun. Face à l'épreuve que ma famille traversait et les tourments similaires que j'avais observés dans la vie et les récits de nombreuses personnes, j'avais de plus en plus le sentiment que toute la littérature parue ces cinquante dernières années à ce sujet était superficielle. Ces livres prônaient la nécessité d'avoir une bonne image sociale. Ils proposaient des recettes et des rafistolages, des emplâtres, des remèdes miracles censés guérir des maux graves. Certes, ils semblaient parfois le faire temporairement, mais ils laissaient en fait les problèmes chroniques suppurer et resurgir encore et toujours.

La littérature des cent cinquante premières années mettait tout au contraire l'accent sur ce que nous pourrions appeler « l'Éthique du caractère » pour justifier la réussite : intégrité, humilité, fidélité, sobriété, courage, justice, patience, application, simplicité, modestie et croyance.

L'Éthique du caractère enseignait qu'il existe des principes de base pour une vie fructueuse et affirmait que le seul moyen de réussir sa vie et de trouver le bonheur consistait à connaître et à intégrer ces principes à notre caractère.

Cependant, peu après la Première Guerre mondiale, l'explication des fondements de la réussite bascula de l'Éthique du caractère à ce que nous nommerons « l'Éthique de la personnalité ». Le succès était désormais fonction de la personnalité, d'une image publique, d'attitudes et de comportements, de talents et de techniques qui lubrifiaient les processus d'interactions humaines. Cette Éthique de la personnalité s'appuyait sur deux formes principales : d'une part des techniques applicables aux rapports entre individus, d'autre part un état d'esprit positiviste qui inspira quelques maximes bien connues comme « Vouloir c'est pouvoir » ou « Souriez à la vie et la vie vous sourira ! »

Toutefois, certains côtés de l'Éthique de la personnalité tendaient clairement à la manipulation, voire à la duperie, et incitaient à utiliser ces techniques pour se faire aimer, par exemple prétendre s'intéresser aux hobbies d'un interlocuteur pour obtenir de lui ce que l'on désire, ou encore inspirer une impression de puissance pour se frayer un chemin dans la vie par l'intimidation.

Quelques ouvrages reconnaissaient que le caractère est un des facteurs de réussite, mais niaient son rôle en tant que base et catalyseur de nos actions. Toute référence à l'Éthique du caractère n'était alors que simulacre, les véritables leitmotive restaient les techniques d'influence miracle, stratégies de domination, tactiques de communication et attitudes positives.

Je commençais à me rendre compte que dans cette Éthique de la personnalité résidait la source inconsciente des solutions que ma femme et moi tentions d'appliquer pour notre fils. Plus je réfléchissais à la différence entre ces deux éthiques, plus je réalisais que Sandra et moi étions habitués à bénéficier, dans notre vie sociale, des fruits produits par le comportement de nos enfants. Et cet enfant-là n'était pas à la hauteur. L'image que nous nous faisions de nous-mêmes, de notre rôle de parents attentionnés et efficaces, nous marquait plus intensément que celle que nous avions de notre fils. Peut-être même déteignait-elle sur celle-ci. La façon dont nous étudiions et traitions le problème révélait bien plus que notre seule envie de voir notre fils bien dans sa peau.

À mesure que nous en discutions, ma femme et moi prenions douloureusement conscience de l'influence massive de nos caractères, de nos intentions et de la manière dont nous percevions notre fils. Nous savions que ces comparaisons sociales ne correspondaient pas du tout à nos véritables valeurs, qu'elles pouvaient mener à un amour « sous conditions » et incitaient en fin de compte notre fils à sous-estimer sa propre valeur. Nous avons donc décidé de concentrer nos efforts sur nous-mêmes, non pas sur nos techniques, mais bien sur nos intentions profondes et sur nos perceptions. Au lieu de tenter de changer notre fils, nous avons essayé de nous tenir à l'écart, de mettre une certaine distance entre lui et nous afin de saisir son identité, son individualité, et sa valeur.

À force de réflexion, nous avons pu voir ce qu'il y avait d'unique en notre fils, et distinguer en lui un potentiel qui devait se révéler au rythme qui lui était propre. Nous nous sommes résolus à prendre les choses avec sérénité, à ne pas nous mettre en travers de son chemin, et à laisser s'épanouir sa personnalité. Nous percevions dès lors notre rôle naturel d'une manière différente : nous devions l'aider à s'affirmer, l'apprécier et l'estimer. Nous avons travaillé aussi sur nos motivations et cultivé nos propres ressources de stabilité pour faire en sorte que le sentiment de notre valeur personnelle ne dépende pas du comportement de nos enfants.

Comme nous effacions progressivement cette ancienne image de notre fils et fondions notre raisonnement sur de justes valeurs, de nouveaux sentiments commencèrent à émerger en nous. Nous nous étions mis à vraiment apprécier notre fils, sans plus le comparer ni le juger. Nous avons arrêté d'en faire un clone de cette fausse image et de chercher à l'influencer pour le faire entrer dans un moule social. Partant du principe qu'il était tout à fait à la hauteur de sa tâche et qu'il pouvait se prendre en charge, nous avons pu cesser de le protéger contre les moqueries.

Nous l'avions nourri de cette protection et il a donc souffert de ce sevrage : un manque qu'il exprima et que nous avons accepté, mais auquel nous ne répondions pas systématiquement. Notre message implicite était : « Tu n'as pas besoin de nous. Tu es tout à fait normal. »

Les semaines et les mois passèrent. Il commença à se sentir plus confiant et à s'affirmer. Il s'épanouissait petit à petit, à son propre rythme. Ses performances devinrent vite remarquables, dépassant d'ailleurs les normes fixées par ce que l'on appelle le processus de développement naturel. Il fut élu plusieurs fois à la tête d'associations scolaires et participa même à des compétitions athlétiques nationales. Il ramena toujours de très bons bulletins de notes. Il acquit une personnalité engageante et franche qui lui permit de construire, avec toutes sortes de gens, des relations sans rapports de force.

Ma femme et moi sommes convaincus que ces résultats, « impressionnants sur le plan social », étaient davantage une conséquence heureuse du sentiment qu'il éprouvait de lui-même qu'une réponse à un récompense sociale. Pour nous, ce fut une expérience exceptionnelle, pleine d'enseignements sur la manière de nous comporter envers nos autres enfants et dans nos différents rôles. Cela nous a montré, à un niveau tout à fait personnel, la différence fondamentale entre l'Éthique de la personnalité et l'Éthique du caractère pour la réussite. Il faut sonder son cœur en profondeur car c'est de là que découlent toutes les réponses de notre vie.

QUALITÉ PREMIÈRE ET QUALITÉ SECONDAIRE

L'expérience avec mon fils, l'étude du phénomène de perception et mes lectures sur la réussite contribuaient à créer une de ces extraordinaires expériences de la vie qui font que, tout d'un coup, un déclic suffit pour que tout reprenne naturellement sa place. J'étais soudain capable de ressentir l'effet puissant de l'Éthique de la personnalité et de comprendre clairement toutes les différences subtiles, souvent inconscientes, entre ce que je savais être vrai (des choses que l'on m'avait enseignées quand j'étais enfant, et celles qui faisaient partie de mes propres valeurs) et ces rafistolages hâtifs dans ma vie de tous les jours. Je comprenais intérieurement pourquoi, en travaillant pendant des années avec des personnes de tous les milieux, j'avais souvent ressenti un désaccord entre ce que j'enseignais et savais être efficace, et ces conseils à la mode.

Je ne veux pas dire par là que ces éléments de l'Éthique de la personnalité (développement de la personnalité, pratique de techniques de communication, formation aux stratégies d'influence, état d'esprit positif) ne sont pas bénéfiques, ni parfois nécessaires pour la réussir. Je pense qu'ils le sont vraiment, mais restent secondaires. Peut-être qu'à force de récolter ce que nous n'avions pas nous-mêmes semé, nous avons perdu le besoin de semer.

Si j'ai un caractère fondamentalement mauvais, pétri d'hypocrisie, je peux effectivement déployer des stratégies d'influence ou d'autres tactiques pour obtenir de mon entourage qu'il fasse mes quatre volontés. Mais à long terme, ce comportement m'éloignera du succès. Mon hypocrisie engendrera la méfiance et toutes mes actions (même celles qui font intervenir d'excellentes techniques de communication) seront perçues comme des manipulations. Quels que soient mon charisme et les bonnes intentions qui m'animent, il n'existe aucune base sur laquelle bâtir un succès durable, si la confiance est absente. C'est seulement sur des qualités sincères que la technique pourra se greffer.

Se consacrer uniquement à la technique revient à bachoter. On s'en tire parfois, on obtient même quelques résultats. Mais sans un travail régulier, on ne maîtrise jamais complètement les sujets étudiés et on ne développe pas son intelligence.

Dans un système social artificiel comme l'école, on peut se tirer d'affaire, à court terme, en apprenant à jouer avec les règles fixées par les hommes. Utilisant l'Éthique de la personnalité, on donnera une impression favorable, on se montrera charmant, on usera de ses dons ou on feindra d'avoir les mêmes centres d'intérêts que l'examinateur. Mais en fin de compte, sans une profonde intégrité de base et une grande force de caractère, vos intentions véritables ressortiront et l'échec de vos relations humaines remplacera votre court succès.

Beaucoup jouissent d'une « qualité secondaire », c'est-à-dire d'une reconnaissance sociale, mais ne possèdent pas cette « qualité première », cette « qualité intrinsèque » de caractère. Tôt ou tard, cela ressort dans les relations qu'ils entretiennent avec leurs associés, conjoints, amis ou enfants. Car c'est bien notre caractère lui-même qui communique avec les autres de la façon la plus éloquente.

Comme le disait si bien Emerson : « Ce que vous êtes résonne tellement fort à mes oreilles que je n'entends pas ce que vous dites. »

Bien sûr, certaines personnes dotées d'une grande force de caractère peuvent manquer d'habileté en matière de communication. Cela nuit sans aucun doute à la qualité de leurs relations, mais dans un premier temps seulement.

Ce que nous sommes communique beaucoup plus que ce que nous disons ou faisons. Nous le savons tous. Nous accordons une confiance absolue à certaines personnes en nous fiant uniquement à leur caractère. Que ces personnes soient éloquentes ou non, nous leur faisons confiance. Avec elles, nous travaillons efficacement.

LA SIGNIFICATION D'UN PARADIGME

Les sept habitudes présentées dans ce livre, issues chacune des principes essentiels à la réussite, sont fondamentales. Elles expriment le fait que sont intégrées les justes valeurs sur lesquelles se fondent réussite et bonheur.

Mais avant de pouvoir les comprendre, il nous faut appréhender nos propres « paradigmes » et apprendre à opérer un « changement de paradigmes ».

L'Éthique du caractère et l'Éthique de la personnalité constituent toutes deux des exemples de paradigmes sociaux. Consacré à l'origine au domaine scientifique, le mot « paradigme » s'emploie aujourd'hui en psychologie comme synonyme de modèle conceptuel, théorie, mode de perception, hypothèse ou cadre de référence. Dans son sens le plus général, il désigne la façon dont nous voyons le monde, dont nous le percevons, le comprenons, l'interprétons.

Considérons simplement ces paradigmes comme des cartes géographiques. La carte n'est pas le territoire. Elle en explique uniquement certains aspects. On peut dire de même qu'un paradigme n'est qu'une explication, une théorie ou le modèle de quelque chose.

Imaginez que vous vous rendiez à un endroit bien précis de Paris et qu'on vous ait fourni un plan de la ville. Malheureusement, à cause d'une erreur d'imprimerie, ce plan est en fait celui de Lyon. Vous n'atteindrez jamais votre but et ne tirerez de cette expérience que colère et manque de confiance en vous.

Vous pourrez travailler sur votre comportement, multiplier vos recherches, vos efforts ne contribueront qu'à vous égarer plus vite.

Vous pourrez travailler à modifier votre attitude, en pensant d'une manière plus positive : vous n'arriverez pas plus à votre lieu de rendez-vous. En revanche, l'échec ne vous affectera peut-être pas : vous aurez adopté une attitude si positive que vous vous sentirez heureux quoi qu'il arrive ! Mais vous n'en serez pas moins perdu. Car le problème ne réside ni dans votre comportement ni dans votre attitude, mais dans le plan que vous tenez entre vos mains.

Si vous disposiez du plan de Paris, alors vos efforts joueraient leur rôle, et devant un obstacle frustrant, votre attitude positive pourrait faire toute la différence. Mais l'important, l'essentiel, est de disposer du bon plan !

Chacun de nous a en tête un grand nombre de cartes classables en deux catégories : celles qui retracent les choses telles qu'elles sont et celles qui les représentent telles qu'elles devraient être. Nous interprétons tout ce que nous vivons au moyen de ces deux types de cartes mentales. Cependant, nous mettons rarement en question leur véracité, et le plus souvent nous ne sommes pas conscients de leur existence. Nous supposons que le monde est, ou doit être, comme nous le voyons.

Notre attitude et notre comportement ne sont alors que des conséquences de ces suppositions : notre vision du monde est à l'origine de notre façon de penser et d'agir.

Avant d'aller plus loin, je vous propose de participer à une expérience qui fait appel à l'observation et à l'émotion.

Regardez l'image de la page 36 pendant quelques secondes.

Maintenant, regardez l'image sur la page 37 et décrivez en détail ce que vous voyez.

Vous voyez une femme ? Quel âge lui donnez-vous ? Que porte-t-elle ? Quels rôles dans la vie lui attribuez-vous ?

Dans la seconde illustration, vous voyez sans doute une femme d'environ 25 ans – belle, bien habillée, avec un petit nez et un air modeste. Si vous étiez un homme sans attaches, vous l'inviteriez bien à dîner. Si vous étiez dans la distribution, vous lui proposeriez de l'engager comme mannequin.

Et si je vous dis que vous avez tort ? Si je vous dis que c'est l'image d'une femme de 60 ou 70 ans, qui a l'air triste, qui a un gros nez et n'est certainement pas mannequin. C'est plutôt quelqu'un que vous aideriez à traverser la rue.

Qui a raison ? Regardez encore cette illustration. Vous voyez son gros nez ? Son châle ?

Si vous et moi étions face à face, nous pourrions discuter de l'illustration. Vous pourriez me décrire ce que vous voyez et je pourrais vous dire à mon tour ce que j'y vois.

Comme nous ne pouvons pas le faire, allez à la page 53 et regardez bien l'illustration, puis revenez à celle-ci. Voyez-vous maintenant la vieille dame ? C'est important que vous l'ayez vue avant de continuer à lire.

J'ai connu cet exercice pour la première fois, il y a des années, alors que j'étais à la Harvard Business School. L'enseignant s'en servait pour montrer clairement que deux personnes peuvent voir la même chose, ne pas être d'accord et avoir tous deux raison. Ce n'est pas logique, c'est psychologique.

Il a distribué dans la classe un paquet de grandes feuilles bristol, avec sur une moitié l'image de la jeune femme, sur l'autre celle de la vieille dame de la page 53. L'illustration de la jeune femme est allée d'un côté de la classe et celle de la vieille dame de l'autre. Il nous a demandé de bien regarder les cartes, d'y concentrer notre attention pendant une dizaine de secondes, puis de les rendre. Il a ensuite projeté sur un écran l'image de la page 37 qui mêle les deux illustrations et nous a demandé de décrire ce que nous voyions. Presque tous ceux qui avaient vu l'illustration de la jeune femme sur la carte l'ont revue sur l'image. Et presque tous ceux qui avaient vu la vieille dame sur la carte l'ont revue sur l'image.

Le professeur a alors demandé à l'un des étudiants d'expliquer ce qu'il a vu à un autre étudiant de l'autre côté de la salle.

Une discussion a éclaté entre les étudiants.

– Qu'est-ce que tu veux dire, « vieille femme » ? Elle n'a pas plus de 20 ou 22 ans.

– Ah, ça va. Tu rigoles. Elle a 70 ans – peut-être même 80 !

– Mais qu'est-ce qui te prend ? T'es aveugle ou quoi ? Cette femme est jeune, attirante. J'aimerais sortir avec elle. Elle est vraiment belle.

– Belle ? C'est une vieille sorcière !

La discussion allait bon train, chacun étant sûr de lui et retranché sur ses positions. Tout cela s'est passé en dépit d'une information précieuse que possédaient les étudiants. La plupart d'entre eux savaient dès le début qu'il existait un autre point de vue – quelque chose que beaucoup d'entre nous n'admettrions jamais. Malgré cela, presque aucun n'a vraiment essayé de voir cette illustration d'un autre point de vue.

Alors que cet échange futile continuait, un des étudiants s'est approché de l'écran et a montré une ligne sur l'illustration. « Voilà le collier de la jeune femme. » L'autre a répondu : « Non, c'est la bouche de la vieille femme. »

Petit à petit, ils en sont venus à discuter calmement des différences spécifiques qu'ils voyaient jusqu'à ce que, chacun à son tour, finisse par voir soudain l'autre image.

Progressivement, au terme d'une discussion posée, respectueuse et rigoureuse, chaque personne dans la salle a fini par voir l'autre point de vue. Quand nous cessions de regarder l'illustration pour la regarder de nouveau, nous voyions instantanément l'illustration que nous avions été conditionnés à voir dans le laps de dix secondes.

J'utilise souvent cette démonstration de la perception avec des personnes et des entreprises parce qu'elle révèle beaucoup de choses sur l'efficacité personnelle et interpersonnelle. Elle montre d'abord la puissance du conditionnement sur nos perceptions, nos paradigmes.

Si dix secondes peuvent avoir ce type d'impact sur la manière dont nous voyons les choses, qu'en est-il du conditionnement d'une vie ?

Les influences que nous rencontrons (école, famille, religion, environnement professionnel, amis, collègues et paradigmes sociaux – à commencer par l'Éthique de la personnalité) ont toutes laissé en nous leur trace et contribué à fabriquer notre cadre de référence, nos paradigmes, nos « cartes ».

Sans paradigmes qui induisent nos idées et comportements, nos actions ne porteraient aucune marque d'intégrité. Comment parler d'intégrité si nos actes et nos discours ne se réfèrent pas à ce que nous voyons ?

Cela nous amène à considérer l'une des lacunes principales de l'Éthique de la personnalité : tenter de modifier extérieurement un point de vue ou un comportement reste d'une efficacité très limitée si nous n'observons pas d'abord les paradigmes sur lesquels reposent ce point de vue ou ce comportement. Leur influence sur nos relations avec les autres est très forte.

Nous nous apercevons que, si nous voyons le monde de façon claire et objective, d'autres le voient d'une façon tout aussi claire et objective, mais différente de la nôtre. Notre point de vue dépend de notre position.

Chacun d'entre nous considère sa vision comme objective, et se trompe ! Nous ne voyons pas le monde tel qu'il est, mais en fonction de ce que nous sommes, ou tel que nous sommes conditionnés à le voir. Quand nous ouvrons la bouche pour décrire ce que nous regardons, c'est nous-mêmes que nous décrivons, nos perceptions, nos paradigmes. Si quelqu'un nous contredit, nous pensons tout de suite qu'il n'est pas sincère ou manque de discernement. Or, chacun voit le monde à sa manière, à travers la lunette unique que lui fournit son vécu.

Plus nous prenons conscience de nos paradigmes fondamentaux, de l'existence de nos « cartes », de nos suppositions et de l'influence qu'exerce sur nous notre vécu, plus nous devenons responsables de ces paradigmes et pouvons les examiner, les mettre à l'épreuve de la réalité, écouter les autres, rester ouverts à leurs perceptions. Nous obtenons ainsi une image panoramique plus objective.

LA SIGNIFICATION D'UN CHANGEMENT DE PARADIGME

Pour Ptolomée, le centre de l'Univers était la Terre. En plaçant le Soleil au centre de l'univers, Copernic opéra un changement de paradigme et déclencha de violentes réactions. Soudain, tout prenait une autre dimension.

Les démocraties d'aujourd'hui proviennent d'un changement de paradigme. Durant des siècles, le concept traditionnel du gouvernement reposa sur la monarchie, sur le droit divin des rois. Un nouveau paradigme se développa ensuite : le gouvernement du peuple, par le peuple, pour le peuple. Ainsi naquit la démocratie, qui libéra une incroyable énergie et une immense créativité humaine, en imposant un niveau de qualité de la vie, de liberté, de communication, et d'espoir jusqu'alors inégalé dans le monde.

Un changement de paradigme n'est pas nécessairement positif. Comme nous venons de le voir, le passage de l'Éthique du caractère à celle de la personnalité nous a éloignés des racines mêmes de la réussite et du bonheur.

Toutefois, qu'ils se révèlent positifs ou négatifs, qu'ils soient instantanés ou progressifs, ces changements nous mènent d'une vision du monde à une autre, et engendrent des modifications marquantes puisque, bons ou mauvais, nos paradigmes sont la source de nos convictions, de nos comportements et, en dernier lieu, de nos relations avec les autres.

Je me souviens d'un changement de paradigme, minime, vécu un matin dans le métro de New York. Les gens étaient assis, lisant leur journal, perdus dans leurs pensées ou les yeux fermés. Tout était calme, paisible, quand un homme et ses enfants montèrent. Les enfants étaient si bruyants, si turbulents que l'atmosphère changea instantanément.

L'homme qui les accompagnait s'assit à côté de moi et ferma les yeux. Les enfants criaient d'un bout à l'autre du wagon, jetaient des objets, attrapaient les journaux des passagers ; ils gênaient tout le monde. Pourtant, l'homme assis à côté de moi ne disait rien. Comment pouvait-il rester aussi indifférent et laisser ses enfants courir ainsi sans rien faire, sans même se sentir concerné ?

Finalement, avec ce que je pensais être une retenue et une patience extraordinaires, je me tournai vers l'homme et lui dis : « Monsieur, vos enfants dérangent vraiment tout le monde. Peut-être pourriez-vous les reprendre un peu en main ? » L'homme leva les yeux, comme s'il prenait tout à coup conscience de la situation, et répondit doucement : « Vous avez sans doute raison. Je suppose que je devrais faire quelque chose. Nous sortons de l'hôpital, leur mère vient de mourir il y a une heure à peine et je ne sais pas comment réagir. Je crois qu'eux non plus, d'ailleurs. »

Pouvez-vous imaginer ce que j'ai ressenti ? Soudain, je voyais les choses sous un autre angle, je résonnais différemment. Mon irritation disparut. J'éprouvais une immense peine et répondis : « Votre femme vient de mourir ? Je suis désolé. Est-ce que je peux vous aider ? Voulez-vous discuter un moment ? » En un instant tout avait basculé.

Nombre de gens font l'expérience de changements comme celui-ci. Lorsque leur vie se trouve menacée ou lorsqu'ils rentrent dans un nouveau rôle (le rôle d'époux ou d'épouse, de parent, de grand-parent, de manager ou de dirigeant), ils voient soudain leurs priorités sous un tout autre angle.

Nous pourrions passer des semaines, des mois, voire des années à tenter sans succès de changer nos convictions et nos comportements à l'aide des concepts de l'Éthique de la personnalité ; par contre, de tels phénomènes de changement se manifestent spontanément, lorsque les évènements nous apparaissent sous un éclairage nouveau. Si nous voulons réaliser des changements minimes dans notre vie, il nous suffit peut-être de nous pencher sur nos idées et nos comportements. En revanche, si nous recherchons des changements significatifs, il nous faut travailler sur nos représentations du monde, sur nos paradigmes.

VOIR ET ÊTRE

Bien sûr, tous les changements de paradigme ne sont pas instantanés. Au contraire de celui vécu dans le métro, celui dont ma femme et moi firent l'expérience avec notre fils fut lent, difficile et entrepris par nous-mêmes. Notre première démarche, guidée par des années de conditionnement et d'expérience dans la tradition de l'Éthique de la personnalité, faisait écho à des paradigmes profondément ancrés en nous sur notre réussite en tant que parents et sur l'évaluation de la réussite de nos enfants. Pour envisager la situation de manière différente et changer les choses, il nous a fallu modifier nos paradigmes fondamentaux.

Pour voir notre fils différemment, nous avons dû, ma femme et moi, être différents. Notre nouveau paradigme prenait forme à mesure que nous nous efforcions de modifier et de développer notre caractère. Les paradigmes vont de pair avec le caractère. Être, c'est voir au sens humain du terme ; il existe un lien très étroit entre ce que nous voyons et ce que nous sommes.

Impossible de progresser si, pour changer sa vision des choses, on ne change pas aussi son essence même – et réciproquement. Lors de cette expérience dans le métro, le changement de paradigme, apparemment spontané, provenait en fait de mon caractère et, d'ailleurs, se trouvait limité par lui. Je suis persuadé que beaucoup de personnes, après avoir compris la situation, auraient sans doute ressenti un simple regret ou un vague sentiment de culpabilité, puis se seraient rassises sans rien dire à côté de cet homme désemparé. Mais je suis tout aussi convaincu que beaucoup auraient eu plus de discernement et auraient senti plus tôt que moi qu'il existait un problème grave. Ceux-là auraient vraisemblablement cherché bien avant moi à comprendre et à aider cet homme.

Les paradigmes sont une force, car ils constituent la longue-vue à travers laquelle nous entrevoyons le monde. L'énergie de leur **changement** opère des **changements** significatifs, qu'ils se manifestent de façon spontanée ou progressive.

AU CENTRE DU PARADIGME : LES PRINCIPES

L'Éthique du caractère part d'une idée essentielle : l'efficacité humaine repose sur des principes, des lois naturelles tout aussi vraies et immuables que les lois de la gravité.

Des exemples réels comme celui-ci nous donnent une idée de leur réalité et de leur impact :

Deux navires de guerre manœuvraient par gros temps depuis plusieurs jours. Un matelot prit son tour de garde sur le vaisseau-amiral alors que la nuit tombait. Un épais brouillard rendait la visibilité mauvaise et le capitaine décida de rester sur le pont pour tout surveiller. Peu après la tombée de la nuit, la vigie annonça :

– Feu, par tribord devant.

– Quelle direction prend le bâtiment ? demanda le capitaine.

– Il est immobile, mon capitaine, répondit la vigie.

Cela signifiait que la collision était proche. Le capitaine ordonna de signaler le risque de collision au navire et de lui signifier de changer de cap de 20 degrés. La réponse vint aussitôt :

– Prière de changer de cap de 20 degrés.

– Je suis capitaine et c'est moi qui vous demande de changer de cap, fit signaler le capitaine.

– Je ne suis que quartier-maître de 2e classe, mais vous feriez mieux de changer de cap.

Le capitaine furieux, hurla :

Signalez-lui que nous sommes un vaisseau-amiral de la Marine nationale. Je lui ordonne de changer de cap.

– Je suis un phare, indiquèrent en réponse les signaux.

Le vaisseau-amiral changea de cap.

Le changement de paradigme vécu par le capitaine éclaire sous un tout autre jour la situation. La réalité était définie par les limites de la perception du capitaine, et dans notre vie quotidienne, elle est tout aussi difficile à comprendre.

Nous considérons notre façon de vivre dans ses interactions comme un jeu de paradigmes suivant des plans, tracés par notre propre expérience et notre conditionnement. Mais ces cartes, ne l'oublions pas, ne sont qu'une représentation, une « réalité subjective », un essai de description d'un territoire. La réalité objective, le territoire même, se compose de principes phares qui guident le développement des hommes et leur bonheur. Ce sont des lois naturelles tissées par l'histoire de chaque société, de chaque famille, de chaque institution. Le degré d'exactitude avec lequel nos cartes mentales décrivent le territoire n'altère en rien son existence propre. La réalité de ces principes, de ces lois naturelles paraît évidente dès lors qu'on examine en détail le cycle des sociétés dans l'histoire. Ils resurgissent de temps à autre et, selon que les gens les reconnaissent ou non, vivent ou non en harmonie avec eux, la société tend vers la stabilité et survit ou, au contraire, court à sa perte.

Les principes auxquels je fais référence ne sont pas des idées ésotériques, mystérieuses ou religieuses. Pas un seul des principes évoqués dans ce livre ne relève d'une confession, d'une croyance unique et spécifique. Ils se retrouvent pour la plupart dans la majorité des grandes religions, des philosophies ou des systèmes éthiques. Ils se suffisent à eux-mêmes, et chacun peut en éprouver l'existence. C'est un peu comme s'ils faisaient partie de la nature, de la conscience universelle. Ils semblent exister en chaque individu, quelles que soient son éducation et ses convictions. Je fais référence, par exemple, au principe de justice d'où découle tout le concept de l'égalité et des lois. Les jeunes enfants semblent avoir une connaissance innée de ce principe, même s'ils ont vécu des expériences qui l'excluent. S'il existe de grandes variations dans la conception et la réalisation de l'idée de la justice, il existe également une conscience universelle de cette notion.

Je peux citer aussi l'intégrité et l'honnêteté, qui engendrent la confiance nécessaire à une bonne coopération entre les hommes, ainsi qu'au développement personnel et relationnel sur un long terme. La dignité humaine compte également parmi ces principes.

L'idée de service rendu, c'est-à-dire le fait de contribuer à une action pour la collectivité, représente un troisième principe. La qualité, l'excellence en forment un quatrième. Il existe aussi un principe du potentiel : nous sommes à l'état d'embryon et nous pouvons grandir, nous développer et réaliser toujours plus de notre potentiel, cultiver de plus en plus de talents. Le principe de croissance est étroitement lié à celui de potentiel, en tant que processus nécessaire à sa réalisation et au développement de nos talents, de même que les thèmes qui s'y rattachent comme la patience, l'éducation et le soutien.

Les principes ne sont pas des pratiques. Une pratique est une façon d'agir spécifique, une action. Un mode d'action peut fonctionner dans telle circonstance et échouer dans telle autre, un peu comme des parents qui essaieraient d'élever leur deuxième enfant comme ils ont élevé le premier.

Si les pratiques sont spécifiques à chaque situation, les principes sont des vérités fondamentales, profondes, universelles. Elles s'appliquent aux individus, aux couples, aux familles, aux organismes privés ou publics de toutes sortes. Lorsque ces vérités s'intègrent à nos habitudes, elles nous permettent une grande variété dans nos pratiques pour aborder toutes sortes de situations.

Les principes ne sont pas des valeurs. Des voleurs peuvent très bien partager des valeurs, mais ils n'en restent pas moins en contradiction avec les principes dont nous parlons. Les principes sont le « territoire ». Les valeurs sont les « cartes ». Si nous valorisons des principes justes, alors nous possédons la vérité : une connaissance des choses telles qu'elles sont.

Les principes sont des lignes directrices, stables et permanentes, pour la conduite humaine. Ils sont primordiaux, quasi indiscutables. On saisira rapidement la nature évidente de ces principes en imaginant simplement une vie construite sur des principes inverses. Je doute fort que quelqu'un ait déjà sérieusement envisagé de rechercher bonheur et réussite en fondant sa vie sur l'injustice, la supercherie, la bassesse, l'inutilité, la médiocrité ou la dégradation. Bien que certains individus critiquent la manière dont sont définis et vécus ces principes, il semble que chacun ait une conscience innée de leur existence.

Plus nos cartes et nos paradigmes s'alignent sur ces principes ou lois naturelles, plus ils seront précis et fonctionnels. Des cartes exactes agiront en permanence sur notre efficacité personnelle et interpersonnelle bien davantage que tous nos efforts pour modifier nos idées et nos comportements.

PRINCIPES D'ÉVOLUTION ET DE CHANGEMENTS

L'Éthique de la personnalité possède un côté séduisant, attractif : elle semble proposer des solutions simples et rapides pour améliorer la qualité de la vie (efficacité personnelle, contacts humains riches et sincères) sans astreindre à suivre le processus de travail et de croissance qui, en réalité, rend tout cela possible.

C'est le symbole sans la substance, un programme intitulé « Comment s'enrichir vite sans se fatiguer ». Et il semble parfois fonctionner.

Toutefois, cette théorie fait illusion, elle est trompeuse. Tenter de produire des résultats de haute qualité à l'aide de ces techniques, de ces rafistolages se révèle tout aussi inutile qu'essayer de se rendre à un endroit précis de Paris en consultant le plan de Lyon.

Erich Fromm, observateur critique des origines et des résultats de l'Éthique de la personnalité disait à ce propos :

« Nous nous trouvons aujourd'hui face à un individu qui se comporte comme un automate, qui ne se connaît pas, ne se comprend pas. La seule personne qu'il connaisse est celle qu'il est censé être, chez qui le bavardage insignifiant a remplacé toute vraie parole, dont le sourire synthétique a remplacé le rire naturel, dont le sentiment de désespoir monotone a remplacé la véritable douleur. Il souffre d'un manque de spontanéité et d'individualité qui peut sembler incurable. Pourtant il ne diffère guère de nous tous, les millions d'autres hommes qui marchent sur cette terre. »

Toute notre vie est ponctuée d'étapes de croissance. Un enfant apprend d'abord à se retourner, puis à se tenir assis, à marcher à quatre pattes, à se mettre debout. Ensuite seulement, il commence à courir. Chaque étape a son importance et prend un certain temps. On ne peut se dispenser d'aucune. Ceci est vrai de toutes les phases de la vie, dans tous les domaines, qu'il s'agisse d'apprendre à jouer du piano ou de communiquer correctement avec un collègue de travail, et s'applique autant aux individus qu'aux couples, aux familles ou à tout groupe.

Nous connaissons et acceptons ce principe d'évolution dans le domaine du physique. Mais le comprendre dans le domaine des émotions, des relations humaines, voire du développement de chaque personnalité est plus délicat. Et même lorsque nous y arrivons, il est encore difficile et rare de parvenir à vivre en harmonie avec ce principe. Nous recherchons donc des raccourcis, espérant passer outre quelques-unes de ces étapes vitales pour nous épargner temps et efforts.

Mais qu'arrive-t-il, en fait, lorsque nous prenons de tels raccourcis ? Ce qui arriverait si, jouant au tennis en modeste amateur, vous décidiez d'affronter les joueurs professionnels. Un état d'esprit positiviste vous permettrait-il, à lui tout seul, de remporter ces matches ? La réponse tombe sous le sens. Il est impossible de violer, d'ignorer le processus d'évolution ou d'en sauter les étapes. Ceci serait contraire à la nature ; essayer de trouver un raccourci à cette évolution n'entraîne que déceptions et frustrations.

Si, sur une échelle de dix points, je me situe au niveau deux et souhaite atteindre le cinquième, il me faudra d'abord franchir le troisième et le quatrième. Même un voyage autour du monde commence par un premier pas, et ne se boucle qu'étape après étape.

Si vous ne renseignez pas votre professeur sur votre niveau (en répondant à ses questions ou en affichant votre ignorance), vous n'apprendrez rien, vous ne progresserez jamais. Vous pourrez cacher votre jeu longtemps, mais serez un jour ou l'autre découvert. Admettre son ignorance représente souvent la première étape de toute éducation.

Je me souviens qu'un jour deux jeunes femmes, les filles d'un de mes amis, étaient venues se plaindre à moi de la dureté de leur père et de son incompréhension. Elles craignaient d'en discuter franchement avec leurs parents, par peur des conséquences. Pourtant, elles avaient désespérément besoin de leur amour, de leur compréhension et de leur aide.

J'en parlai donc à leur père, qui avait conscience de la situation. Toutefois, s'il admettait avoir un caractère difficile, il refusait d'en assumer les responsabilités et d'accepter en toute honnêteté qu'il manquait de maturité dans ses sentiments. Faire un premier pas vers le changement, c'était trop demander à son amour-propre.

Pour avoir des relations de valeur avec son conjoint, ses enfants, ses amis ou ses collègues de bureau, il faut apprendre à écouter. Or, cela demande de gros efforts sur le plan psychologique. L'écoute exige de la patience, un esprit ouvert, un vrai désir de compréhension, bref, de grandes qualités. Il est tellement plus facile de diriger sans faire intervenir ses sentiments.

Notre évolution se mesure assez facilement en tennis ou en musique, par exemple. Mais, l'évolution devient plus difficile quand il s'agit des caractères et du développement des sentiments. Nous pouvons faire bonne figure devant un inconnu ou un collègue. Nous pouvons frauder et nous en tirer pour un temps, tout du moins en public. Nous pouvons même nous tromper nous-mêmes. Cependant, je reste persuadé que chacun d'entre nous sait, au fond de lui-même, ce qu'il est véritablement, et je pense que la majorité de ceux qui vivent et travaillent avec nous le savent aussi.

J'ai déjà pu observer les conséquences de ces raccourcis dans le monde des affaires, où les managers essaient d'acheter une nouvelle « culture d'entreprise ». Ils espèrent améliorer la productivité, la qualité, le moral de leurs employés, le service aux consommateurs en prononçant de beaux discours, en s'entraînant à sourire, en demandant conseil à des intervenants extérieurs ou en opérant des fusions, des acquisitions plus ou moins amicales. Mais ils ne prêtent aucune attention au climat de méfiance que génèrent toutes ces manipulations. Et lorsque ces méthodes ne fonctionnent plus, ils ont recours à d'autres techniques, issues de l'Éthique de la personnalité et censées fonctionner. Ils ignorent et violent à tout instant les principes et processus naturels qui mèneraient à un climat de confiance totale.

Je me souviens avoir moi-même enfreint ce principe, en tant que père, il y a quelques années. Je rentrai chez moi pour le goûter d'anniversaire de ma fille qui fêtait ses trois ans. Je la trouvai retranchée dans un coin du salon, serrant contre elle tous ses cadeaux et refusant de laisser les autres enfants s'amuser avec ses nouveaux jouets. En entrant, je remarquai quelques parents qui observaient ce spectacle affligeant. Je fus doublement gêné, car je donnais précisément des cours à l'université sur les relations humaines. Je savais ce qu'attendaient de moi ces parents ou, du moins, j'avais l'impression qu'ils attendaient quelque chose de moi.

Dans la pièce, l'atmosphère était tendue : les enfants entouraient ma petite fille, brûlant d'envie de jouer avec les cadeaux qu'ils avaient apportés. Je pensai en moi-même qu'il fallait que j'apprenne à ma fille à partager. La valeur du partage est l'une de celles qui me tiennent le plus à cœur. J'essayai donc d'abord de lui demander gentiment : « Est-ce que tu veux bien partager avec tes amis les jouets que l'on vient de t'offrir ? » Elle répondit sèchement : « Non ! »

Ma deuxième tentative en appela à la raison : « Si tu apprends à partager tes jouets avec eux, lorsqu'ils viennent te voir, ils te laisseront jouer avec les leurs lorsque toi, tu iras chez eux. » La réponse fut là encore immédiate : « Non ! »

J'étais de plus en plus gêné. Je n'avais, de toute évidence, aucune influence. La troisième tentative releva du chantage : « Si tu partages, j'ai une surprise pour toi, un bonbon. » Elle explosa de colère : « Je ne veux pas de bonbon ! » Je commençai à m'énerver et, dans une dernière tentative, employai la menace : « Si tu ne partages pas, ça va mal aller. »

« Je m'en fiche, cria-t-elle, ces jouets sont à moi. Je ne veux pas partager. »

J'eus finalement recours à la force ; je pris une partie des jouets et les distribuai aux enfants.

Or, ma fille avait peut-être besoin de savoir ce que « posséder » signifiait avant de pouvoir donner (comment puis-je donner quelque chose si je ne possède rien ?). Elle avait besoin que moi, son père, je lui apporte cette expérience en montrant des sentiments d'une maturité supérieure. Mais à ce moment-là, j'attachais plus d'importance à l'opinion des parents présents qu'au développement de ma fille et à mes relations avec elle. J'avais jugé dès le départ que j'avais raison, qu'elle devait partager et avait tort de ne pas le faire.

Peut-être avais-je placé la barre aussi haut parce que je me trouvais, sur ma propre échelle, à un niveau trop bas. Incapable de lui offrir ma patience et ma compréhension, j'avais cherché à compenser mes lacunes et profité du pouvoir que me procurait ma position ; je l'avais forcée à faire ce que je voulais.

Mais, recourir à ce pouvoir avait provoqué des faiblesses. Pour moi d'abord, en renforçant ma dépendance vis-à-vis d'éléments extérieurs. Pour ma fille, puisque j'avais court-circuité le développement de son indépendance et de son autodiscipline. Et enfin pour nos relations, puisque la peur est venue remplacer la coopération.

Avec plus de maturité, j'aurais pu m'en remettre à ma force intrinsèque (ma compréhension du partage et de l'évolution d'un enfant, ma capacité à aimer, à éduquer) et j'aurais pu laisser ma fille choisir librement si elle désirait ou non partager. Après avoir essayé de la raisonner, j'aurais pu attirer l'attention des enfants sur un autre jeu et réduire ainsi les pressions qui pesaient sur elle. J'ai, par la suite, appris qu'une fois qu'ils ont compris la valeur de la possession, les enfants partagent naturellement, librement, spontanément.

Mon expérience me dit qu'il y a un temps pour enseigner et un temps pour ne pas enseigner. Quand les relations sont tendues, toute tentative d'enseignement est souvent perçue comme une forme de jugement et de rejet. Prendre l'enfant à part dans les moments de détente et discuter avec lui de certaines valeurs a souvent un impact beaucoup plus grand.

Sans doute faut-il d'abord éprouver la sensation de posséder pour avoir envie de partager. Beaucoup d'individus qui donnent machinalement ou refusent, au contraire, de donner et partager n'ont peut-être encore jamais ressenti leur propre identité, leur propre valeur. Aider nos enfant à grandir, c'est sans doute disposer d'assez de patience pour les laisser faire connaissance avec le sentiment de possession, et d'assez de sagesse pour leur enseigner la valeur du partage en leur donnant nous-mêmes l'exemple.

LA FAÇON DONT NOUS VOYONS LE PROBLÈME EST LE PROBLÈME

Les gens semblent parfois intrigués lorsqu'ils constatent quelque chose de positif chez des individus, des familles ou des groupes qui fondent leur existence sur des principes solides. Ils admirent la force de caractère, la maturité, l'unité familiale, le travail d'équipe, la synergie de la culture d'entreprise qui a permis cette réussite. Et leur première question révèle immédiatement leur paradigme de base : « Comment faites-vous ? Dévoilez-moi vos techniques ! » En réalité, ils disent : « Donnez-moi des conseils, des solutions miracles qui atténueront la douleur que m'occasionne ma propre situation. »

Ils trouveront sans doute des personnes pour répondre à ce besoin et leur enseigner ces techniques qui, pour un temps, paraîtront efficaces. Ils élimineront quelques-uns des problèmes superficiels ou plus graves, à l'aide de cette aspirine sociale, de ces baumes apaisants. Mais le terrain restera inchangé et finalement les symptômes se manifesteront de façon plus aiguë encore. Or, plus on se raccroche à des remèdes miracles en se concentrant sur la phase aiguë des problèmes, plus le terrain se dégrade.

La façon dont nous voyons le problème est le problème.

Considérons quelques-uns des exemples abordés en introduction à ce chapitre.

J'ai suivi des dizaines de séminaires de management. J'attends énormément de mes employés et je fais beaucoup d'efforts pour être agréable et juste envers eux. Mais je ne ressens aucun dévouement de leur part à mon égard. Je crois que si j'étais en congé de maladie, ils passeraient leurs journées à bavarder près du distributeur de boissons. Pourquoi est-ce que je n'arrive pas à leur donner envie d'être responsables et indépendants, ou au moins à trouver des employés qui le soient ?

D'après les principes de l'Éthique de la personnalité, je devrais entreprendre une action marquante (faire bouger les choses, faire tomber des têtes) qui inciterait mes employés à apprécier ce dont ils disposent. Je pourrais également trouver quelque programme de motivation qui les inciterait à s'investir un peu plus. Je pourrais même engager de nouveaux employés plus travailleurs. Mais il se peut aussi qu'à travers leur comportement apparemment déloyal, mes employés mettent en doute le bien-fondé de mon action par rapport à leurs intérêts. Auraient-ils l'impression que je les traite comme des machines ? Et moi, est-ce que je ne les vois pas ainsi ? Ma façon de les considérer pourrait-elle être une partie du problème ?

On a tant de choses à faire. Il nous manque du temps. Je me sens nerveux et harassé en permanence, tous les jours, sept jours sur sept. J'ai participé à des séminaires de gestion du temps et j'ai essayé une bonne demi-douzaine de façons différentes d'organiser ma journée. Cela m'a un peu aidé, mais je ne vis toujours pas la vie heureuse, productive et tranquille que je désirais.

Selon l'Éthique de la personnalité, il doit exister quelque chose (une nouvelle planification, un séminaire…) qui m'aiderait à mieux affronter toute cette pression. À moins que l'efficacité ne soit la clef du problème ? Si j'arrive à en faire plus en moins de temps, y aura-t-il un réel changement ? Ou cela augmentera-t-il simplement le rythme face aux gens et aux circonstances qui semblent contrôler ma vie ? N'y aurait-il pas plutôt quelque chose à découvrir, un paradigme caché en moi-même qui influe sur ma façon de voir mon temps, ma vie et ma nature ?

Mon mariage est un échec. Nous ne nous disputons pas, mais nous ne nous aimons plus. Nous avons consulté un psychologue, essayé pas mal de trucs, mais j'ai bien l'impression que nous n'arrivons plus à ranimer les sentiments que nous avions l'un pour l'autre.

D'après l'Éthique de la personnalité, il doit exister un livre sur ce sujet, un séminaire auquel je devrais envoyer ma femme pour qu'elle me comprenne enfin. Peut-être aussi, que tout cela est totalement inutile : je ne pourrai trouver l'amour dont j'ai besoin que dans une nouvelle liaison.

Toutefois, serait-il possible que ma femme ne soit pas le vrai problème ? Est-ce que je n'avalise pas plutôt ses faiblesses, si bien que je me mets à vivre en fonction de la manière dont je suis traité ?

Ne me suis-je pas imposé des paradigmes liés à ma femme, à mon mariage, à l'amour, paradigmes qui entretiendraient le problème ?

Comprenez-vous à présent comment les paradigmes de l'Éthique de la personnalité peuvent peser sur notre manière de voir les choses et de résoudre les problèmes ?

Que l'on s'en rende compte ou non, les promesses sans lendemain de l'Éthique de la personnalité déçoivent souvent. Nombreux sont les cadres qui veulent raisonner à long terme, mais sont détournés de ce but par des pseudo-psychologies « dynamisantes » ou des « professeurs de motivation » qui n'ont à leur offrir qu'un mélange d'anecdotes et de platitudes.

Les cadres ont besoin de substance. Il leur faut plus que de l'aspirine. Car ils cherchent à résoudre les problèmes chroniques sous-jacents et à adopter des principes qui donnent des résultats durables.

UN AUTRE NIVEAU DE PENSÉE

« *Nous ne pouvons résoudre les problèmes difficiles que nous rencontrons en demeurant au niveau de réflexion où nous nous trouvions lorsque nous les avons créés* » disait Einstein.

En regardant autour de nous, et en nous, et en constatant les problèmes qui se créent lorsque nous vivons selon l'Éthique de la personnalité, nous réalisons combien ils sont profonds et présents.

Pour trouver une solution, nous devons atteindre un degré de pensée plus profond encore, un paradigme fondé sur des principes qui illustrent avec précision ce qui est du domaine d'un être humain efficace, et son comportement.

C'est ce nouveau degré de pensée qui anime ce livre. Axé sur de tels principes et fondé sur l'individu, il offre une approche de l'efficacité personnelle et relationnelle qui va « de l'intérieur vers l'extérieur ».

Cela signifie qu'il faut commencer par nous-mêmes, par ce qu'il y a de plus profond en nous : par nos paradigmes, notre personnalité et nos motivations.

Ainsi, celui qui désire un mariage heureux doit s'efforcer de générer une énergie positive pour empêcher l'énergie négative de se développer. Celui qui désire voir son enfant devenir un adolescent plus agréable, plus coopératif, doit se montrer plus compréhensif, plus dynamique, plus cohérent et manifester plus d'amour. Celui qui désire plus de liberté d'action doit se montrer plus responsable, plus serviable, et s'investir dans son travail. Celui qui désire qu'on lui fasse confiance doit se montrer digne de cette confiance.

Selon cette approche, les victoires intérieures précèdent les victoires publiques ; avant de faire des promesses, il faut savoir s'en faire à soi-même et les tenir. On ne peut améliorer les relations avec l'entourage sans s'améliorer d'abord soi-même.

Tout cela implique un processus de renouvellement perpétuel fondé sur les lois naturelles qui gouvernent l'homme, son développement et ses progrès. C'est une spirale de croissance qui mène à une indépendance responsable et à une interdépendance constructive.

J'ai eu l'occasion de travailler avec beaucoup de personnes différentes, des individus fantastiques, talentueux, qui désiraient du plus profond d'eux-mêmes trouver bonheur et succès, qui cherchaient, qui souffraient. J'ai travaillé avec des chefs d'entreprise, des étudiants, des communautés religieuses ou non, je n'ai jamais rencontré de solutions, de bonheur ni de succès durables qui soient venus de l'extérieur.

Ma famille a vécu dans trois des régions les plus explosives du globe : l'Afrique du Sud, Israël et l'Irlande. Je suis persuadé que tous les problèmes que rencontrent ces pays viennent de ce paradigme social dominant selon lequel tout fonctionne de l'extérieur vers l'intérieur. Chacun des groupes concernés reste convaincu que le problème se trouve chez l'autre et que si seulement « ils » (c'est-à-dire les autres) « s'amélioraient », voire « disparaissaient », tous les problèmes se résoudraient instantanément.

Passer de ce paradigme à son inverse, « de l'intérieur vers l'extérieur », représente pour beaucoup un bouleversement considérable. Pourquoi ? Parce qu'ils sont soumis à l'influence colossale du paradigme social de l'Éthique de la personnalité.

Toutefois, ma propre expérience et une observation minutieuse des individus et des sociétés qui ont prospéré m'ont persuadé que de nombreux principes exposés dans ce livre existaient déjà en nous, profondément ancrés dans notre conscience et notre bon sens. Pour parvenir à les reconnaître, à les cultiver et à les appliquer à nos préoccupations les plus chères, il nous faut penser différemment, élever nos paradigmes vers un nouveau degré, plus intense, penser de l'intérieur vers l'extérieur.

Si nous cherchons sincèrement à comprendre et à intégrer ces principes à notre vie, nous découvrirons et redécouvrirons chaque jour la vérité énoncée par T.S. Eliot :

« *Nous ne devons cesser d'explorer, et la fin de ces explorations viendra lorsque nous arriverons là où nous avions commencé et que nous découvrirons cet endroit pour la première fois.* »

Présentation des sept habitudes

> *« Nous sommes ce que nous répétons chaque jour. L'excellence n'est alors plus un acte, mais une habitude. »*
>
> Aristote

NOTRE caractère est fait d'habitudes : qui sème une pensée, récolte une action ; qui sème une action récolte une habitude ; qui sème une habitude, récolte un caractère ; qui sème un caractère, récolte un destin.

Les habitudes constituent dans notre vie de puissants facteurs. Parce qu'elles sont des modèles logiques, souvent ignorés du conscient, elles expriment notre caractère et engendrent notre efficacité (ou notre inefficacité).

« Les habitudes, disait Horace Mann, sont comme des cordes. Nous en tissons un fil chaque jour et bientôt, elles ne peuvent plus se rompre. » Je ne partage pas entièrement cet avis : nous pouvons les rompre. On peut apprendre et désapprendre. Cependant, cette tâche n'est pas facile, elle exige tout un processus et un investissement intense.

Ceux d'entre nous qui assistèrent à l'alunissage d'Apollo 11 restèrent béats d'admiration lorsqu'ils virent un homme fouler pour la première fois le sol de la Lune puis revenir sur Terre. Des adjectifs comme « fantastique » ou « incroyable » ne sont pas assez forts pour décrire cet événement. Or, pour arriver à marcher sur la Lune, les astronautes ont dû apprendre à se libérer de la force de gravité de la Terre. Les premières minutes après le décollage, les premiers kilomètres ont exigé plus d'énergie que tout le reste du trajet, qui compte des centaines de milliers de kilomètres.

Nos habitudes aussi exercent une force de gravité énorme, plus grande encore que ne le pensent, ou ne veulent l'admettre, la plupart des gens. Briser les habitudes profondément ancrées (le retard, l'impatience, la tendance à la médisance, l'égoïsme) requiert beaucoup plus que de la volonté ou de minimes changements dans notre vie. Le « décollage » demande un effort considérable. Mais une fois la force de gravité vaincue, notre liberté prend une toute autre dimension.

Comme toute force naturelle, la force de gravité peut travailler pour nous ou contre nous. La force de gravité de certaines habitudes nous empêche peut-être de nous rendre aujourd'hui là où nous voulons aller. Mais c'est aussi cette force de gravité qui conserve à notre monde son unité, maintient les planètes sur leur orbite et assure l'ordre de l'univers. Elle est extrêmement puissante, mais nous parvenons à l'utiliser. Ainsi pouvons-nous exploiter la force de gravité de nos habitudes pour créer l'ordre et la cohérence qui donneront plus d'ampleur à nos vies.

DÉFINITION DES HABITUDES

Nous définirons les habitudes comme le point de rencontre de la connaissance, du savoir-faire et du désir.

La connaissance répond au « que faire » et au « pourquoi ». Le savoir-faire représente le « comment faire ». Quant au désir, il est le moteur : le « vouloir faire ». Pour que quelque chose dans ma vie devienne une habitude, je dois réunir ces trois éléments.

Je peux être inefficace dans mes relations avec mes collègues, mon conjoint ou mes enfants parce que je leur dis sans cesse ce que je pense, mais oublie de les écouter. Si je ne cherche pas à connaître les justes principes des relations humaines, je ne saurai peut-être jamais qu'il faut que j'écoute les autres.

Même si j'en ai conscience, je ne possède pas forcément la compétence nécessaire pour y parvenir. Je ne sais peut-être pas comment m'y prendre pour écouter vraiment l'autre.

Mais même si je sais qu'il faut écouter, même si je sais comment écouter, cela ne suffit pas. Tant que je ne veux pas écouter, que je n'en éprouve pas le désir, je n'intégrerai pas cette habitude à ma vie. Créer une habitude réclame un travail dans ces trois dimensions.

Le passage de « voir » à « être » déclenche un processus d'évolution qui se développe de lui-même : la façon d'être modifie la façon de voir, qui à son tour modifie la façon d'être, et ainsi de suite.

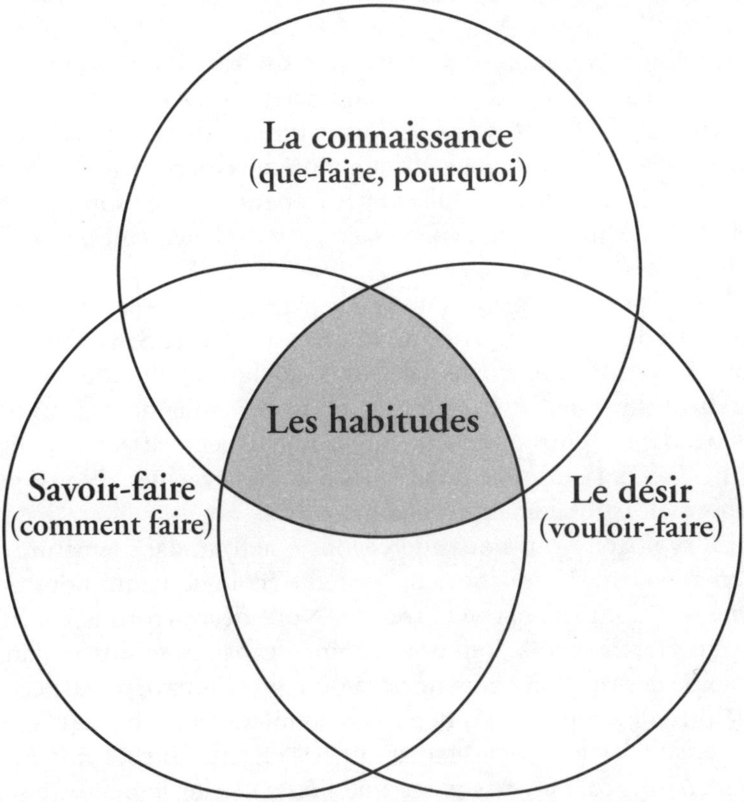

Habitudes efficaces

Principes internes et modes de comportement

À force de travailler sur la connaissance, la compétence et le désir, nous atteignons de nouveaux degrés de constructivité tant sur le plan personnel qu'interpersonnel et nous nous détachons des anciens paradigmes qui nous avaient installé depuis des années dans une pseudo-sécurité.

Cette transformation se révèle parfois douloureuse. Elle doit être motivée par un dessein plus grand, par une volonté de subordonner ce que vous pensez vouloir tout de suite à ce dont vous rêvez pour plus tard. Mais ce processus engendre le bonheur, « l'objet et le dessein de notre existence ».

L'ÉCHELLE DE LA MATURITÉ

Les Sept Habitudes ne sont pas une succession de formules isolées de dynamisation, de remèdes miracles. De façon progressive et mesurée, elles offrent, selon les lois naturelles de la croissance, une approche globale qui mène chacun à un développement individuel et social positif. Elles conduisent petit à petit, par une sorte d'échelle de la maturité – de la dépendance vers l'indépendance, puis vers l'interdépendance.

Nous commençons tous notre vie par le stade de la dépendance. On nous dirige, on nous nourrit, on nous porte. Sans cette aide, nous ne vivrions que quelques heures, quelques jours tout au plus.

Au fil des mois et des années, nous devenons de plus en plus indépendants (physiquement, intellectuellement, affectivement et financièrement) jusqu'à nous suffire à nous-mêmes. Nous nous prenons alors totalement en charge.

En évoluant, nous nous apercevons que tout, dans la nature, est interdépendant, et constitue un système écologique qui nous gouverne – et dont fait partie la société. Nous découvrons encore que les plus grands succès dont nous sommes capables se situent dans le domaine des relations humaines, là où règne l'interdépendance.

Notre développement, depuis la première enfance jusqu'à l'âge adulte, suit les lois de la nature. Et il s'effectue sur de nombreux plans. Ainsi, ce n'est pas parce que l'on a atteint la maturité physique que l'on est également parvenu à une maturité intellectuelle et psychologique. De la même façon qu'une personne physiquement dépendante n'est pas forcément immature sur le plan affectif et spirituel.

Dans l'échelle de la maturité, la dépendance s'exprime par le paradigme du « vous » : vous prenez soin de moi, vous vous sacrifiez pour moi, et si vous ne vous sacrifiez pas pour moi, je vous reprocherai le résultat.

L'indépendance s'exprime par le paradigme du « je » : je peux faire cela ; je suis responsable ; je suffis à mes besoins ; je peux choisir.

L'interdépendance s'exprime par le paradigme du « nous » : nous pouvons faire cela ; nous pouvons associer nos efforts, nos talents, nos capacités pour produire quelque chose de mieux.

Les personnes dépendantes ont besoin des autres pour obtenir ce qu'elles veulent. Les indépendantes, elles, parviennent à leurs fins par leurs propres efforts. Les personnes interdépendantes joignent leurs efforts à ceux des autres pour atteindre leurs plus grands succès.

Si je suis physiquement dépendant (paralytique, handicapé ou limité d'une manière ou d'une autre) j'ai besoin que vous m'aidiez. Si je suis psychologiquement dépendant, le sentiment de ma valeur et mon besoin de sécurité découlent de votre opinion de moi ; et, si vous ne m'aimez pas, le résultat sera désastreux. Si je suis intellectuellement dépendant, je compte sur vous pour penser à ma place, pour réfléchir aux problèmes de ma vie et à leurs solutions.

Si je suis physiquement indépendant, je me débrouille très bien tout seul. Indépendant mentalement, je pense par moi-même, je peux passer d'un niveau conceptuel à l'autre, penser de façon créative ou analytique, organiser et exprimer mes pensées. J'entérine moi-même mes perceptions et mes sentiments. La façon dont je suis aimé ou traité n'influe pas sur mon opinion de moi-même.

L'indépendance, plus mature que la dépendance, est un accomplissement majeur. Mais ce n'est pas le summum, bien que la société moderne la porte aux nues, et qu'elle soit le but avoué de la plupart des individus ou mouvements sociaux. Nombre de « traités du succès » la mettent sur un piédestal, comme si la communication, le travail d'équipe et la coopération n'étaient que secondaires. Mais cela n'est en fait qu'une réaction « allergique » à la dépendance, un refus de se voir commandé, défini, utilisé et manipulé par autrui.

Comprenant mal le concept d'interdépendance, la plupart des gens lui trouvent un arrière-goût de dépendance. Et c'est ainsi que certains, pour des raisons égoïstes, quittent leur conjoint, abandonnent leurs enfants ou fuient toute responsabilité sociale. Tout cela, au nom de l'indépendance.

Ce type de réactions, qui pousse à « briser ses chaînes », à « se libérer », à « s'affirmer » et à « faire ce dont on a envie », révèle souvent une dépendance plus profonde à laquelle on ne peut échapper, et qui n'a rien à voir avec des obligations extérieures. Cette dépendance interne s'exprime par exemple dans le fait de laisser les autres ruiner notre vie affective, ou avec le sentiment d'être victime de personnes et d'événements que nous ne contrôlons pas.

Bien sûr, nous avons peut-être besoin de modifier certains éléments de notre vie, mais le problème de la dépendance relève de la maturité et découle très peu de ces éléments extérieurs.

L'immaturité et la dépendance persistent même dans les conditions de vie les plus favorables.

Une vraie indépendance donne la force d'agir au lieu de se laisser guider. Elle nous libère de la dépendance vis-à-vis des circonstances ou des gens. Objectif intéressant et libérateur, elle n'est cependant pas l'ultime idéal d'une vie utile.

À elle seule, l'indépendance ne correspond pas à la réalité de la vie qui est faite d'interdépendance. Une personne indépendante qui ne détient pas la maturité suffisante pour raisonner de façon interdépendante fera peut-être un bon producteur, mais ne sera jamais un bon leader ou coéquipier, car elle n'estime pas le paradigme de l'interdépendance comme nécessaire au succès d'un couple, d'une famille ou d'une carrière.

Essayer de réussir sa vie grâce à l'indépendance revient à jouer au tennis avec un club de golf. L'équipement ne convient pas à la réalité.

L'interdépendance est un concept beaucoup plus profond, impliquant davantage de maturité. Si je suis physiquement interdépendant, je peux me débrouiller seul, je dispose de capacités personnelles, mais je sais également qu'en travaillant ensemble, vous et moi pouvons accomplir des actions de loin supérieures à celles que j'accomplirais tout seul, même en y mettant toute la meilleure volonté. Si je suis affectivement interdépendant, je trouve en moi-même le sentiment de ma valeur, mais je reconnais aussi le besoin d'aimer, de donner, et de recevoir l'amour des autres. Si je suis intellectuellement interdépendant, je comprends qu'il faut associer les meilleures pensées des autres aux miennes.

En tant que personne interdépendante, j'ai la possibilité de partager ce qu'il y a en moi de plus profond, de plus unique et j'accède aux vastes ressources potentielles qu'apportent les autres. L'interdépendance est réservée aux individus déjà indépendants. Les autres ne disposent pas d'une force intérieure suffisante pour y accéder, ils ne possèdent pas assez d'« eux-mêmes ».

C'est pourquoi les habitudes 1, 2, et 3 décrites dans les chapitres suivants traiteront de la maîtrise de soi. Elles conduisent l'individu de la dépendance à l'indépendance, et constituent des « victoires intérieures », l'essence du développement d'un caractère. Les victoires intérieures précèdent les victoires publiques. Nul ne peut inverser ce processus, de même que nul ne peut récolter s'il n'a pas d'abord semé.

En devenant indépendant, vous creusez les fondations sur lesquelles s'élèvera une interdépendance constructive. Vous disposerez du caractère de base à partir duquel on peut travailler efficacement aux « victoires publiques », orientées sur la personnalité, le travail d'équipe, la coopération et la communication, et que permettent les habitudes 4, 5, et 6.

Cela ne signifie pas qu'il faut atteindre la perfection dans les habitudes 1, 2 et 3 avant de travailler les habitudes 4, 5 et 6. Inutile de vous isoler pendant plusieurs années, jusqu'à ce que vous ayez tiré le maximum des trois premières habitudes ! Toutefois, le suivi de cette progression vous permettra de gérer votre croissance de la manière la plus efficace.

Comme notre monde est interdépendant, nous entretenons chaque jour des relations de cause à effet avec lui. Mais les graves problèmes que nous y rencontrons peuvent aisément occulter l'origine de nos difficultés, liées, elles, à notre caractère. En comprenant comment notre vraie personnalité influe sur toute action interdépendante, sur toute interaction, nous réussirons à mieux concentrer nos efforts et à rester en harmonie avec les lois naturelles du développement.

L'habitude 7 est celle du renouvellement, un renouvellement régulier et équilibré dans toutes les dimensions de la vie. Elle renferme les habitudes précédentes et entraîne une amélioration continue d'où prend forme la spirale de croissance qui vous poussera vers une plus grande compréhension du monde, vous faisant vivre de nouvelles habitudes au fur et à mesure de votre ascension.

Le schéma ci-dessous représente la séquence des sept habitudes et de leur interdépendance, ainsi que leur pouvoir de synergie, c'est-à-dire la manière dont, par leur association, elles créent de nouvelles formes audacieuses et augmentent leur propre valeur. Les différents concepts ou habitudes seront expliqués l'un après l'autre dans les chapitres qui leur sont consacrés.

DÉFINITION DE L'EFFICACITÉ

Les sept habitudes sont des habitudes de constructivité. Basées sur des principes, elles apportent le plus grand bénéfice à long terme. En devenant les bases du caractère de chacun, elles créent un précieux ensemble de « cartes » appropriées qui permettent de résoudre les problèmes, de tirer le maximum des occasions que l'on rencontre, d'apprendre sans cesse et d'intégrer d'autres principes à sa spirale de croissance.

De plus, ces habitudes se fondent sur un paradigme d'efficacité qui fait écho aux lois naturelles, un principe que j'appellerai « Équilibre P/CP », auquel se heurtent bon nombre de gens. Vous comprendrez très vite ce principe si vous vous rappelez l'histoire de la poule aux œufs d'or.

C'est la fable d'un pauvre paysan qui découvre un jour que sa poule a pondu un œuf en or. Au début, il pense que c'est une plaisanterie. Mais alors qu'il s'apprête à jeter l'œuf, il se ravise et l'emporte pour le faire évaluer.

L'œuf est en or pur ! Le paysan n'en croit pas ses oreilles. Et il est encore plus émerveillé le lendemain lorsqu'il trouve un deuxième œuf en or. Tous les jours, il se lève et trouve un autre œuf en or. Il devient extrêmement riche, et se félicite de sa bonne fortune.

Mais, le temps passant, il devient avide et impatient. Incapable d'attendre jour après jour que la poule ponde un œuf en or, le paysan décide de tuer la poule et de tous les obtenir. Mais, quand il ouvre la poule, elle est vide. Il n'y a pas d'œuf en or – et plus moyen d'en obtenir. Le paysan a détruit la poule qui les produisait.

Cette fable contient une loi naturelle : la définition de l'efficacité. Beaucoup de personnes considèrent que plus on produit, plus on est constructif. Mais l'histoire de la poule aux œufs d'or montre que la véritable efficacité dépend de deux paramètres : ce qui est produit (les œufs d'or) et l'unité de production, la capacité à produire (la poule).

Si vous centrez votre vie sur les œufs et négligez la poule, vous vous trouverez bientôt sans unité de production. D'un autre côté, si vous ne vous occupez que de la poule sans jamais récolter les œufs, vous n'aurez bientôt plus les ressources nécessaires pour vous nourrir, vous et la poule.

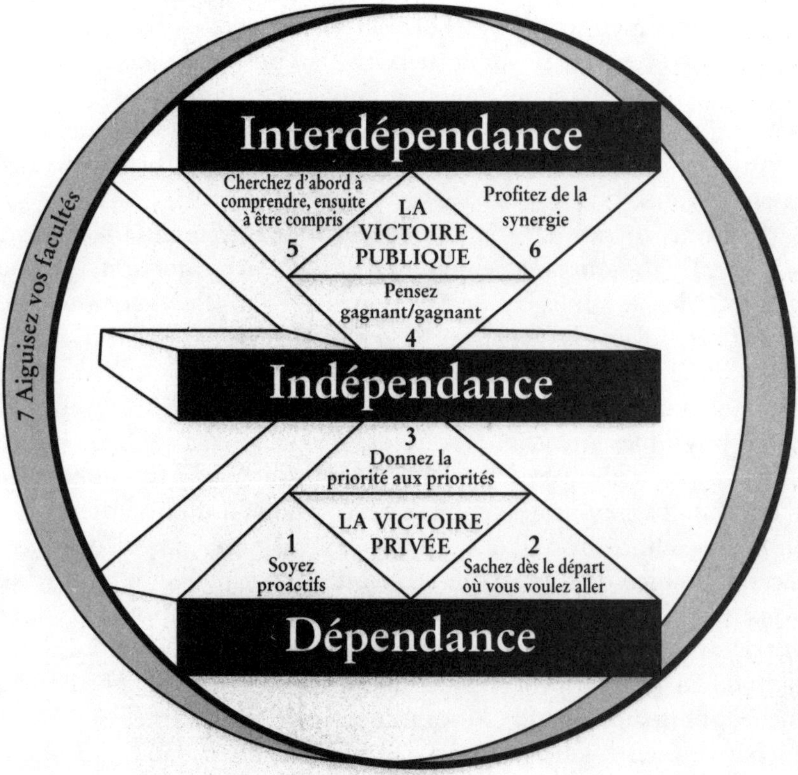
7 Aiguisez vos facultés
Interdépendance
Cherchez d'abord à comprendre, ensuite à être compris
5
LA VICTOIRE PUBLIQUE
Profitez de la synergie
6
Pensez gagnant/gagnant
4
Indépendance
3
Donnez la priorité aux priorités
LA VICTOIRE PRIVÉE
1
Soyez proactifs
2
Sachez dès le départ où vous voulez aller
Dépendance

L'efficacité réelle réside dans le maintien de cet équilibre, le ratio P/CP où P désigne la production, les œufs d'or, et CP la capacité de production, le bien qui produit les œufs d'or : la poule.

TROIS TYPES DE BIENS

Il existe trois sortes de biens : les biens matériels, les biens financiers et les qualités humaines. Voyons chacun d'eux séparément.

Voilà quelques années, j'avais acheté un bien matériel, une tondeuse à gazon électrique. Je l'utilisai sans l'entretenir et elle fonctionna correctement pendant deux ans, au bout desquels elle commença à tomber régulièrement en panne. J'essayai alors de la réparer, je changeai les lames, mais je découvris que le moteur avait perdu près de la moitié de sa puissance et que mes efforts se révéleraient inutiles.

Si j'avais investi dans la CP, c'est-à-dire entretenu la tondeuse, je pourrais toujours recueillir les fruits de la production P : une pelouse bien tondue. J'ai en fait dépensé bien plus d'argent et de temps à remplacer la machine que je n'en aurais consacré à un entretien régulier. Je n'étais pas constructif.

Dans notre désir de bénéfices rapides, nous gâchons souvent des biens physiques précieux : voitures, ordinateurs, lave-linge, voire notre corps ou notre environnement. En maintenant l'équilibre entre P et CP, nous exploitons ceux-ci de façon mille fois plus efficace.

Cet équilibre entre P et CP importe aussi pour nos biens financiers. Combien de fois a-t-on déjà confondu capital et intérêt ? Ne vous est-il jamais arrivé d'empiéter sur votre capital pour accroître votre train de vie, pour posséder plus d'œufs en or ? Or, à capital réduit, bénéfices réduits. Et si le capital s'amenuise trop, il ne pourra bientôt plus subvenir aux besoins, même de base.

Notre bien financier le plus important, c'est notre capacité à gagner de l'argent. En n'investissant pas dans le perfectionnement de notre capacité de production, nous limitons gravement nos choix. Nous nous enfermons dans une situation, ce qui nous amène à fuir l'opinion qu'ont de nous notre entourage et nos supérieurs. Là encore, nous faisons preuve d'un manque d'efficacité.

Dans le domaine humain, l'Équilibre P/CP est toujours essentiel, voire plus important, puisque ce sont les hommes qui détiennent les biens matériels et financiers.

Quand, dans un mariage, les partenaires ne veulent que ramasser les œufs d'or, les avantages, plutôt que de chercher à préserver la relation, ils deviennent insensibles et irrespectueux, négligeant petites attentions et gentillesse, si importantes dans une telle relation. Ils emploient leur influence à se manipuler l'un l'autre, pour mieux servir leurs propres besoins, pour justifier leurs positions ; chacun cherche alors à prouver au conjoint qu'il a tort. L'amour, la richesse, la tendresse et la spontanéité dans la relation se détériorent. La poule devient malade.

Et que dire des relations parents/enfants ? Lorsque les enfants sont petits, ils sont très dépendants, vulnérables. Négliger de travailler sur la capacité de production (l'éducation, la communication, la relation, l'écoute) est alors très facile. Il est très aisé de prendre l'avantage, de manipuler, d'obtenir ce que l'on veut comme on le veut !

On peut au contraire leur céder, rechercher l'œuf d'or de la popularité, leur faire plaisir, satisfaire leurs caprices tout le temps. Ils grandissent alors sans posséder au fond d'eux-mêmes un sens des valeurs, sans aucune attente, aucune intervention propre de se montrer disciplinés ou responsables.

Quelle que soit votre méthode (permissive ou autoritaire), vous ressemblez au fermier propriétaire de la poule aux œufs d'or. Quel sens des responsabilités, de l'autodiscipline, quelle confiance en lui aura votre enfant dans quelques années ? Saura-t-il prendre les bonnes décisions, atteindre ses buts essentiels ? Que restera-t-il de votre relation avec lui ? Lorsqu'il arrivera à l'âge critique de l'adolescence, lorsqu'il traversera une crise d'identité, sur quelle expérience vécue pourra-t-il s'appuyer pour savoir que vous restez à son écoute sans vouloir le juger, que vous l'aimez profondément en tant que personne, qu'il peut compter sur vous quelle que soit la situation ? Vos relations seront-elles assez fortes pour que vous puissiez le toucher, communiquer avec lui et influer sur lui ?

Un exemple : vous voulez que votre fils ait une chambre bien rangée. C'est la production (P), l'œuf d'or. Et vous voulez qu'il range lui-même sa chambre. C'est la capacité de production (CP), la poule.

Si vous maintenez l'équilibre entre P et CP, votre fils rangera sa chambre de bon cœur, sans que vous ayez à le lui rappeler, parce qu'il en a envie et qu'il a la discipline voulue pour se tenir à cette envie. Il est un bien de valeur, il produit des œufs d'or.

Mais si votre paradigme ne tient compte que de la production, la chambre rangée, vous vous surprendrez à le harceler jusqu'à ce qu'il range. Poussé par votre envie de récolter les œufs d'or, vous porterez peut-être vos efforts jusqu'à crier, menacer, et vous mettrez en danger la santé et le bonheur de la « poule ».

Laissez-moi vous faire part d'une intéressante expérience que j'ai vécue avec l'une de mes filles. Nous organisions une sortie tous les deux. Je me réserve ainsi régulièrement des soirées avec chacun de mes enfants. Nous prenons autant de plaisir à organiser l'événement qu'à le vivre.

Je demandai donc à ma fille :

– Je te réserve ma soirée, que veux-tu que nous fassions ?

– C'est pas la peine, ce que je veux faire ne t'intéresse pas, me répondit-elle enfin.

– Tu crois vraiment ? Je veux faire ce qui t'intéresse, lui dis-je sincèrement, peu importe ton choix.

– Je voulais aller revoir La Guerre des étoiles, mais je sais que tu n'aimes pas ce film. Tu t'es endormi en plein milieu la dernière fois.

Ignorant mes protestations, elle reprit :

– Mais tu sais pourquoi tu n'aimes pas La Guerre des étoiles ? C'est parce que tu ne comprends pas la philosophie et l'éducation des Chevaliers du Jedi.

– Quoi ?

– Tu sais, papa, ce que tu enseignes, c'est la même chose que l'éducation des Chevaliers du Jedi...

– Ah bon ! Alors on y va.

Et nous y sommes allés. Elle était assise à côté de moi et me commentait les paradigmes. Elle était le professeur, j'étais l'élève fasciné. Je commençais à comprendre à travers ce nouveau paradigme de quelle manière la philosophie et la formation des Chevaliers s'exprimaient dans diverses circonstances.

Cette expérience n'avait pas été prévue comme une expérience orientée vers la production, elle était l'heureux fruit d'un investissement sur la capacité de production. L'expérience nous a rapprochés et nous a apporté une grande satisfaction. Nous avons pu apprécier les œufs d'or, car nous avions nourri correctement la poule, la qualité de nos relations.

LA CAPACITÉ DE PRODUCTION AU SEIN D'UN GROUPE

L'un des aspects les plus intéressants d'un principe juste est qu'il reste valable et applicable dans de nombreuses circonstances. Tout au long de ce livre, j'aimerais partager avec vous diverses applications possibles au sein de groupes, dont la famille, mais aussi sur un plan individuel.

L'entreprise qui ne respecte pas l'Équilibre P/CP en ce qui concerne les biens physiques diminue son rendement. Bientôt, la poule agonise.

Ainsi, une personne responsable d'une machine, un bien physique, qui se préoccupe de faire bonne impression à ses supérieurs, car l'entreprise traverse une phase de croissance rapide où les promotions vont bon train, décide alors de fournir un rendement maximum. Sa machine n'arrête plus de tourner et elle ne l'entretient pas. La machine fonctionne jour et nuit, la production bat tous les records, les coûts de production décroissent et le rendement grimpe en flèche. En quelques temps, cette personne obtient une promotion. L'œuf d'or !

Supposez maintenant que vous soyez son successeur au poste de travail. Vous héritez d'une poule bien mal en point, une machine qui a rouillé et montre des signes de défaillance. Vous devez investir énormément en temps et en réparations. Les coûts de production remontent ; les bénéfices plongent ; et qui se voit accusé de la perte de tous ces œufs d'or ? Vous. C'est votre prédécesseur qui a détérioré le bien, mais la comptabilité ne tiendra compte que de la production, des coûts et des bénéfices.

L'Équilibre P/CP joue un rôle tout aussi important dans les ressources humaines, j'entends par là aussi bien les clients que les employés.

Je connais un restaurant où l'on servait une très bonne soupe aux praires. L'établissement ne désemplissait pas. Le restaurant fut vendu. Le successeur concentra ses efforts sur les œufs d'or et décida « d'allonger » la fameuse soupe. Pendant environ un mois, les bénéfices augmentèrent, car les coûts étaient bas et les revenus stables. Mais peu à peu, les clients désertèrent le restaurant. Ils n'avaient plus confiance. Le nouveau propriétaire essaya tant bien que mal de les faire revenir, mais il avait négligé la clientèle, trahi sa confiance et perdu le bien que représente la fidélité, il ne lui restait plus de poule pour produire ses œufs d'or.

Il existe aussi des entreprises qui soignent beaucoup leur clientèle, mais négligent ceux qui traitent avec elle : les employés. Le principe CP nous apprend qu'il faut toujours traiter ses employés comme l'on traite ses meilleurs clients.

On peut acheter les mains d'un employé, mais on ne peut acheter son cœur. Or, c'est dans le cœur que résident l'enthousiasme et le dévouement. On peut acheter son dos, mais pas son esprit. Or, c'est là que vivent la créativité, l'ingéniosité, et les ressources.

Travailler sur la capacité de production revient à traiter les employés comme des volontaires. Car ils le sont : c'est volontairement qu'ils engagent leur cœur et leur esprit, le meilleur d'eux-mêmes.

En focalisant ses efforts exclusivement sur les œufs d'or, on ne capte pas l'énergie produite par le cœur et l'esprit d'un individu. Il est certes important d'avoir un but à court terme, mais cela n'est pas essentiel.

L'efficacité repose sur cet équilibre. Une vision trop restreinte de la production ruine la santé, use les machines, fait fondre les comptes en banque et détruit les relations. Se consacrer uniquement à la capacité de production revient à courir trois à quatre heures par jour en se vantant de gagner ainsi dix années supplémentaires à vivre, sans se rendre compte que l'on passera ces années-là à courir.

L'Équilibre entre P et CP nécessite souvent des décisions délicates. Mais il constitue, à mon avis, l'essence même de la constructivité. Le long terme compense le court terme, de même que les bonnes notes récompensent l'effort d'éducation et la bonne relation parent/enfant.

Ce même principe se démontre de lui-même dans la vie lorsqu'on brûle la chandelle par les deux bouts. Celui qui travaille beaucoup, cherchant à ramasser plus d'œufs d'or que nécessaire, se retrouve finalement cloué au lit, éreinté, incapable de produire quoi que ce soit. Au contraire, celui qui se repose bien la nuit, se réveille frais et dispos le matin, est prêt à produire toute une journée. On le perçoit également lorsque l'on se voit contraint d'insister auprès d'une personne pour avoir gain de cause et que l'on ressent l'inconsistance de tels rapports, ou au contraire, lorsqu'on prend le temps de s'investir dans une relation et que l'on s'aperçoit que le désir et la faculté de coopération, de communication progressent à pas de géant.

L'Équilibre P/CP constitue l'essence même de la constructivité. Il est entériné tous les jours par la vie. Nous pouvons en tenir compte ou l'ignorer, mais il est bel et bien là. Il sert de phare. Il est la définition et le paradigme de l'efficacité sur lesquels repose mon livre.

COMMENT UTILISER CE LIVRE ?

Avant que vous ne commenciez à travailler sur les sept habitudes, j'aimerais vous suggérer deux changements de paradigme qui valoriseront d'autant plus le bénéfice que vous pourrez tirer de cet ouvrage.

Premièrement, je vous recommande de ne pas « voir » cet ouvrage comme un livre : un objet qu'on lit une fois, puis que l'on relègue sur une étagère. Vous pouvez choisir de le lire d'une seule traite, pour avoir un aperçu du contenu. Mais j'ai conçu cet outil comme un compagnon de vie, qui vous accompagnera tout au long d'un processus continu de transformation et de croissance. Je l'ai organisé en étapes avec, à la fin de chaque chapitre, des suggestions directement applicables, afin que vous puissiez étudier les sept habitudes l'une après l'autre lorsque vous vous sentirez prêt. Au cours de votre progression vers de nouveaux degrés de compréhension, de nouvelles étapes, vous avez toujours la possibilité de revenir sur les principes contenus dans telle ou telle habitude pour cultiver vos connaissances, vos compétences et votre désir.

Deuxièmement, je suggère que, de simple lecteur, vous deveniez professeur. Agissez « de l'intérieur vers l'extérieur », lisez avec l'idée de partager ce que vous avez appris et d'en discuter avec quelqu'un dans les quarante-huit heures qui suivent. Si vous aviez su que vous deviez enseigner ce que vous venez de lire, cela aurait-il changé votre façon de lire ? Essayez maintenant, lisez la fin de ce chapitre dans ce but. Lisez comme si, aujourd'hui ou demain, pendant que le souvenir de cette lecture est encore frais, vous alliez en expliquer le contenu à votre conjoint, à vos enfants, à votre associé ou à un ami. Vous remarquerez sans doute un changement dans votre démarche.

Si vous abordez chaque étape de cet ouvrage dans cet esprit, non seulement vous en retiendrez mieux les idées, mais votre point de vue en sera enrichi, votre compréhension approfondie et votre motivation pour appliquer le contenu de ce livre accrue.

De plus, à mesure que vous partagerez ouvertement, sincèrement ce que vous apprenez, vous vous rendrez compte que les étiquettes négatives que vous accolaient les autres, les mauvaises idées qu'ils avaient sur vous disparaîtront progressivement. Ceux que vous initiez verront en vous une personne qui change, qui évolue, et ils seront plus enclins à vous aider, à vous soutenir et, peut-être, à travailler avec vous pour intégrer les sept habitudes à votre vie.

CE QUE VOUS POUVEZ ESPÉRER

« Nul ne peut forcer quelqu'un à changer, comme le faisait observer Marilyn Ferguson. Chacun d'entre nous garde sa propre porte du changement, qui ne s'ouvre que de l'intérieur. Impossible d'ouvrir cette porte pour un autre, que ce soit par des discussions ou par un appel aux sentiments. »

Si vous décidez d'ouvrir votre « porte du changement » aux trois premières habitudes, celles de la victoire intérieure, une évolution positive se produira. Votre développement sera progressif, mais le résultat sera une révolution. À votre avis, le seul principe de l'Équilibre P/CP, réellement vécu, ne pourrait-il pas transformer la plupart des individus ou des groupes d'individus ?

L'effet net de l'ouverture de cette porte aux trois premières habitudes augmentera de manière significative votre confiance en vous. Vous apprendrez à mieux vous connaître, à découvrir votre nature, vos vraies valeurs et votre exceptionnelle capacité d'engagement. À mesure que vous mettrez en application ces valeurs, les sentiments d'identité, d'intégrité, de contrôle de soi diffuseront en vous joie et paix. Vous vous définirez de l'intérieur plutôt qu'en fonction de l'opinion des autres ou par comparaison avec eux. Le « bien » et le « mal » n'auront plus rien à voir avec la crainte d'être « pris la main dans le sac ».

Ironiquement, vous constaterez que moins vous vous souciez de ce que les autres pensent de vous et plus vous vous intéresserez à ce qu'ils pensent d'eux-mêmes et de leur univers, y compris de leur relation avec vous. En outre, le changement vous paraîtra de plus en plus facile et souhaitable, car il existe en vous (au cœur de vous-même) quelque chose d'immuable.

À mesure que vous vous ouvrirez aux trois autres habitudes (celles liées à la victoire publique), vous découvrirez à la fois le désir de guérir, de reconstruire des relations détériorées ou brisées, et les ressources nécessaires pour cela. Les relations déjà satisfaisantes s'enrichiront, gagneront en profondeur, en solidité, en créativité et en audace.

Les sept habitudes apporteront un renouveau et vous rendront véritablement indépendant, apte à une interdépendance effective. Grâce à elles, vous rechargerez vos batteries. Vous pourrez remplacer vos vieux modèles de comportement défaitiste par de nouveaux modèles, des habitudes constructives qui vous apporteront de la joie, et généreront des rapports fondés sur la confiance.

Je vous invite à ouvrir la porte du changement et à évoluer au fil de l'analyse de ces sept habitudes. Déployez toute votre patience envers vous-même, car un tel développement personnel apporte une appréciable satisfaction ; il n'existe pas de meilleur investissement. Bien sûr, il ne s'agit pas d'un remède rapidement efficace, mais je vous certifie que vous en tirerez des avantages, et que des récompenses immédiates vous encourageront à poursuivre. Comme le disait Thomas Paine : « *Ce que nous obtenons trop facilement, nous l'estimons trop faiblement. C'est la cherté seule qui donne à toute chose sa valeur et Dieu sait comment apposer un juste prix à chacun de ses biens.* »

Deuxième partie

LA VICTOIRE INTÉRIEURE

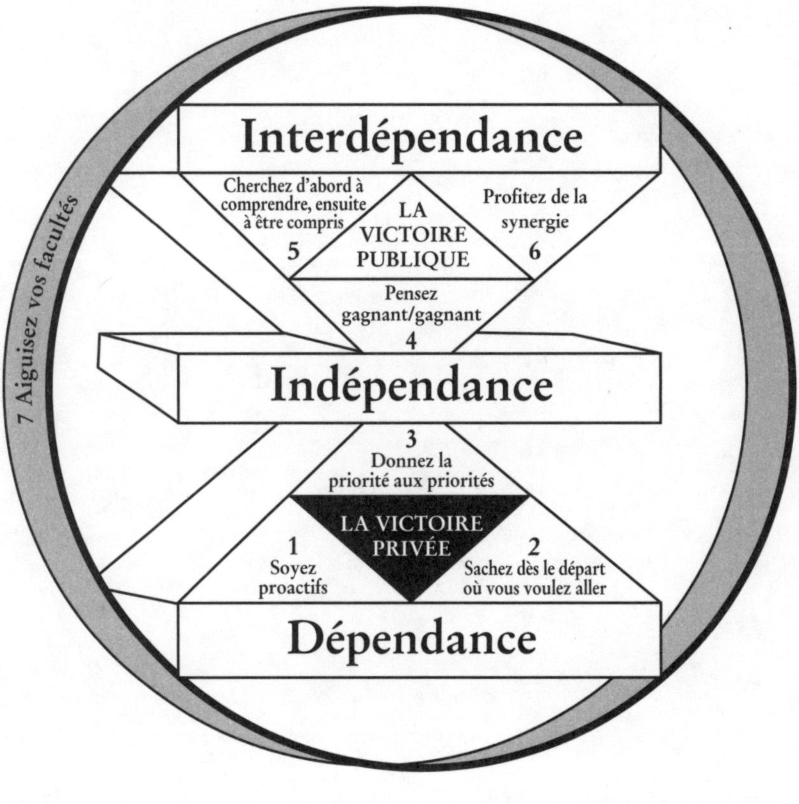

Habitude n° 1

Soyez proactifs

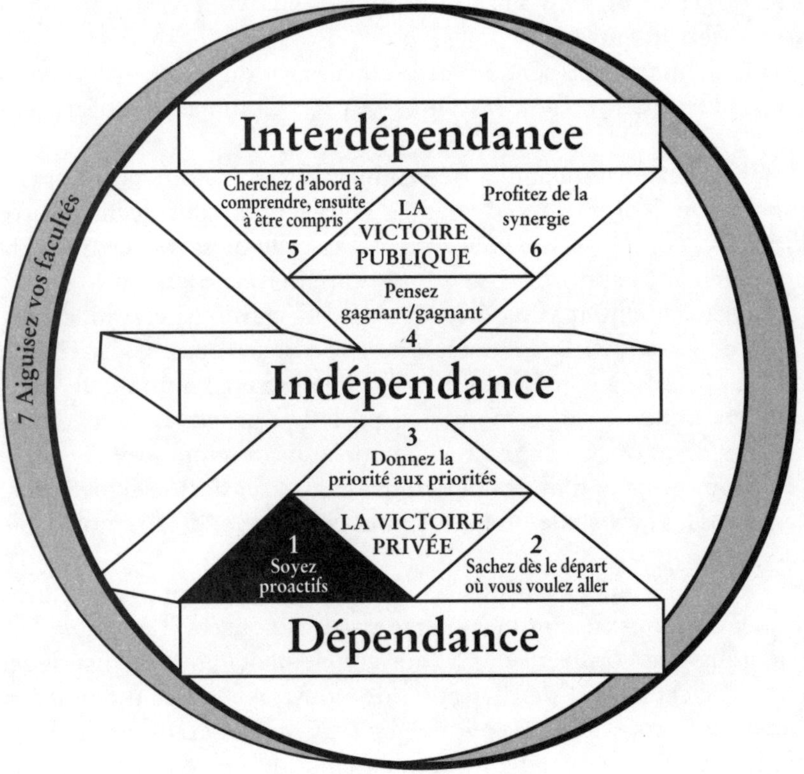

PRINCIPES DE PERCEPTION INDIVIDUELLE

> « Je ne connais rien de plus encourageant que la capacité incontestable de l'homme à élever sa vie par un effort conscient. »
>
> Henry David Thoreau

LORS de votre lecture, essayez de sortir de vous-même. Essayez de projeter votre conscience dans un coin de la pièce où vous vous trouvez et regardez-vous lire. Pouvez-vous vous voir comme si vous étiez un autre ?

Réfléchissez à présent à votre état d'esprit du moment. Pouvez-vous l'identifier ? Que ressentez-vous ? Comment le décririez-vous ?

Cherchez maintenant à déterminer la façon dont votre esprit fonctionne. Réagit-il rapidement ? Vous sentez-vous déchiré entre l'idée d'accomplir cet exercice mental et celle de savoir ce que cela peut bien vous apporter ?

La capacité dont vous disposez de réfléchir ainsi est caractéristique de l'homme. Les animaux ne la possèdent pas. C'est ce que nous appelons la conscience de soi. Elle donne à l'homme un pouvoir sur toute chose au monde et qui le fait progresser génération après génération. C'est grâce à elle que nous pouvons évaluer notre vécu comme celui d'autres personnes et en tirer des enseignements. C'est aussi grâce à elle que nous pouvons faire et défaire nos habitudes.

Nous ne sommes pas nos sentiments. Nous ne sommes pas nos humeurs. Nous ne sommes même pas nos pensées. Le simple fait que nous puissions réfléchir à tous ces éléments nous en distingue. La conscience nous permet aussi de nous projeter et d'étudier la façon dont nous nous « voyons », c'est-à-dire d'examiner le paradigme du moi, le paradigme fondamental de notre efficacité. Elle affecte non seulement nos idées et nos comportements, mais aussi notre façon de voir les autres. Elle devient la carte qui représente la nature de l'homme.

En réalité, tant que nous ne prenons pas en compte notre manière de nous voir (et de voir l'autre), nous sommes incapables de comprendre comment l'autre se considère, se ressent et voit le monde : tant que nous ne sommes pas conscients de nous-mêmes, nous ne faisons que projeter nos intentions sur ses comportements en appelant cela de l'objectivité.

Cela limite considérablement notre potentiel personnel et nos capacités de communication. Mais puisque nous disposons de cette « conscience de soi » spécifiquement humaine, nous pouvons étudier nos paradigmes pour savoir s'ils se fondent sur la réalité et sur de vrais principes, ou s'ils sont au contraire le résultat de conditionnements.

LE MIROIR SOCIAL

Si la seule image que nous avons de nous-mêmes nous vient du miroir social (paradigme social actuel, opinions, perception et paradigmes de ceux qui nous entourent), nous nous voyons alors comme dans un miroir déformant. « Vous êtes toujours en retard ! », « Tu ne peux jamais tenir tes affaires en ordre ! », « Vous devez être un artiste ! », « Tu manges comme quatre ! », « Je n'arrive pas à croire que tu aies gagné ! », « C'est tellement simple. Pourquoi est-ce que tu ne comprends pas ? ».

Les visions qu'expriment ces phrases sont incohérentes et disproportionnées. Elles correspondent davantage à des projections qu'à des réflexions, projections des préoccupations et des faiblesses de ceux qui nous fournissent ces informations plutôt que reflet précis de ce que nous sommes.

L'image que nous renvoie le paradigme de notre société actuelle montre à quel point nous sommes conditionnés et tributaires des circonstances. Reconnaître le pouvoir considérable du conditionnement dans notre vie jusqu'à pouvoir dire que c'est lui qui nous définit sans que nous ayons aucun contrôle sur lui revient à établir une nouvelle « carte » tout à fait différente.

Il existe en fait trois cartes sociales, trois théories largement acceptées, pour expliquer la nature humaine. Le déterminisme génétique, selon lequel notre ascendance dicte ce que nous sommes aujourd'hui, comprend ainsi votre mauvais caractère : votre grand-père était irascible et ceci est inscrit dans votre ADN.

De plus, vous êtes Français, et c'est sans doute dans la nature du peuple français.

D'après le déterminisme psychique, ce sont nos parents qui dictent ce que nous sommes. Votre éducation, votre vécu d'enfant ont formé vos tendances personnelles et les structures de votre caractère. C'est pour cela que vous vous trouvez intimidé devant un groupe. C'est pour cela que vous vous sentez affreusement coupable lorsque vous commettez une erreur : vous vous « souvenez » des scénarios émotionnels de votre enfance, lorsque vous étiez vulnérable, sensible et dépendant. Vous vous « rappelez » les punitions lorsque vous vous conduisiez mal, le rejet, les comparaisons avec les autres !

D'après le déterminisme social, c'est notre supérieur (ou notre conjoint, ou notre adolescent de fils, ou la concurrence économique, ou la politique nationale) qui dicte ce que nous sommes. Quelque chose, ou quelqu'un dans la société, est responsable de notre situation.

Chacune de ces cartes tire ses fondements de la théorie du réflexe conditionné, que nous associons généralement aux expériences de Pavlov : nous sommes conditionnés à répondre d'une certaine manière à certains stimuli.

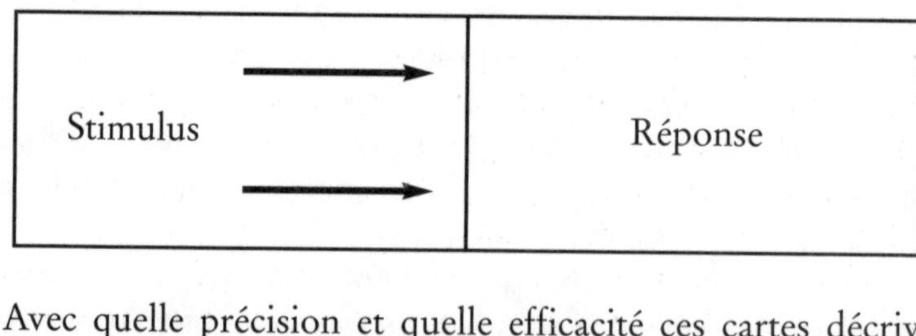

Avec quelle précision et quelle efficacité ces cartes décrivent-elles le territoire réel ? Dans quelle mesure ces miroirs reflètent-ils la véritable nature humaine ? Ces cartes n'engendrent-elles pas notre auto complaisance ? Reposent-elles sur des principes que nous approuvons intérieurement ?

ENTRE STIMULUS ET RÉPONSE

En réponse à ces questions, laissez-moi vous faire part de l'histoire de Victor Frankl.

Victor Frankl était un déterministe élevé dans la tradition freudienne : tout ce qui nous arrive dans notre enfance façonne notre caractère et notre personnalité et gouverne notre vie. Les limites et les paramètres de notre existence sont fixés très tôt et nous ne pouvons pas grand-chose contre eux.

Frankl était aussi psychiatre et juif. Sous l'Allemagne nazie, il fut déporté dans les camps de la mort, où il dut endurer des épreuves qui nous terrifient à leur seule évocation.

Ses parents, son frère et sa femme sont morts dans ces camps. À l'exception de sa sœur, toute sa famille fut exterminée. Victor Frankl a lui-même subi la torture et d'innombrables humiliations, ne sachant jamais si ses pas le mèneraient à la chambre à gaz ou parmi les prisonniers épargnés qui déblayaient les corps des juifs gazés puis incinérés.

Un jour, nu et seul dans une pièce, il prit peu à peu conscience de ce qu'il appellerait plus tard « la dernière des libertés humaines », une liberté que ses geôliers nazis ne sauraient lui enlever. Ceux-ci pouvaient être les maîtres du lieu, faire ce qu'ils voulaient de son corps, mais il restait, lui, un être conscient de son identité qui pouvait regarder en observateur son propre rôle. Il pouvait décider lui-même comment tout cela allait l'affecter. Entre ce qui lui arrivait (le stimilus) et sa réaction, s'interposait sa liberté, son pouvoir de choisir une réponse.

Alors qu'il vivait cette épreuve, Frankl se projetait dans des situations différentes, par exemple en cours, devant ses étudiants, lorsqu'il serait sorti des camps : il s'imaginait dans l'amphithéâtre, leur donnant un cours sur les tortures qu'il avait endurées.

Il cultiva son petit lopin, son embryon de liberté grâce à diverses disciplines mentales, psychologiques et morales, utilisant surtout sa mémoire et son imagination, jusqu'à ce que l'embryon grandisse, grandisse au point de devenir plus libre que ses gardiens. Ils avaient certes davantage de liberté physiques, mais lui jouissait d'une plus grande liberté intérieure, un pouvoir interne d'exercer ses propres choix. Il devint une source d'inspiration pour son entourage et même pour certains de ses détenteurs. Il aida les autres à trouver un sens à leurs souffrances et à retrouver une dignité.

Plongé dans les circonstances les plus dégradantes, Victor Frankl s'est appuyé sur cette richesse de l'homme, la conscience de soi, pour découvrir un principe fondamental de la nature humaine : entre le stimulus et la réponse, l'homme a la liberté de choisir.

Cette liberté de choisir exprime en soi ces dons qui font de l'être humain un être unique. Outre la conscience de soi, nous possédons l'imagination, la capacité de créer dans notre esprit quelque chose qui dépasse la réalité présente. Nous possédons également une conscience, un sens profond du bien et du mal, des principes qui gouvernent nos comportements, et la faculté de sentir si nos pensées et nos actions sont en adéquation avec ces principes. Nous possédons également une volonté indépendante, la possibilité d'agir selon notre conscience de nous-mêmes, sans tenir compte d'aucune autre influence.

Les possibilités de l'animal sont limitées, celles de l'homme illimitées. Mais si, comme les animaux, nous vivions seulement sur nos instincts, sur notre mémoire collective, notre conditionnement et les circonstances, nous nous trouverions alors tout aussi limités.

Nos capacités nous élèvent au-dessus du monde animal et nous les exerçons et les développons au maximum de notre potentiel humain. Entre le stimulus et la réponse, se trouve notre plus grande force : la liberté de choix.

LA PROACTIVITÉ

En découvrant le principe de base de la nature humaine, Frankl a décrit une carte exacte de l'homme, à partir de laquelle il a pu développer la première et la plus fondamentale des habitudes, quel que soit l'environnement : l'habitude de la proactivité.

Si le terme « proactivité » est désormais courant dans le domaine du management, vous ne le trouverez pas dans les dictionnaires. Il signifie davantage que « prendre des initiatives ». Il signifie qu'en tant qu'êtres humains, nous sommes responsables de nos propres vies. Notre comportement découle de nos décisions, et non de notre condition. Nous pouvons faire passer nos sentiments après nos valeurs. Nous avons l'initiative et la responsabilité de provoquer les choses.

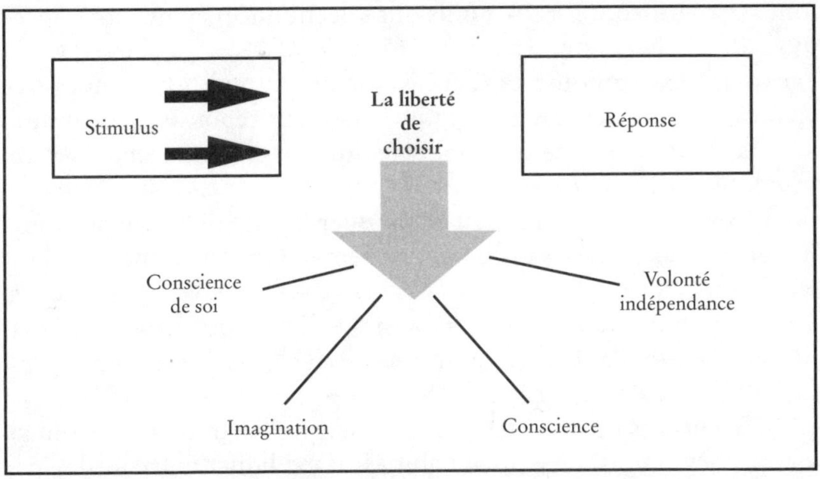

LE MODÈLE PROACTIF

Parce que nous sommes, par nature, responsables (capables de réponse), nous pouvons affirmer que nos vies ne sont guidées par notre propre conditionnement et par les circonstances que dans la mesure où nous acceptons, par une décision consciente ou par défaut, de nous laisser diriger par eux. En opérant un tel choix, nous ne faisons que réagir. Les individus « réactifs » se sentent souvent affectés par leur environnement. Si le temps est beau, ils se sentent bien. S'il fait mauvais, cela altère leurs sentiments et leurs performances. Les personnes proactives portent en elles leur propre « temps ». Elles sont guidées par certaines valeurs et, si l'une de ces valeurs consiste à produire un travail de qualité, peu importe qu'il pleuve ou que le soleil brille.

Les réactifs dépendent également de leur environnement social, de la « météo sociale ». Quand on les traite bien, ils se sentent bien ; quand on les traite mal, ils deviennent défensifs et se referment. Les réactifs fondent leur vie psychologique sur le comportement de leur entourage, autorisant ainsi les faiblesses des autres à gouverner leur vie.

La faculté de subordonner une impulsion à une valeur constitue l'essence même de l'individu proactif. Les réactifs se laissent piloter par leurs impressions, les circonstances, les conditions, l'environnement. Les proactifs se dirigent en fonction de valeurs auxquelles ils ont sérieusement réfléchi, qu'ils ont sélectionnées, et qui sont devenues des valeurs internes.

Ils restent toujours influencés par des stimuli extérieurs physiques, sociaux ou psychologiques, mais leur réponse à ces stimuli, qu'elle soit consciente ou non, constitue un choix ou une réaction fondée sur des valeurs.

Eléonore Roosevelt faisait remarquer à juste titre que personne ne peut nous blesser sans notre consentement, ou comme le disait en d'autres termes Gandhi : « *Ils ne peuvent pas nous enlever notre dignité si nous ne la leur cédons pas.* » C'est notre consentement, notre volonté d'autoriser qu'il nous arrive ce qui nous arrive, qui nous blesse en premier lieu.

Je reconnais qu'accepter cela est une épreuve difficile, surtout si, depuis des années, on a pris l'habitude d'expliquer notre misère par les circonstances et le comportement d'une autre personne. Mais, tant qu'un individu n'a pas eu la force de se dire honnêtement qu'il est aujourd'hui ce qu'il est à cause des choix qu'il a faits hier, et tant qu'il ne s'en persuade pas profondément, alors il se trouve dans l'incapacité de choisir autre chose.

Alors que je donnais un jour une conférence sur la proactivité, une femme s'est levée et a commencé à parler avec excitation. L'auditoire était nombreux et beaucoup de participants la regardaient. Elle s'aperçut tout d'un coup de ce qu'elle faisait, se sentit gênée et se rassit. Mais elle semblait avoir du mal à se taire et continuait à discuter avec ses voisins. Elle paraissait extrêmement heureuse.

Dès que la pause arriva, je me dirigeai vers cette femme et lui demandai de me faire part de son expérience.

Elle s'exclama : « *Vous ne pouvez pas deviner ce qu'il m'arrive ! Je travaille pour l'homme le plus ingrat que l'on puisse imaginer. Rien n'est jamais assez bon pour lui. Il n'a jamais un mot de remerciement. Cet homme m'a rendu la vie impossible et, souvent, ma frustration déborde sur ma vie familiale. Les autres infirmières éprouvent la même chose que moi. Nous en sommes presque arrivées à souhaiter sa mort.*

Et vous, vous avez l'audace de suggérer que rien ne peut me blesser, que personne ne peut me faire de mal sans mon consentement et que j'ai donc choisi de mener cette vie. Au début, je ne voyais pas comment j'aurais pu croire un mot de tout ça. Et puis, j'ai bien réfléchi, et je me suis interrogée au plus profond de moi-même : « Suis-je capable de choisir mes réponses ? »

Quand, finalement, j'ai compris que j'en étais capable, quand j'ai fini d'avaler cette pilule amère, que je me suis rendu compte que j'avais choisi de vivre une vie malheureuse, j'ai aussi compris que je pouvais choisir de ne pas être malheureuse. C'est à ce moment-là que je me suis levée. C'était un peu comme si je sortais de prison, j'avais envie de crier à tout le monde que j'étais libre, que jamais plus le comportement d'une personne ne pourrait commander mon existence. »

Ce n'est pas ce qui nous arrive, mais la façon dont nous y répondons, qui nous fait mal. Bien sûr, nous éprouvons parfois de la douleur physique, du chagrin, nous rencontrons des difficultés financières. Mais notre caractère, la base de notre identité, ne s'en trouve pas meurtri. Nos expériences les plus pénibles forment le creuset dans lequel se coule notre caractère et se développe notre pouvoir intérieur, notre liberté de gérer ces difficultés à l'avenir et d'inciter notre entourage à agir ainsi.

Nous connaissons tous des personnes, par exemple des malades en phase terminale ou des personnes gravement handicapées qui, dans ces circonstances dramatiques, gardent une force psychologique magnifique. C'est bien leur intégrité qui les inspire, et comment ! Rien n'impressionne plus un individu que de se rendre compte qu'une personne a pu transcender sa condition et qu'elle est habitée d'une valeur qui inspire, rend plus noble, élève sa vie.

Pour ma femme Sandra et pour moi, l'une des périodes les plus fortes de notre vie fut sans doute les quatre années durant lesquelles l'une de nos amies, Carol, a lutté (en vain) contre le cancer. Lors des dernières phases de la maladie, Sandra resta à son chevet pour l'aider à écrire l'histoire de sa vie. Elle revenait de ces longues et difficiles séances comme pénétrée d'admiration pour le courage de son amie et son désir de rédiger des messages à remettre à ses enfants aux différentes étapes de leur vie.

Carol prenait aussi peu de calmants que possible, de sorte qu'elle disposait de toutes ses facultés mentales et de ses capacités d'émotion. Elle murmurait son texte dans un magnétophone, ou à Sandra qui prenait note. Carol se montrait proactive, tellement courageuse et si concernée par ses proches qu'elle devenait un exemple à suivre pour de nombreux membres de son entourage.

La veille de sa mort, j'ai senti en la regardant qu'au travers de cette agonie rongeante vivait une personnalité d'une immense intensité. Je pouvais lire dans ses yeux une vie faite de volonté, d'engagement et de soutien, ainsi que d'amour, d'attention et d'estime.

J'ai demandé, dans différents groupes, si quelqu'un avait déjà eu à vivre l'expérience de la mort d'un homme à l'attitude remarquable, de qui émanait amour et sensibilité, généreux jusqu'aux derniers instants de sa vie. Généralement, environ le quart de l'assistance répondait par l'affirmative. Je demandais ensuite aux participants s'ils garderaient à jamais ce souvenir, s'ils avaient été transformés, au moins pour un temps, par un tel courage, s'ils avaient été émus et incités à des actes plus nobles. Les mêmes personnes répondaient alors, presque inévitablement, encore par l'affirmative.

Pour Victor Frankl, il existe trois valeurs centrales dans la vie : l'expérience (ce qui nous arrive) ; la création (ou ce à quoi nous donnons le jour) ; et l'attitude (ou notre réponse à des événements graves comme une maladie incurable).

Ma propre expérience me confirme ce que précise Frankl : du point de vue de la théorie du paradigme, la plus grande des valeurs est la dernière. En d'autres termes, ce qui importe le plus, c'est la façon dont nous répondons à ce que nous vivons.

Des circonstances difficiles engendrent souvent des changements de paradigme. Elles génèrent de nouveaux cadres de références en fonction desquels les hommes se voient, voient le monde et leurs prochains à l'intérieur de celui-ci, et considèrent ce que la vie exige d'eux. Leur optique plus large reflète les valeurs d'attitude qui nous élèvent et nous stimulent tous.

PRENDRE L'INITIATIVE

Notre nature nous pousse à agir et non à laisser les choses agir sur nous. Ceci nous permet d'une part de choisir notre réponse à des circonstances particulières et d'autre part d'amener des circonstances favorables.

Prendre l'initiative ne signifie pas se montrer arriviste, odieux, agressif, mais reconnaître que l'on peut provoquer des événements.

Depuis des années, j'ai souvent, dans le cadre de mon métier, conseillé à des personnes qui voulaient occuper des fonctions plus intéressantes de faire preuve de plus d'esprit d'initiative, de se soumettre à des tests de motivation et d'aptitude, d'étudier le secteur et les problèmes spécifiques de l'entreprise qui les intéresse, et de mettre ensuite au point un petit exposé convaincant qui montre comment leurs compétences peuvent aider à résoudre les problèmes de l'entreprise. C'est ce que l'on appelle « vendre des solutions » et cela constitue l'un des paradigmes clés de la réussite en affaires.

Le plus souvent, ces personnes sont d'accord avec moi. La plupart sentent bien l'impact d'une telle approche sur leurs chances professionnelles. Mais nombreuses sont celles qui ne font pas le premier pas nécessaire pour forcer la chance :

« Je ne sais pas où aller pour tester mes intérêts et mes aptitudes. »

« Comment étudier les problèmes du secteur et de l'entreprise ? Personne ne veut m'aider. »

« Je ne sais absolument pas comment préparer un entretien à mon avantage. »

Beaucoup attendent que quelque chose ou quelqu'un vienne les aider. Mais si l'on y regarde bien, les personnes qui détiennent les meilleurs emplois sont celles qui ont les solutions aux problèmes, et non celles qui présentent déjà un problème en elles-mêmes ; ce sont les personnes qui saisissent l'occasion de prendre l'initiative et font le nécessaire, en accord avec leurs justes principes, pour que le travail soit effectué.

Chaque fois qu'un membre de notre famille, même l'un des plus jeunes enfants, s'installe dans une attitude irresponsable et attend que quelqu'un l'en sorte ou trouve une solution, nous lui suggérons d'utiliser ses propres ressources et son sens de l'initiative. D'ailleurs, bien souvent, avant que nous ayons eu le temps d'intervenir, il répond lui-même à son SOS : « R pour Ressources et I pour Initiative ! »

Maintenir un individu sur la voie de ses responsabilités n'est pas le rabaisser, mais au contraire le soutenir. La proactivité fait partie de la nature humaine, tout comme les muscles qui, même endormis, sont là. Respecter le naturel proactif des autres fournit au moins une image claire, sans distorsion du miroir social. Bien entendu, la maturité sociale de l'individu doit être prise en compte. On ne peut pas espérer une coopération hautement créative de la part de personnes psychologiquement dépendantes. Mais on peut tout de même soutenir leur naturel et créer un climat dans lequel ces personnes saisiront leurs chances et résoudront leurs problèmes de manière de plus en plus indépendante.

AGIR SOI-MÊME, OU SE LAISSER GUIDER

Pour établir l'Équilibre P/CP, il faut en prendre l'initiative. À mesure que vous étudierez les six autres, vous vous apercevrez que chacune d'elles dépend du développement de votre sens proactif. Chacune de ces habitudes fait reposer sur vos épaules la responsabilité de l'action. Si vous attendez que l'on vous guide, vous serez effectivement guidé.

J'ai autrefois travaillé avec des stagiaires issus de vingt entreprises différentes qui comparaient chaque trimestre leurs résultats et leurs problèmes. Cela se passait durant une grave période de récession dont les répercussions négatives se ressentaient particulièrement. Les participants étaient assez découragés lorsque nous avons commencé à travailler ensemble.

Le premier jour, nous avons cherché à répondre à deux questions : « Que nous arrive-t-il ? Quel est le stimilus ? ». Beaucoup de choses se passaient. Les pressions de l'extérieur étaient énormes, le taux de chômage élevé, et certaines de ces personnes se voyaient obligées de licencier des amis pour maintenir la viabilité de leur entreprise. À la fin de la journée, le découragement s'était encore accru.

Le deuxième jour, nous nous sommes intéressés à une autre question : « Que va-t-il se passer à l'avenir ? » Nous avons étudié les tendances du moment et imaginé leurs répercussions. À la fin du deuxième jour, le découragement atteignait son comble. La situation empirerait avant de s'améliorer, et tout le monde le savait.

Le troisième jour, nous avons décidé de nous focaliser sur des questions proactives : « Quelle est notre réponse ? Qu'allons-nous faire ? Comment allons-nous imposer nos initiatives dans cette situation ? » Dans la matinée, nous avons discuté management et réduction des coûts. Dans l'après-midi, nous avons parlé d'augmenter les parts de marché. Nous nous sommes concentrés sur plusieurs solutions pratiques réalisables. Nous avons conclu la réunion dans un nouveau climat d'enthousiasme, d'espoir et de proactivité.

Tout à la fin de la troisième journée, nous avons résumé en trois points les résultats en répondant à la question « Comment vont les affaires ? » Premièrement : ce qui nous arrive n'est pas bon, et les tendances actuelles laissent présager que la situation ira en empirant avant de s'améliorer. Deuxièmement : mais ce que nous préparons actuellement est très positif, car nous opérons une gestion plus rationnelle, une réduction des frais et nous augmentons nos parts de marché. Troisièmement : les affaires ne se sont jamais portées aussi bien.

Qu'en penserait un esprit réactif ? Il dirait sûrement : « Tout de même, soyez réaliste. Vous ne pouvez pas pousser aussi loin le positivisme et l'auto-encouragement. Tôt ou tard, il vous faudra bien appeler un chat un chat. »

Mais, c'est là toute la différence entre une réflexion positiviste et la proactivité. Nous avons appelé un chat un chat, nous avons affronté la réalité de la situation et des conséquences possibles. Toutefois, nous avons aussi vu une autre réalité : nous détenons le pouvoir de choisir une réponse positive pour cette situation et ses conséquences.

Les sociétés, les associations, les structures de toutes sortes (y compris les familles) peuvent être proactives, en rassemblant la créativité et les ressources humaines de leurs membres pour élaborer une culture. Un groupe n'a pas à se constituer prisonnier de son environnement, il peut prendre l'initiative afin de concrétiser les valeurs communes et les buts de ses membres.

À L'ÉCOUTE DE NOS PAROLES

Nos attitudes et nos comportements découlant de nos paradigmes, il nous est possible, si nous employons notre conscience de soi pour les étudier, de voir en eux la nature même de nos repères, de nos cartes sous-jacentes. Nos paroles, par exemple, constituent d'excellents indicateurs de notre degré de proactivité.

Le langage des « réactifs » dénote qu'ils se dérobent à leurs responsabilités :

« C'est tout moi ; je suis comme je suis. » Je suis prédéterminé. Je n'y peux rien !

« Ça me rend malade ! » Je ne suis pas responsable. Mes sentiments sont commandés par quelque chose dont je n'ai pas le contrôle.

« Je n'y arriverai pas. Je n'ai pas assez de temps. » Quelque chose me commande de l'extérieur (le temps).

« Si seulement ma femme était plus patiente. » Le comportement d'une personne limite mon efficacité.

« Je suis obligé de faire ça. » Les circonstances, les gens me forcent à faire ce que je fais. Je ne suis pas libre de choisir mes actions.

Langage réactif	**Langage proactif**
Je n'y peux rien.	Examinons les différentes solutions.
Je suis comme je suis.	Je peux aborder le problème de manière différente.
Ça me rend malade.	Je contrôle mes sentiments.
Ils ne le permettront pas.	Je peux élaborer une présentation à mon avantage.
Je suis obligé de le faire.	Je choisirai une réponse appropriée.
Je ne peux pas.	Je choisis.
Je dois.	Je préfère.
Si seulement…	Je ferai cela.

Cette façon de parler vient directement du paradigme du déterminisme, dont tout l'esprit réside dans un transfert de responsabilités. Je ne suis pas responsable, je ne suis pas en mesure de choisir ma réponse.

Un étudiant me disait un jour : « Excusez-moi, mais je ne pourrai pas venir au cours, je dois participer à une sortie du club de tennis. »

J'engageai le dialogue en répliquant :

– Tu dois y aller, ou tu as choisi d'y aller ?

– Je dois vraiment y aller, se défendit-il.

– Que se passera-t-il si tu n'y vas pas ?

– On m'exclura de l'équipe.

– Est-ce que tu aimerais subir cette conséquence ?

– Bien sûr que non.

– En d'autres termes, tu choisis d'y aller parce que tu veux que la conséquence soit de rester dans l'équipe. Et que se passera-t-il si tu manques à mon cours ?

– Je n'en sais rien.

– Réfléchis bien. Quelle sera la conséquence naturelle de ton absence à mon cours ?

– Vous ne m'excluriez pas du cours, tout de même ?

– Ce serait une conséquence sociale, artificielle. Si tu n'appartiens pas à l'équipe de tennis, tu ne joues pas. Si tu ne viens pas à mon cours, quelle sera la conséquence naturelle ?

– Et bien, je n'apprendrai pas ce que les autres y apprendront.

– Exact. Donc tu dois mettre toutes ces conséquences sur la balance et faire un choix. Je sais que si j'étais toi, je choisirais l'équipe de tennis, mais en tout cas, il ne faut jamais dire que l'on est dans l'obligation de faire des choses comme celle-là.

– Je choisis la sortie de tennis, admit-il timidement.

– Et tu vas manquer mon cours ? », lui répondis-je d'un ton faussement outré.

Lorsqu'il annonce une « prophétie », le réactif a toutes les chances de la voir se réaliser. Il sera ainsi conforté dans son paradigme et dans son déterminisme par ses propres paroles, fournissant des preuves pour étayer ses certitudes. Il se sent de plus en plus victime, privé des commandes de sa vie, déchargé de la responsabilité de son destin. Il tient pour responsables de sa situation des forces extérieures : les gens, les circonstances, voire la lune…

Lors d'un séminaire sur la proactivité, un homme est venu me voir et m'a demandé :

– Stephen, j'ai apprécié ce que vous avez dit. Mais toutes les situations sont différentes. Il n'y a qu'à voir mon mariage. Ma femme et moi n'avons plus du tout les mêmes sentiments qu'autrefois l'un envers l'autre. Je pense que nous ne aimons plus. Qu'est-ce que je peux faire ? Nous avons trois enfants, et cela nous inquiète. Qu'est-ce que vous me suggérez ?

– Aimez-la, lui répondis-je.

– Mais comme je vous l'ai dit, nous n'éprouvons plus de sentiments l'un pour l'autre.

– Aimez-la.

– Vous ne comprenez pas. Il n'y a plus aucun amour entre nous, nos sentiments ont disparu.

– Eh bien aimez-la. S'il n'y a plus de sentiments entre vous, c'est une bonne raison pour l'aimer.

– Mais comment peut-on aimer quelqu'un que l'on n'aime plus ?

– Aimer est un verbe. L'amour, le sentiment d'amour, est le fruit de ce verbe. Donc, aimez-la. Rendez-lui service, sacrifiez-vous pour elle, appuyez-la, soutenez-la, appréciez-la. Est-ce que vous avez vraiment envie de faire tout ça ? »

Dans la grande littérature des sociétés civilisées, aimer est un verbe. Les réactifs en font un sentiment par lequel ils se laissent conduire. Mais si nos sentiments commandent nos actions, c'est parce que nous avons abdiqué devant eux, en leur permettant ainsi de prendre le dessus sur nos responsabilités.

Pour les proactifs, « aimer » reste un verbe, une action, un sacrifice que l'on fait, un don de soi, comme une mère qui donne naissance à un enfant. Si vous voulez étudier l'amour, observez ceux qui se sacrifient pour les autres, même pour ceux qui agissent mal ou ne donnent rien en retour. Si vous avez des enfants, observez l'amour que vous avez pour eux. L'amour est une valeur actualisée par des actes. Les proactifs subordonnent leurs sentiments à leurs valeurs ; pour eux, l'amour peut être reconquis.

Autre bon moyen de prendre conscience de notre degré de proactivité : noter ce à quoi nous consacrons notre temps et nos efforts. Nous avons tous un certain nombre de préoccupations : santé, enfants, problèmes au travail, commerce extérieur, guerre nucléaire, etc. Nous pourrions les distinguer des situations par lesquelles nous nous sentons beaucoup moins concernés intellectuellement et affectivement, en les inscrivant dans un « cercle de préoccupations ».

En regardant de plus près ce cercle de préoccupations, nous voyons que nous pouvons contrôler certains faits tandis que, sur d'autres, nous n'avons pas d'impact réel. Réunissons les faits du premier groupe (ceux que nous contrôlons) dans un cercle plus petit, le « cercle d'influence ».

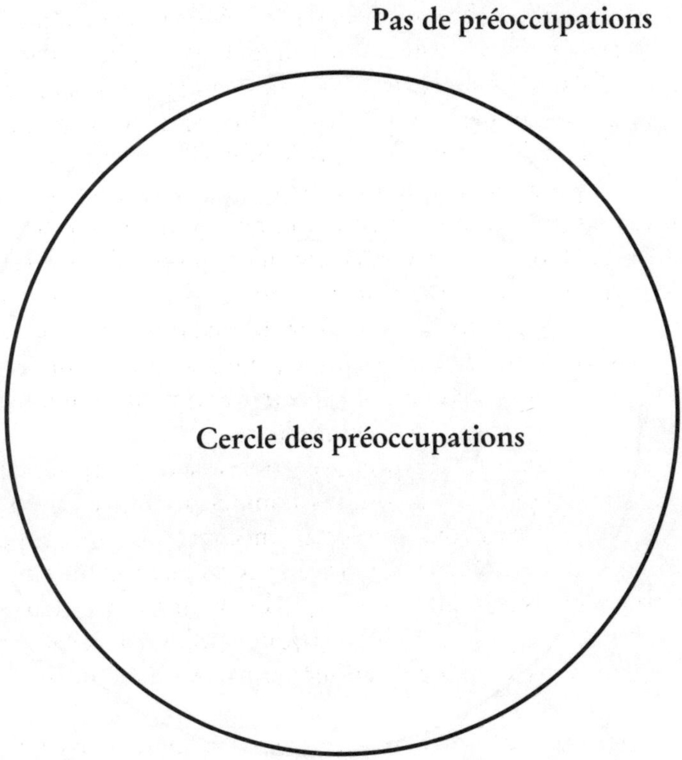

CERCLE DES PRÉOCCUPATIONS – CERCLE D'INFLUENCE

En choisissant celui des deux cercles auquel nous consacrons le plus de temps et d'efforts, nous déterminerons notre degré de proactivité.

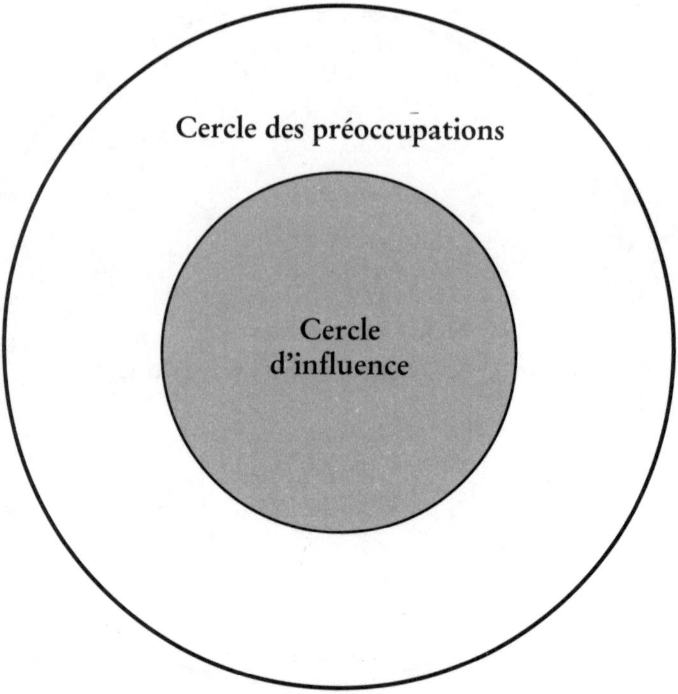

Les proactifs concentrent leurs efforts sur le cercle d'influence. Ils travaillent aux faits sur lesquels ils ont un certain contrôle. Leur énergie est positive, elle a un effet démultiplicateur et élargit le cercle d'influence.

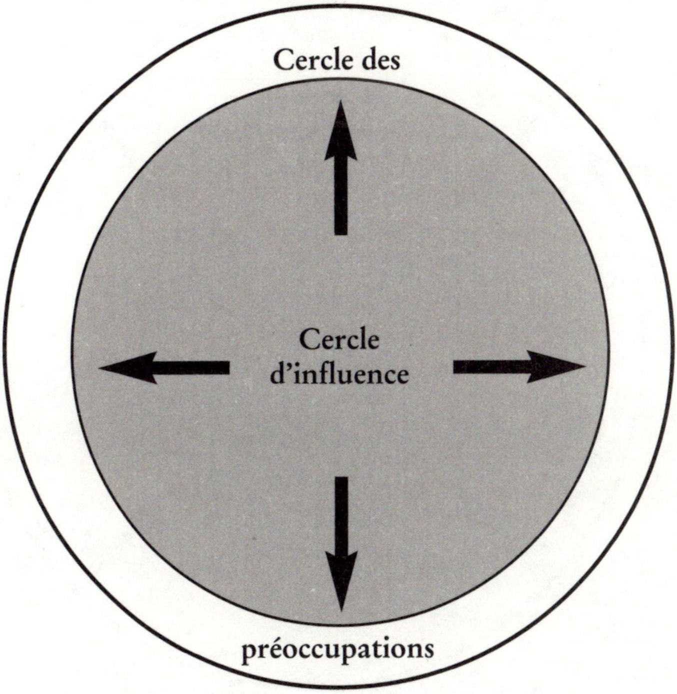

CONCENTRATION PROACTIVE
(L'énergie positive élargit le Cercle d'influence)

Les réactifs se concentrent au contraire sur le cercle des préoccupations. Ils se focalisent sur la faiblesse d'autres personnes, sur les problèmes d'environnement et sur des circonstances qui échappent à leur contrôle. Cette focalisation se traduit par une attitude réprobatrice ou accusatrice envers les autres, un langage réactif et le sentiment accru d'être une victime. L'énergie négative qui s'en dégage, associée à la négligence d'autres secteurs sur lesquels ils pourraient agir, amène leur cercle d'influence à se restreindre.

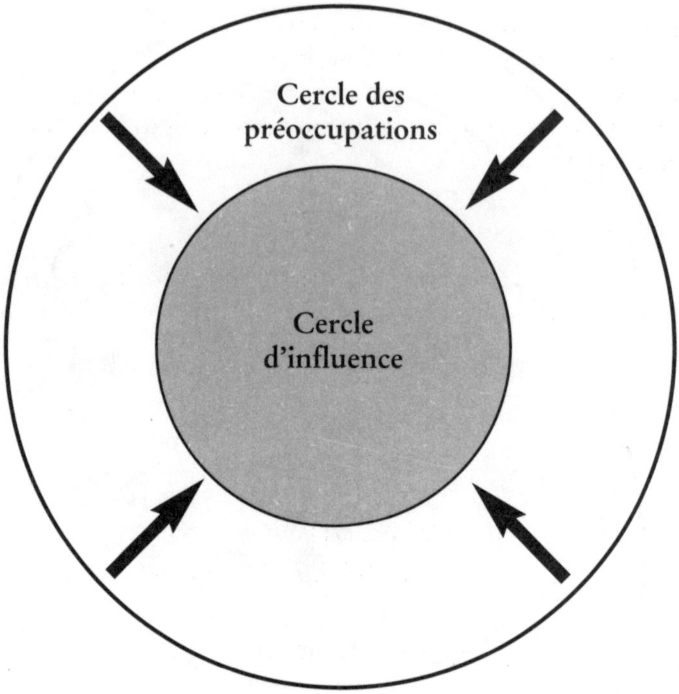

CONCENTRATION RÉACTIVE
(L'énergie négative diminue le Cercle d'influence)

Tant que nous travaillons à notre cercle de préoccupation, nous acceptons que les éléments qu'il contient nous commandent et nous ne prenons pas l'initiative proactive nécessaire pour amener un changement positif.

Je vous ai déjà fait part de l'histoire de mon fils et de ses problèmes scolaires. Ma femme et moi étions très préoccupés par ses apparentes lacunes et par la manière dont le traitaient ses camarades.

Tout cela appartenait à notre cercle de préoccupations. Tant que nous fixions nos efforts dessus, nous n'arrivions à rien, si ce n'est à renforcer notre sentiment de médiocrité et d'impuissance, et la dépendance de notre fils.

C'est seulement lorsque nous avons commencé à travailler à notre cercle d'influence, quand nous nous sommes concentrés sur nos paradigmes, que nous avons créé l'énergie positive suffisante pour nous changer nous-mêmes et pour, à la longue, influer sur notre fils. En travaillant sur nous-mêmes, et non plus sur les circonstances, nous nous sommes donné les moyens d'influencer ces circonstances.

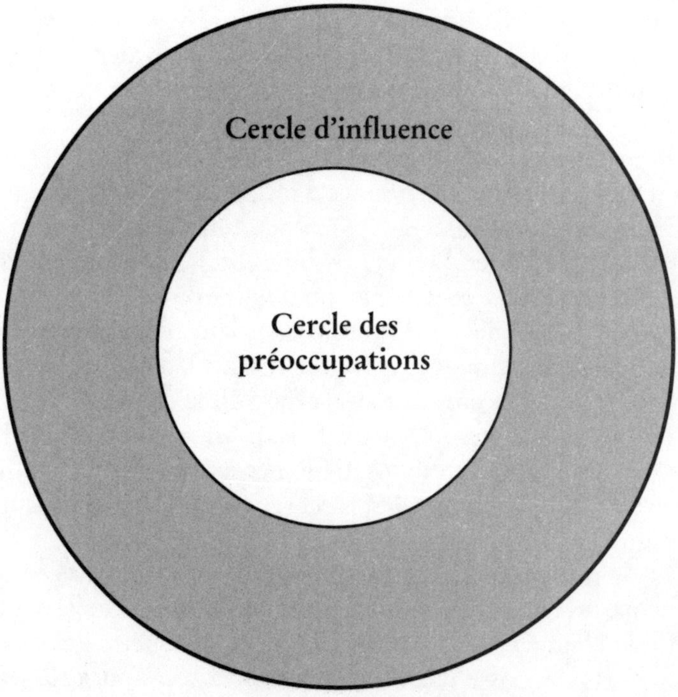

Cette situation révèle la « myopie » de nos émotions : un style de vie réactif, égoïste, centré sur notre cercle de préoccupations.

Bien qu'ils doivent définir des priorités, les proactifs ont un cercle d'influence au moins aussi grand que leur cercle de préoccupations.

CONTRÔLE DIRECT, INDIRECT, IMPOSSIBLE

Les problèmes que nous rencontrons relèvent de l'une des trois catégories suivantes :

– directement contrôlables (problèmes mettant en jeu notre propre comportement) ;

– indirectement contrôlables (problèmes mettant en jeu le comportement d'autres personnes) ;

– incontrôlables (problèmes auxquels nous ne pouvons strictement rien, comme notre passé ou des réalités physiques).

Une approche proactive permet de franchir une première étape vers la solution pour ces trois types de problèmes. Les problèmes directement contrôlables peuvent se résoudre si nous travaillons à nos « habitudes ». Ils se trouvent de toute évidence dans notre cercle d'influence. Ce sont les « victoires intérieures » des habitudes 1, 2 et 3.

Les problèmes indirectement contrôlables peuvent se résoudre si nous travaillons sur nos méthodes d'influence. Ce sont les « victoires publiques » des habitudes 4, 5 et 6. J'ai, pour ma part, répertorié une vingtaine de méthodes d'influence différentes, aussi diverses que peuvent l'être le soutien et la confrontation, l'exemple et la persuasion. Nombre de personnes ne disposent dans leur répertoire que de trois ou quatre de ces techniques et font, en général, d'abord appel à la raison pour se réfugier ensuite dans la fuite ou le combat.

Pour les problèmes incontrôlables, nous n'avons pas le choix : il nous faut sourire, accepter véritablement, calmement les difficultés et apprendre à vivre avec elles. Ceci représente, en un sens, un refus d'abdiquer.

Que le problème soit directement ou indirectement contrôlable, ou encore incontrôlable, nous tenons entre nos mains le début de la solution : changer nos habitudes, changer nos méthodes de persuasion et changer notre façon de voir les choses. Tout cela se situe à l'intérieur de notre cercle d'influence.

ÉLARGIR NOTRE CERCLE D'INFLUENCE

Prendre conscience qu'en choisissant nos réponses, nous pouvions modifier le cours des choses, constitue déjà un encouragement. En changeant l'un des éléments de la formule chimique, nous changeons la nature du résultat.

J'ai travaillé plusieurs années avec une entreprise dirigée par un patron extrêmement dynamique. Il était capable de prédire les tendances. Créatif, plein de talent, compétent, brillant ; et tout le monde le savait. Cependant, sa manière de diriger tenait du despotisme. Il avait tendance à traiter les autres comme ses valets : « Vous irez me chercher ceci… Ramenez-moi cela… Faites ci, faites ça… ! Je déciderai ça tout seul. »

Ce qui provoquait une dissension générale. Les managers de l'entreprise se plaignaient de lui en coulisses.

Parmi ceux qui l'entouraient, un seul était proactif. Ses valeurs, et non ses sentiments, le guidaient. Il prit donc l'initiative, anticipa, sut décoder la situation. Au lieu de critiquer les défauts de son P.-D.G., il essaya de les compenser. Lorsque le patron devenait insupportable, il atténuait les réactions des employés. Il travaillait avec les mêmes outils que le P.-D.G. : créativité, talent et intuition.

Cet homme se concentrait sur son cercle d'influence. Il était lui aussi traité comme un « valet », mais il faisait plus que ce qu'on lui demandait : il anticipait les besoins. Dans une totale communion d'idées, il comprenait les préoccupations de son supérieur, de sorte qu'en lui présentant une information, il donnait aussi son analyse personnelle et les recommandations qu'il en tirait.

Je discutai un jour avec ce patron qui me dit : « C'est incroyable ce que cet homme arrive à faire ! Non seulement il me donne les informations que je lui demande, mais il m'en fournit d'autres, qui correspondent exactement à ce dont j'ai besoin. Il me propose même son analyse à propos des problèmes et une liste de recommandations. C'est remarquable. Quel soulagement de pouvoir me décharger ainsi d'une partie de mes soucis. »

Lors des réunions suivantes, il dictait toujours : « Faites ceci, faites cela. » Tout le monde y avait droit… sauf un manager à qui il demandait : « Qu'en pensez-vous ? » Son cercle d'influence s'était élargi.

C'est en effet dans la nature des gens réactifs que de fuir leurs responsabilités. Il leur est plus facile de dire : « Je ne suis pas responsable » ou, devrais-je dire, « Je suis irresponsable ». Lorsqu'on a l'habitude de rendre les défauts des autres responsables, il devient très difficile d'admettre que l'on a la possibilité de choisir une réponse.

Les collègues du manager s'employèrent à trouver d'autres preuves de leur non-responsabilité, d'autres munitions contre leur patron. Mais le proactif se montrait également proactif envers eux et son cercle d'influence augmenta peu à peu de ce côté-là aussi. Il continua tant et si bien de s'agrandir au point que personne dans l'entreprise, pas même le P.-D.G., ne prenait désormais plus de décisions significatives sans en discuter d'abord avec lui. Le P.-D.G. ne se sentait pas du tout menacé, car la force de ce manager complétait la sienne et compensait ses défauts.

La réussite de ce cadre ne tenait en rien aux circonstances. Beaucoup se trouvaient dans la même situation que lui, mais lui avait choisi sa réponse face aux circonstances. La focalisation sur le cercle d'influence a fait toute la différence.

Certaines personnes interprètent le terme « proactif » comme synonyme d'arrivisme, d'agressivité ou d'insensibilité. Elles se trompent. Les personnes proactives ne sont pas des arrivistes. Elles sont intelligentes, obéissent à des valeurs, comprennent la réalité et savent ce dont elles ont besoin.

Regardez Gandhi. Alors que ses détracteurs, confortablement assis dans leurs sièges de députés, le critiquaient parce qu'il ne voulait pas se joindre à leur mouvement qui condamnait l'oppression du peuple indien par l'Empire britannique, Gandhi, lui, visitait les rizières et agrandissait calmement, lentement, imperceptiblement son cercle d'influence auprès des ouvriers qui y travaillaient. Il souleva ainsi une vague de soutien, de confiance et d'espoir. Bien qu'il n'ait détenu aucun pouvoir, aucune fonction politique, il a pu, grâce à son humanité, à son courage, à ses jeûnes et à la persuasion morale, mettre l'Empire britannique à genoux, brisant la domination politique qui pesait sur trois cents millions d'Indiens, par la seule force croissante de son cercle d'influence.

ÊTRE OU AVOIR

Pour mieux déterminer auquel des deux cercles vous accordez le plus d'importance, vous pouvez comptabiliser dans votre langage le nombre de fois où vous employez les verbes avoir et être. Le cercle des préoccupations renferme beaucoup de « Si j'avais… » :

« Je serai content lorsque j'aurai une maison à moi… »
« Si seulement j'avais un patron un peu moins tyrannique… »
« Si seulement j'avais un mari plus patient… »
« Si j'avais des enfants plus obéissants… »
« Si j'avais mon diplôme… »
« Si j'avais un peu plus de temps pour moi-même… »

Le cercle d'influence est rempli de verbes « être » : Je peux être plus patient, plus raisonnable, plus sensible. « Il est centré sur le caractère.

Chaque fois que nous pensons que le problème vient des autres, de l'extérieur, c'est cette pensée même qui constitue le problème. Nous donnons à ce quelque chose d'extérieur les moyens de nous commander. Selon ce paradigme, de l'extérieur vers l'intérieur », quelque chose à l'extérieur doit changer pour que nous changions, nous, à l'intérieur.

La démarche proactive consiste à changer d'abord de l'intérieur : en étant différent, on amène un changement positif dans la situation extérieure. « Je peux être plus compétent, je peux être plus appliqué, je peux être plus créatif, je peux être plus coopératif. »

Il existe beaucoup de façons de travailler à son cercle d'influence : être plus à l'écoute des autres, être un conjoint plus attentionné, être un meilleur étudiant, être un employé plus coopératif, plus dévoué. Parfois, la proactivité se réduira simplement à être plus heureux, à sourire sincèrement. Certains éléments, comme la météo, resteront toujours hors de notre cercle d'influence. Mais une personne proactive porte en elle son propre climat, physique et social. Elle peut être heureuse en acceptant ces événements sur lesquels elle n'a aucun contrôle pour le moment et peut continuer à se consacrer à ceux qu'elle peut contrôler.

QUI SÈME LE VENT...

Avant de porter tous nos efforts sur notre cercle d'influence, arrêtons-nous sur deux aspects relevant de notre cercle de préoccupation qui méritent davantage de réflexion : les conséquences de nos choix et les erreurs.

Nous sommes libres de choisir nos actes, mais non les conséquences. Celles-ci sont régies par les lois naturelles. Ainsi, nous pouvons décider de traverser une voie ferrée alors qu'un train arrive, mais non de ce qu'il adviendra de nous si le train nous renverse.

Nous pouvons décider d'être malhonnêtes dans nos relations d'affaires. Les conséquences sociales dépendent en partie de la révélation de ces forfaitures, mais les conséquences naturelles sur le fond de notre caractère restent des résultats constants.

Notre comportement est gouverné par des principes. En vivant en harmonie avec eux, nous engendrons des conséquences positives ; en les enfreignant, nous engendrons des conséquences négatives. Nous sommes donc libres de choisir notre réponse à toute situation et nous en choisissons, de ce fait, les conséquences. « Qui sème le vent récolte la tempête. »

Bien entendu, nous avons tous parfois semé ce vent, mais nous nous en sommes aperçus seulement après coup. Nos actes ont déclenché des conséquences dont nous nous serions bien passés. Si nous avions l'occasion de revivre ces situations, nous agirions différemment. Nous appelons ces choix des erreurs, elles constituent le deuxième phénomène qui mérite réflexion.

Pour ceux qui s'enferrent dans le regret, l'exercice de proactivité le plus indispensable est sans doute d'arriver à se rendre compte que ces erreurs appartiennent également à notre cercle de préoccupations. Nous ne pouvons ni les nier, ni les effacer, ni contrôler les conséquences qui en ont résulté.

Aborder une erreur de manière proactive consiste à la reconnaître rapidement, à la corriger et à en tirer une leçon. L'échec devient alors un succès. « Le succès se situe tout au bout de l'échec », disait un jour J. Watson, fondateur d'IBM. Ne pas reconnaître une erreur, ne pas la corriger, ne pas en tirer de leçon équivaut à en commettre une nouvelle, d'un type différent. Cela conduit en général sur le chemin du leurre, du prétexte pour la personne qui l'a commise ; le raisonnement devient souvent une raison qui ment, qui se ment à elle-même et qui ment aux autres. Cette seconde erreur, ce travestissement, donne encore plus de force à la première, lui confère une importance disproportionnée et provoque des blessures internes encore plus profondes.

Ce ne sont pas les actes de l'autre, ni même nos propres erreurs qui nous font le plus de mal, mais nos réponses à tout cela. Courir après le serpent venimeux une fois qu'il vous a mordu ne sert qu'à accélérer la circulation du poison dans tout le corps. Il est beaucoup plus important de prendre tout de suite des mesures pour extraire le poison.

La réponse que nous faisons à toute erreur affecte la qualité de chaque instant qui la suit. Il est primordial d'admettre instantanément nos erreurs et de les corriger, afin qu'elles n'aient aucun effet sur les instants suivants et que nous soyons en possession de toutes nos facultés.

PRENDRE ET CONFIRMER SES ENGAGEMENTS

Au cœur de notre cercle d'influence, il y a notre capacité à prendre des engagements, à tenir nos promesses. Cet engagement envers nous-mêmes, comme envers les autres, et notre intégrité face à lui constituent l'essence de notre proactivité, sa plus claire manifestation, ainsi que l'essence de notre croissance. Grâce à nos dons humains, la conscience et surtout la conscience de soi, nous découvrons certaines zones de faiblesse, nous prenons conscience de zones d'amélioration possibles, de zones de talent à développer, des zones que nous devons changer, voire éliminer de nos vies. Puis, à mesure que nous ressentons et utilisons notre imagination et notre volonté pour agir sur cette conscience (en faisant des promesses, en nous fixant des buts et en nous y tenant) nous nous bâtissons une force de caractère, un être qui nous permet d'accomplir tout ce qu'il y a de positif dans notre vie.

Nous trouvons là deux moyens de prendre le contrôle immédiat de notre vie. Nous pouvons faire une promesse, et la tenir ; nous pouvons nous fixer un but, et travailler pour l'atteindre. En prenant des engagements, même petits, et en nous y tenant, nous construisons peu à peu notre intégrité qui nous rend conscients de notre propre contrôle et nous donne le courage et la force de mieux accepter la responsabilité de notre vie. Nous permettons à notre honneur de dominer nos humeurs.

Cette faculté d'engagement est fondamentale pour le développement des habitudes d'efficacité. Connaissance, technique et désir se trouvent alors tous sous notre contrôle. Nous pouvons y travailler successivement pour atteindre l'équilibre. Plus la zone d'intersection s'élargit, plus nous intégrons les principes de base des sept habitudes et développons la force de caractère qui nous conduit, dans l'équilibre, à accroître notre constructivité.

PROACTIVITÉ : TRENTE JOURS À L'ESSAI

Même sans avoir fait l'expérience des camps de la mort, nous pouvons reconnaître notre proactivité et la développer. C'est en effet au cours des événements ordinaires de tous les jours que nous développons notre capacité à affronter les extraordinaires pressions de la vie : dans notre façon de faire et de tenir des promesses, de nous comporter dans un embouteillage, de répondre à un client irrité ou à un enfant qui désobéit, dans notre façon de considérer nos problèmes et de concentrer notre énergie, dans notre façon de parler.

Je vous propose de mettre à l'épreuve votre proactivité sur une période de trente jours. Essayez, et observez ce qui se passe alors. Pendant trente jours, ne travaillez que sur votre cercle d'influence. Prenez des engagements et n'en déviez pas. Soyez un soutien, pas un juge. Soyez un exemple, pas un critique. Soyez une partie de la solution, et non une partie du problème.

Expérimentez cela dans votre couple, dans votre famille, au travail. N'attaquez pas votre entourage pour ses défauts, ne défendez pas les vôtres. Lorsque vous commettez une erreur, reconnaissez-le, corrigez-la et tirez-en une leçon, immédiatement. Ne vous laissez pas entraîner dans les accusations. Travaillez sur les éléments qui sont sous votre contrôle, travaillez sur vous-même, sur l'être.

Considérez les faiblesses de l'autre avec compréhension et non en l'accusant. Ce qu'il fait ou ne fait pas n'est pas le centre du problème ; ce qui compte, c'est votre réponse à cela. Si vous commencez à penser que le problème vient de l'autre, arrêtez-vous tout de suite. C'est précisément cette idée qui crée le problème.

Nous sommes responsables de notre constructivité, de notre bonheur. J'irais même jusqu'à dire qu'en fin de compte, nous sommes responsables de notre chance.

Pour développer notre efficacité, et toutes les habitudes dont nous parlerons, il est essentiel de savoir que nous sommes responsables (c'est-à-dire capable de réponse).

SUGGESTIONS

1. Durant une journée entière, soyez attentif à votre façon de parler et au langage des personnes autour de vous. Combien de fois entendez-vous, ou employez-vous, les expressions réactives telles que « Si seulement... », « Je ne peux pas... » ou « Il faut que je... ».
2. Prenez une situation que vous risquez de vivre dans un proche avenir et à laquelle vous réagirez probablement de manière réactive si vous vous basiez sur votre expérience passée. Réétudiez cette situation dans l'optique de votre cercle d'in-

fluence. Comment répondre de manière proactive ? Prenez votre temps, recréez dans votre esprit des images vivantes de cette situation et imaginez-vous répondant de façon proactive. Rappelez-vous qu'il existe une rupture entre le stimulus et votre réponse. Engagez-vous à entraîner ainsi votre liberté de choix.

3. Choisissez dans votre vie professionnelle ou privée un problème qui vous irrite. Définissez s'il est directement, indirectement contrôlable, ou incontrôlable. Déterminez le premier pas, à l'intérieur de votre cercle d'influence, que vous pouvez entreprendre de résoudre, et faites-le.
4. Suivez ce problème sur trente jours et prenez conscience des changements qui interviennent dans votre cercle d'influence.

Habitude n° 2

Sachez dès le départ où vous voulez aller

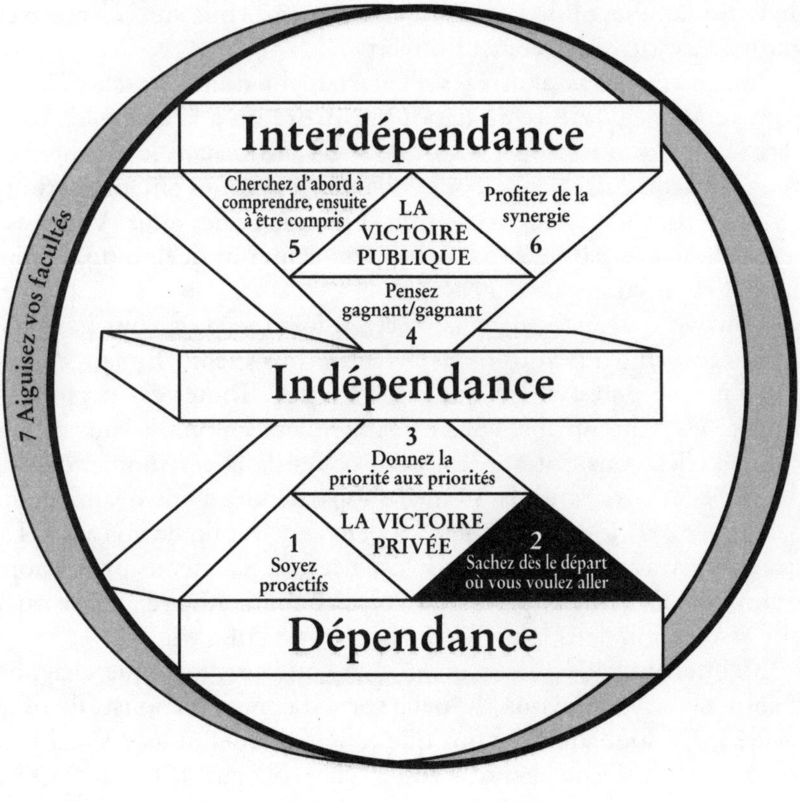

PRINCIPES DE LEADERSHIP INDIVIDUEL

> *« Ce que nous laissons derrière nous et ce qui nous attend n'est rien, comparé à ce qui est en nous. »*
>
> Oliver Wendell Holmes

CHOISISSEZ un endroit calme pour lire les quelques pages suivantes sans être interrompu. Faites le vide dans votre esprit. Ne vous inquiétez ni de votre emploi du temps, ni de vos affaires, ni de votre famille, ni de vos amis. Concentrez-vous sur la lecture et gardez l'esprit véritablement ouvert.

Imaginez : vous assistez à l'enterrement d'un être cher. Vous vous rendez en voiture au dépôt mortuaire ou à la chapelle. Vous garez votre voiture, vous en sortez. Vous entrez dans le bâtiment et vous remarquez les fleurs, vous entendez les orgues qui jouent doucement. Vous voyez les visages de la famille et des amis. Vous ressentez la peine, partagée par tous, d'avoir perdu quelqu'un, la joie aussi d'avoir connu cette personne.

Vous vous avancez dans la pièce et, lorsque vous vous penchez sur le cercueil, vous vous trouvez face à vous-même. En fait, c'est à votre propre enterrement que vous assistez. Toutes ces personnes vous rendent hommage, vous expriment leur amour et vous disent comme elles vous ont apprécié. Au cours de la cérémonie, quatre d'entre elles parleront ; la première appartiendra à votre famille, un parent venu de loin pour vous. La deuxième est un de vos amis. La troisième travaillait avec vous, ou exerçait la même profession. Enfin, la quatrième appartient à votre communauté religieuse ou à une association dans laquelle vous avez été actif.

Maintenant réfléchissez bien. Que voudriez-vous que chacune d'entre elles dise de vous ? Quelle sorte d'époux, d'épouse, de père ou de mère souhaiteriez-vous que reflètent leurs mots ? Quel fils, fille ou cousin ? Quel genre d'ami ? Quel collègue de travail ? Quel caractère aimeriez-vous qu'ils aient trouvé en vous ? Quelle action, quel succès voudriez-vous qu'ils se rappellent ? Quel est le petit « plus » que vous souhaiteriez avoir apporté dans leur vie ?

Avant de poursuivre la lecture, accordez-vous quelques instants pour noter vos impressions. Cela vous aidera à comprendre plus intimement l'habitude 2.

CE QUE SIGNIFIE « SACHEZ DÈS LE DÉPART OÙ VOUS VOULEZ ALLER »

Si vous avez mené avec sérieux cette expérience de visualisation, vous avez touché durant un instant vos valeurs les plus sincères, des valeurs fondamentales. Vous êtes entré brièvement en contact avec ce système de pilotage situé au cœur de votre cercle d'influence.

L'habitude 2 peut s'appliquer dans différentes circonstances, à des niveaux divers, mais l'essentiel est de commencer aujourd'hui avec l'image, la représentation, le paradigme de la fin de votre vie, pour redéfinir les références et les critères selon lesquels tout doit être passé au crible : chaque fragment de votre vie, votre comportement d'aujourd'hui, d'hier, de demain, celui que vous adopterez dans un mois ou dans un an, peut-être étudié à la lumière de ce qui compte le plus pour vous. En gardant cette fin à l'esprit, vous êtes sûr que rien dans vos actions quotidiennes ne transgressera les critères définis comme d'une importance supérieure, et que chaque jour de votre vie contribuera de façon significative à concrétiser la vision que vous avez de votre vie dans son ensemble.

Savoir dès le départ où l'on veut aller permet donc de mieux comprendre où l'on en est et de s'assurer que tous nos pas nous mènent dans la bonne direction.

Il est très facile de se laisser prendre au piège d'une activité, de ce que propose la vie, et de travailler de plus en plus pour gravir les échelons de la réussite, pour finalement découvrir que l'échelle ne s'appuie pas sur le bon mur. Il est possible d'entreprendre beaucoup sans pour autant produire quoi que ce soit.

On remporte souvent des victoires vides de sens, des succès pour lesquels on a sacrifié certaines choses qui, on s'en aperçoit plus tard, nous étaient en définitive bien plus précieuses. Les gens luttent souvent pour augmenter leurs revenus, mériter plus de reconnaissance sociale, atteindre un certain degré de compétence professionnelle et se rendent compte finalement que la poursuite de ces buts les a rendus aveugles à ce qui leur importait vraiment et qui a maintenant disparu

Comme nos vies seraient différentes si nous savions ce qui nous tient à cœur et si, cette image en tête, nous nous attachions à être et à faire ce qu'il nous importe vraiment d'être ou de faire. Si l'échelle s'appuie sur le mauvais mur, chaque échelon nous engage davantage sur une fausse route. Nous avons beau être efficace, nous ne serons constructifs que dans la mesure où nous commençons avec la conclusion en tête.

En réfléchissant consciencieusement à ce que vous désireriez que l'on dise de vous à votre enterrement, vous découvrirez votre définition du succès, qui pourra se révéler fort différente de celle que vous pensiez avoir. Peut-être la célébrité, la réussite, la richesse, et d'autres objectifs encore pour lesquels nous nous battons, représentent-ils le mauvais mur. En commençant nos actions avec en tête la conclusion recherchée, nous voyons le monde sous un autre angle.

RENAISSANCE

L'habitude 2, « sachez dès le départ où vous voulez aller », se fonde sur le principe que toute chose naît deux fois. Pour chaque chose, il existe une première création spirituelle, puis une création physique. Prenons pour exemple une maison. Vous la concevez dans tous ses détails avant même de donner le premier coup de pelle pour creuser les fondations. Vous vous efforcez de définir clairement le type de maison que vous voulez. Si vous désirez une maison pour votre famille, vous projetez de construire une salle commune où la famille se rassemblera naturellement. Vous imaginez des portes coulissantes ou encore un patio pour que les enfants puissent jouer à l'air libre. Vous réfléchissez jusqu'à obtenir une image précise de ce que vous construisez.

Vous couchez cela sur papier et dessinez des plans avant même de remuer le moindre grain de sable. Si vous ne faites pas ce travail, il vous faudra, lors de la deuxième phase, la création physique, apporter des modifications coûteuses qui doubleront le coût de votre maison. Vous devez être sûr que vos plans retracent bien ce que vous voulez, que vous avez pensé à tout. Vous les concrétisez ensuite avec des briques et du mortier. Chaque jour, vous allez sur le chantier et donnez les ordres pour la journée à partir de ces plans. Vous commencez avec la conclusion à l'esprit.

La même vérité s'applique à la création d'une entreprise ou au métier de parents. Pour élever des enfants responsables, il faut garder la conclusion à l'esprit dans chacune de vos relations avec eux. Vous ne pouvez pas agir envers eux d'une manière qui ébranlerait leur autodiscipline et leur amour-propre.

Si nous comprenons le principe de ces deux créations et en acceptons la double responsabilité, nous agissons à l'intérieur de notre cercle d'influence et nous l'élargissons. Si nous n'agissons pas en harmonie avec ce principe et ne prenons pas la responsabilité de la première création, nous restreignons notre cercle.

À DESSEIN OU PAR DÉFAUT

Le fait que toute chose naît deux fois est un principe. La première création ne découle toutefois pas toujours d'un objectif sciemment décidé. Si nous ne prenons pas conscience de notre personnalité et ne devenons pas ainsi responsables de ces premières créations, nous laissons les gens et les circonstances à l'extérieur de notre cercle d'influence diriger nos vies par défaut. Nous vivons de façon réactive les scénarios écrits par notre famille, par nos associés, par les activités de notre entourage, par la contrainte des situations, des scénarios qui nous viennent de nos plus jeunes années, de notre formation, de notre conditionnement.

Ces scénarios nous sont fournis par les autres, et non par nos principes. Ils naissent de nos points faibles, de notre profonde dépendance à notre entourage, de notre besoin de nous sentir acceptés et aimés, d'appartenir à un groupe, d'avoir une certaine importance, une certaine valeur aux yeux des autres, de savoir que nous sommes là pour quelque chose.

Que nous en soyons conscients ou non, que nous en ayons le contrôle ou non, il existe, dans tous les actes de notre vie, une première création. Nous vivons soit la deuxième création, notre propre dessein, soit celle issue des emplois du temps des autres, des circonstances et des habitudes passées.

La conscience morale, la conscience de soi et l'imagination, ces dons propres à l'homme, nous permettent de penser à ce que nous voulons créer ; de prendre en charge cette première création et d'écrire nos propres scénarios. En d'autres termes, l'habitude 1 nous dit « Vous êtes le créateur », et l'habitude 2 est notre première création.

DIRIGER, GÉRER : DEUX NIVEAUX DE CRÉATIONS

L'Habitude 2 se base sur les principes d'orientation interne, c'est la première création. Diriger n'équivaut pas à gérer. La gestion correspond au niveau de la deuxième création (voir le chapitre consacré à l'habitude 3). Mais la notion de direction, d'orientation passe en premier.

La gestion est tournée vers le résultat : comment puis-je accomplir certaines tâches ? Mais diriger revient à réfléchir à ces tâches que l'on veut mener à bien. Comme le disaient Peter Drucker et Warren Bennis : « Gérer, c'est faire les choses comme il faut ; diriger, c'est faire ce qu'il faut. » Gérer c'est se montrer efficace en gravissant les échelons ; diriger, c'est décider du meilleur endroit où appuyer l'échelle.

Vous saisirez vite la différence si nous imaginons un groupe d'éclaireurs se frayant à la machette un chemin à travers la jungle. En travaillant ainsi, ils résolvent les problèmes : ils entaillent la forêt, dégagent la route. Les gestionnaires, derrière eux, affûtent leurs machettes, mettent au point des stratégies, rédigent des manuels de procédure, présentent des programmes de développement musculaire, apportent de nouvelles techniques, élaborent des plans de travail et des tableaux de rémunération pour les coupeurs.

Le leader, celui qui dirige, est celui qui monte à la cime du plus grand arbre pour avoir une vue d'ensemble de toute la situation et qui, de là-haut, crie : « Nous nous trompons de jungle ! » Les travailleurs et les gestionnaires, trop occupés, répondent bien souvent : « Taisez-vous ! Nous avançons très bien. »

En tant qu'individus, groupes ou entreprises, nous travaillons parfois trop en sous-bois, à tel point que nous ne nous apercevons pas quand nous nous trompons de forêt. Or, l'environnement mouvant dans lequel nous vivons exige pourtant que nous nous dirigions efficacement, que nous fassions preuve d'un sens critique et ce, dans tous les aspects de notre vie. Nous avons plus besoin de discernement, de repérer notre destination et de disposer d'un compas (c'est-à-dire un ensemble de règles) que d'une carte. Nous ignorons souvent ce que nous réserve le territoire qui s'étend devant nous ; notre avenir dépend en grande partie de notre appréciation du moment. Mais notre compas interne continuera toujours à nous indiquer la direction.

La constructivité (et parfois la survie) n'est pas toujours liée à nos efforts, mais au fait que nous les déployions ou non à bon escient. Les changements qui surviennent dans tous les secteurs et toutes les professions requièrent d'abord que l'on sache diriger et ensuite seulement que l'on gère.

Les marchés évoluent si vite que certains produits ou services qui satisfaisaient les goûts des consommateurs hier sont aujourd'hui obsolètes. Une direction proactive doit constamment surveiller ces changements, plus particulièrement les habitudes de consommation, les motifs d'achat, et fournir les moyens d'orienter les ressources de son entreprise dans la bonne direction.

Une gestion efficace sans une direction constructive équivaut à « redresser les dossiers de chaises sur un bateau qui coule ». Aucun succès ne peut compenser une erreur de direction. Mais diriger se révèle difficile, car notre vision se détourne souvent sur la gestion.

À la dernière session d'un long programme pour la formation des cadres, le président d'une compagnie pétrolière est venu me dire : « Quand vous avez souligné la différence entre direction et gestion lors du deuxième mois, j'ai repensé à mon rôle de président et je me suis rendu compte que je n'avais jamais dirigé. Je ne faisais que gérer, enterré sous les difficultés et les détails d'une politique au jour le jour. J'ai donc décidé d'arrêter la gestion. Je pouvais trouver d'autres personnes pour faire tout cela. Je voulais vraiment diriger mon entreprise. Cela a été dur. J'ai eu de véritables périodes de manque, parce que je me suis privé de toutes ces affaires urgentes et impératives qui me donnaient l'impression d'accomplir quelque chose rapidement. Mais j'ai eu beaucoup de satisfaction aussi dès que j'ai commencé à me battre vraiment pour diriger, pour édifier une culture, pour analyser en profondeur les problèmes, saisir de nouvelles occasions. D'autres que moi ont eu à souffrir d'un tel manque lorsqu'ils ont dû s'écarter de leur confortable style de travail. Ils ne pouvaient plus s'en référer à moi aussi facilement qu'avant et ils désiraient toujours que je reste à leur disposition pour répondre, pour les aider à résoudre leurs problèmes au jour le jour.

Mais j'ai persisté. J'étais absolument convaincu qu'il fallait donner une direction. Et je l'ai fait. Aujourd'hui, notre compagnie est tout à fait différente. Nous sommes plus en phase avec notre environnement. Nous avons multiplié nos rentrées par deux et nos bénéfices par quatre. »

Je suis certain que, trop souvent, les parents se laissent aussi enfermer dans le paradigme de la gestion. Ils pensent contrôle, efficacité et règlement au lieu de réfléchir à une direction, à un objectif, à une atmosphère familiale. Nos vies privées manquent encore plus de direction, car nous cherchons à les gérer avec efficacité en nous fixant des objectifs et en les réalisant avant même d'avoir défini nos valeurs.

DEVENIR CRÉATEUR EN RÉÉCRIVANT NOTRE PROPRE SCÉNARIO

Comme je l'ai déjà mentionné, la proactivité se fonde sur le don exclusivement humain de la conscience de soi. Deux facultés supplémentaires nous permettent de développer notre proactivité et de diriger nos vies de l'intérieur : l'imagination et la conscience morale.

Grâce à l'imagination, nous visualisons les univers, encore irréalisés, du potentiel qui est en nous. Grâce à notre conscience, nous nous rendons compte de l'existence de lois universelles, de principes, de nos talents personnels, de toutes nos possibilités de coopération ainsi que des lignes directrices qui nous aident chacun à développer ces potentiels de la manière la plus constructive qui soit. Associées à la conscience de soi, ces facultés nous permettent d'écrire notre scénario nous-mêmes.

Puisque nous vivons déjà selon les différents scénarios mis au point par d'autres que nous, l'écriture tient ici plutôt de la réécriture, du changement de paradigme, ou d'une modification de nos paradigmes habituels. À mesure que nous identifions les scénarios improductifs, les paradigmes incomplets ou erronés, nous pouvons commencer à nous réécrire.

L'un des récits les plus évocateurs de ce processus de réécriture nous vient de l'autobiographie d'Anouar el Sadate. Celui-ci avait été élevé, éduqué dans la haine d'Israël. Il n'avait qu'à déclarer à la télévision ne pas vouloir serrer la main d'un israëlien tant que leur pays occuperait ne serait-ce qu'un centimètre de terre arabe, pour que les foules égyptiennes reprennent en cœur son cri. Il canalisait cette énergie et identifiait le vœu de toute une nation à ce scénario, un scénario d'indépendance et de nationalisme qui soulevait dans son peuple de profondes émotions. Mais Anouar el Sadate savait aussi que ce scénario était démesuré, car il ne tenait pas compte de l'interdépendance de la réalité.

Il s'est donc réécrit. Il avait appris à le faire lorsqu'encore jeune il avait été emprisonné pour avoir comploté contre le roi Farouk. Il savait se dégager de ses pensées et les observer pour déterminer si les scénarios étaient convenables, raisonnables. Il avait appris à s'élever au-dessus de son esprit et, par une méditation personnelle, à travailler avec ses propres écritures, avec ses propres formes de prière afin de se réécrire.

Il se rappelait avoir quitté sa cellule presque à regret, car c'était là qu'il avait pris conscience que le vrai succès est celui que l'on remporte sur soi-même. Il ne s'agit pas de posséder des biens, mais de posséder une maîtrise de soi, d'être victorieux sur soi-même.

Sous le gouvernement Nasser, Sadate fut, durant toute une période, relégué à des fonctions relativement insignifiantes. Tout le monde pensait que son âme était brisée, mais elle ne l'était pas. Il attendait son heure.

Et quand elle arriva, quand il devint président d'Égypte et affronta les réalités politiques, il réécrivit son scénario face à Israël. Il se rendit à la Knesset et lança un mouvement historique pour la paix sans précédent, une initiative hardie qui aboutit aux accords de Camp David.

Anouar el Sadate était capable d'utiliser la conscience qu'il avait de lui-même, son imagination et sa conscience morale pour se diriger, pour modifier un paradigme essentiel et pour changer sa vision de la situation. Il avait travaillé au centre de son cercle d'influence. Et de cette réécriture, de ce changement de paradigme ont découlé des changements d'attitudes et de comportements qui touchèrent des millions de vies à l'intérieur d'un cercle plus large : le cercle des préoccupations.

Le développement de la conscience de soi permet à nombre d'entre nous de détecter certains scénarios improductifs, certaines habitudes profondément ancrées en nous, mais totalement indignes de nous, car elles n'ont aucun rapport avec ce que nous pensons être les vraies valeurs de la vie. L'habitude 2 nous rappelle que nous n'avons aucune obligation de vivre ces scénarios. Nous sommes capables de choisir notre réponse, d'utiliser notre imagination, notre créativité pour inventer de nouveaux scénarios plus constructifs, mieux adaptés à nos vraies valeurs et aux justes principes qui donnent à ces valeurs toute leur signification.

Admettons par exemple que j'agisse toujours de façon trop réactive envers mes enfants. Chaque fois qu'ils commencent à faire quelque chose qui me déplaît, je sens que « la moutarde me monte au nez », je me barricade et me prépare pour la bataille. Ma réaction n'est pas tournée vers un développement et une compréhension à long terme, mais vers un comportement à court terme. J'essaie de gagner une bataille, pas la guerre. Je sors toutes mes munitions (ma supériorité physique, mon autorité parentale), je crie, j'intimide, et même je menace et je punis. Et je gagne. Je me tiens debout, victorieux, là au milieu des débris d'une relation brisée alors que mes enfants sont, vu de l'extérieur, très soumis, mais rebelles à l'intérieur, étouffant des sentiments qui resurgiront plus tard sous des formes encore plus désagréables.

Si j'assistais à l'enterrement précédemment visualisé et que l'un de mes enfants vienne à parler de moi, je voudrais que sa vie représente une victoire de l'enseignement, de l'éducation, de la discipline acquise avec amour et non au prix des cicatrices laissées par de douloureux rafistolages. Je voudrais que son cœur et son esprit soient remplis de souvenirs agréables, des moments importants que nous aurions passés ensemble. J'aimerais qu'il se souvienne de moi comme du père affectueux qui partageait ses joies et ses peines. J'aimerais qu'il se rappelle les fois où il venait me parler de ses problèmes et de ses préoccupations. J'aimerais alors l'avoir toujours écouté, l'avoir réellement aidé. J'aimerais qu'il sache que je n'étais pas parfait, mais que j'ai essayé tout ce qui était en mon pouvoir et que, par-dessus tout, je l'ai aimé.

La raison pour laquelle je souhaite tout cela est que, au fond de moi-même, j'ai du respect pour mes enfants. J'ai de l'estime pour mon rôle de père. Mais je perds de vue parfois cette estime. Je me laisse entraîner par l'importance de petits riens. Ce qui compte le plus reste souvent enseveli sous les problèmes urgents, les soucis existants et les comportements manifestes. Je deviens réactif, et la manière dont j'interagis avec mes enfants n'a presque plus rien à voir avec ce que je ressens au fond de moi-même pour eux.

Mais, puisque je suis conscient de moi-même, que je dispose de mon imagination et de ma conscience, je peux observer mes propres valeurs. Je peux me rendre compte que le scénario que je suis en train de vivre n'est pas en harmonie avec ces valeurs, que ma vie n'est pas le fruit de mon dessein personnel, mais le résultat d'une première création dont j'ai relégué la responsabilité aux circonstances et à mon entourage. Mais je peux changer, je peux vivre de mon imagination et non de ma mémoire. Je peux m'attacher à l'infinité de mon potentiel et non aux limites de mon passé. Je peux devenir mon propre créateur.

Commencer avec la conclusion en tête signifie aborder mon rôle de parent, ainsi que tous les autres rôles de ma vie avec une idée claire de mes valeurs et de la direction que je prends. Cela signifie me sentir responsable de ma première naissance : me réécrire de manière que les paradigmes qui définissent mes attitudes et comportements collent à mes plus profondes valeurs et soient en harmonie avec des principes justes.

Cela signifie aussi commencer chaque journée en ayant bien en tête toutes ces valeurs. Ainsi, lorsque je rencontre les vicissitudes de la vie et ses défis, je peux fonder mes décisions sur ces valeurs. Je peux agir en toute intégrité. Je n'ai à réagir ni en fonction de mes émotions, ni en fonction des circonstances. Je peux être réellement proactif, un homme qui a une idée claire de ses valeurs.

ÉNONCÉ DE MISSION PERSONNEL

Pour garder à l'esprit la conclusion qui vous guide, la manière la plus efficace consiste à rédiger un « énoncé de mission personnel », une sorte de philosophie, de credo personnel exprimant ce que vous voulez être (caractère) et faire (actions et projets à réaliser), les valeurs et les principes sur lesquels vous basez ce devenir et ces actions.

Chaque individu est unique. En conséquence, chaque énoncé de mission reflètera cette spécificité dans le fond comme dans la forme. Mon ami Rolf Kerr exposait sa mission en ces termes :

> Rechercher d'abord le succès chez moi.
> Ne jamais jouer avec l'honnêteté.
> Ne pas oublier les personnes concernées.
> Entendre les parties avant de juger.

Rechercher les conseils de mon entourage.
Défendre les absents.
Etre sûr de soi-même, mais sincère.
Développer une nouvelle aptitude chaque année.
Programmer aujourd'hui le travail de demain.
Me dépêcher si l'on m'attend.
Garder une attitude positive.
Garder un certain sens de l'humour.
Etre ordonné dans ma personne et dans mon travail.

Ne pas avoir peur des erreurs, ne craindre que l'absence de réponses créatives, constructives et correctrices.

Faciliter la réussite des employés subalternes.

Ecouter au moins deux fois plus que je ne parle.

Consacrer toutes mes capacités et mes efforts à la tâche présente sans se soucier du prochain travail ou de la prochaine promotion.

Vous pourriez donner à votre énoncé de mission le nom de constitution, comme la constitution d'un pays démocratique qui sert d'étalon pour juger toute loi dans ce pays et qui accorde les droits de citoyen à ses ressortissant et leur permet de surmonter les épreuves difficiles que peut traverser leur pays.

Un énoncé de mission rédigé selon de justes principes devient de la même façon une norme pour l'individu. Il devient sa constitution privée, les fondations sur lesquelles établir les décisions essentielles de son existence, la base de ses décisions quotidiennes quand il se trouve plongé dans les situations et les émotions que la vie met sur sa route. Son énoncé de mission lui donne cette même force intemporelle face aux bouleversements de la vie.

On ne peut les vivre si l'on ne possède pas en soi un axe immuable. Pour être en mesure de suivre ces changements, il faut avoir un sentiment immuable de soi-même, de ce que l'on fait et de ce que l'on respecte.

Pourvus d'un énoncé de mission, nous pouvons évoluer avec ces mutations. Nous n'avons besoin de juger *a priori*, ni de critiquer. Inutile d'essayer de comprendre tout ce qui se passe dans la vie, de stéréotyper, de classer toute chose et toute personne dans une catégorie fixe afin d'arranger la réalité en fonction de nous-mêmes.

Notre environnement individuel évolue également à une allure toujours plus vive. Un grand nombre de personnes se découragent devant ces bouleversements perpétuels : elles ont l'impression de pouvoir difficilement les affronter, de ne pas pouvoir relever le défi de la vie. Elles deviennent réactives et abandonnent, pour la plupart, la lutte, en espérant que ce qui leur arrivera les servira.

Mais cela ne doit pas être la règle générale. Dans les camps de déportés, Victor Frankl avait appris le principe de la proactivité, mais aussi l'importance d'un objectif. Cette philosophie se base essentiellement sur l'hypothèse suivante : les maladies dites mentales ou affectives sont les symptômes d'un sentiment sous-jacent d'insignifiance, de vide. Lorsque vous avez trouvé la signification de votre mission, vous détenez l'essence de votre proactivité. Ayant reconnu l'idée générale de votre vie, vous fixez une direction selon laquelle vous déterminez vos objectifs, à long comme à court terme. Vous avez le pouvoir que vous donne une constitution écrite selon de justes principes à l'aide desquels vous pouvez mesurer toutes vos décisions concernant une utilisation plus efficace de votre temps, de vos talents et de vos énergies.

L'AXE DE VIE

Pour écrire un énoncé de mission personnel, nous devons nous placer au centre même de notre cercle d'influence, un centre qui comprend nos paradigmes de base, la lunette à travers laquelle nous regardons le monde, et qui représente notre axe. C'est là que nous négocions notre idée de la vie et nos valeurs. C'est là que nous employons notre premier don typiquement humain (la conscience de soi) pour étudier nos cartes et, si nous respectons des principes justes, pour nous assurer que ces cartes décrivent exactement le territoire qui nous concerne et que nos paradigmes reposent bien sur de justes principes et sur la réalité. C'est là que nous employons notre deuxième don (la conscience morale) comme compas pour détecter nos talents personnels et les domaines dans lesquels nous pouvons être d'une quelconque aide.

C'est là que nous utilisons notre troisième don (l'imagination) pour créer mentalement la conclusion que nous désirons, pour fixer un cap et un objectif à tous nos débuts d'action et pour nous procurer la substance d'une constitution écrite.

C'est là aussi que nous concentrons nos efforts pour atteindre de meilleurs résultats. Lorsque nous travaillons au centre de notre cercle d'influence, nous élargissons ce dernier. Cet investissement sur notre capacité est des plus rentables : c'est celui qui a l'impact le plus significatif sur la constructivité de chaque aspect de notre vie.

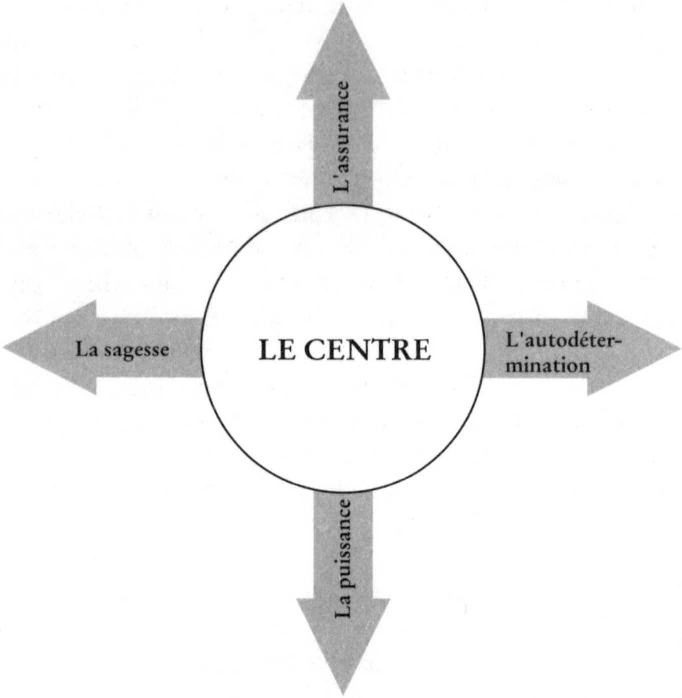

Quoi que renferme ce centre, son contenu sera source d'assurance, d'autodétermination, de sagesse et d'énergie.

L'*assurance* représente le sentiment de votre valeur, votre identité, votre repère émotionnel, votre amour-propre, votre force de caractère, ou votre manque de force.

L'*autodétermination* est à l'origine de la direction de votre vie. Il existe en vous des normes, des principes contenus dans vos cartes qui vous servent de références internes pour interpréter le monde extérieur, en sorte qu'ils gouvernent à chaque instant vos prises de décisions et vos actions.

La *sagesse* est la vue d'ensemble que vous avez sur votre vie, votre sens de l'équilibre, de la compréhension de votre fonctionnement. Elle comprend le jugement, le discernement, la compréhension, et forme une entité.

La *puissance* est la capacité d'agir, la force d'accomplir quelque chose. C'est l'énergie vitale qui permet d'opérer des choix, de prendre des décisions. Cela comprend également la capacité à surmonter nos mauvaises habitudes pour en cultiver de plus nobles, de plus constructives.

Ces quatre facteurs sont interdépendants. L'assurance et l'autodétermination vous apportent la sagesse qui devient l'étincelle, le catalyseur nécessaire pour que vous produisiez et dirigiez votre puissance. Ensemble, accordés les uns aux autres et s'amplifiant mutuellement, ils engendrent la force d'une personnalité noble, d'un caractère équilibré, d'un individu parfaitement complet.

Ces paramètres sous-tendent aussi tous les autres aspects de la vie. Aucun d'eux ne fonctionne en tout ou rien. Le degré de développement que vous avez atteint pour chacun pourrait se situer quelque part sur une échelle semblable à celle que nous avons déterminée pour la maturité. Au départ, ces facteurs ont peu d'effet. Vous êtes plutôt dépendant des circonstances, des gens ou des choses qui vous entourent et qui sont incontrôlables. À la fin, vous contrôlez. Vous possédez une force indépendante et les bases indispensables pour des relations interdépendantes fructueuses.

Votre assurance se situe sur cette échelle quelque part entre, d'un côté un extrême manque de confiance en vous, où votre vie se trouve ballottée par toutes les petites forces qui jouent avec elle, et, de l'autre côté, un sentiment profond de votre valeur intrinsèque et un sentiment de sécurité personnelle. Dans ce *continuum*, votre détermination va de la dépendance d'un miroir social et d'autres sources fluctuantes jusqu'à un puissant centre de pilotage interne. Votre degré de sagesse varie entre des cartes complètement inappropriées, faussées, où rien ne semble correspondre à quoi que ce soit, et une carte complète et précise de la vie, où tous les éléments, tous les principes occupent leurs places respectives. Votre puissance repose quelque part entre l'immobilisme, le rôle d'une poupée dans les mains d'un marionnettiste, et une grande proactivité, le pouvoir d'agir selon vos propres valeurs au lieu de vous laisser mener par d'autres personnes ou par les circonstances.

La position de ces facteurs à l'intérieur de ce *continuum*, le degré de corrélation, d'harmonie et d'équilibre atteint et leur impact positif sur tous les aspects de votre vie est fonction de votre axe, des paradigmes de base qui résident en votre cœur.

LES AUTRES AXES

Chacun d'entre nous porte en lui un axe, bien que nous ne le reconnaissions généralement pas en tant que tel, pas plus que nous n'en repérons les conséquences sur tous les aspects de notre vie.

Étudions donc rapidement les différents axes et les principaux paradigmes dont dispose un individu, pour mieux comprendre comment ils affectent les quatre dimensions décrites plus tôt et, de manière plus générale, l'ensemble de la vie qui en découle.

Conjoint : Le mariage peut représenter la relation humaine la plus intime, la plus satisfaisante, la plus durable et la plus productive qui soit. Il peut donc sembler naturel et justifié d'axer sa vie sur son mari ou sur sa femme.

Mais l'expérience et l'analyse prouvent tout autre chose. Depuis des années, je travaille avec de nombreux couples en difficulté, et j'ai remarqué qu'un fil tisse insidieusement son chemin dans les relations centrées sur le conjoint ; ce fil, c'est celui de la dépendance affective. Si le sentiment de notre valeur et de nos émotions proviennent en premier lieu de notre couple, nous devenons alors fortement dépendants de cette relation. Nous devenons vulnérables aux humeurs et aux sentiments, au comportement et aux réactions de notre conjoint, ou à tout événement extérieur qui peut empiéter sur cette relation : un nouvel enfant, la belle-famille, les revers financiers, un succès en société, etc.

Lorsque les responsabilités et la pression augmentent, nous avons tendance à nous tourner vers les scénarios que nous a fournis notre enfance. Mais, notre conjoint a ce même réflexe, et ses scénarios diffèrent de la plupart des nôtres. Les différences de comportement face à l'argent, à l'éducation des enfants, aux problèmes posés par la belle-famille resurgissent. Et lorsque ces tendances opposées, solidement ancrées en nous, se mêlent à la dépendance affective, les relations centrées sur le conjoint dévoilent alors toute leur vulnérabilité.

Lorsque nous dépendons de la personne avec laquelle nous sommes en conflit, besoin et conflit se combinent pour produire, entre autres, des réactions exagérées d'amour et de haine, des prédispositions soit à la fuite, soit à l'affrontement, des rejets, de l'agressivité, de l'amertume, de l'antipathie et une froide concurrence. Lorsqu'apparaissent toutes ces conséquences, nous nous réfugions encore plus dans nos vieilles habitudes et nos vieilles tendances afin de justifier et de défendre nos positions, et nous attaquons finalement celles de notre conjoint.

Car, c'est inévitable ; chaque fois que nous nous sentons menacés, nous ressentons le besoin de nous protéger contre d'éventuelles blessures. Nous nous rabattons sur le sarcasme, l'humour cinglant, la critique, ou tout ce qui nous permet de dissimuler notre fragilité intérieure. Chaque partenaire attend que l'autre prenne l'initiative de prouver son amour et ne peut en être que déçu. En même temps, la réaction de l'autre confirme les accusations portées.

Dans ce type de relations, il n'existe qu'un semblant d'assurance, lorsque tout va bien ; l'autodétermination obéit aux sentiments de chaque instant ; la sagesse et l'énergie se perdent dans des réactions d'anti-dépendance négatives.

Famille : On trouve en la famille un axe très courant. Cela aussi semble naturel et justifié. En tant que domaine où l'on s'investit intensément, la famille procure de nombreuses occasions de développer des relations très fortes basées sur l'amour, le partage et beaucoup d'autres composantes qui justifient que la vie soit vécue. Mais, en tant qu'axe unique, elle détruit assez ironiquement ces mêmes relations si nécessaires à la réussite familiale.

Les personnes ayant pour axe la famille tirent leur assurance, ou le sentiment de leur valeur personnelle, de la tradition, de la culture familiale et de la réputation de leur famille. Elles deviennent ainsi vulnérables à tout changement de cette tradition, de cette culture ou à toute influence qui pourrait détruire cette réputation. Les parents trop tournés vers leur famille ne possèdent pas la liberté affective et le pouvoir nécessaires pour élever leurs enfants dans le but réel de contribuer à leur bien-être. S'ils puisent leur assurance de leur famille, ils ont besoin de se sentir aimés par leurs enfants, ce qui peut les conduire à mésestimer l'importance d'un investissement à long terme dans l'éducation et le développement de leurs enfants : ils peuvent s'attacher exagérément à obtenir de leurs enfants un comportement immédiat et approprié. Tout comportement qui leur semble inapproprié menace leur assurance. Un rien les contrarie, ils se laissent guider par les émotions de l'instant, réagissent spontanément à leurs soucis immédiats plutôt qu'ils n'agissent en fonction de l'épanouissement ultérieur de l'enfant. Ils en arrivent parfois à crier et à se fâcher. Ils ont tendance à mettre des conditions à l'amour qu'ils dispensent et rendent ainsi leurs enfants dépendants eux aussi de leurs émotions, voire anti-dépendants et rebelles.

Argent : Le fait de gagner de l'argent constitue un autre axe logique fréquent dans la vie des individus. Sur notre sécurité financière repose l'espoir de pouvoir accomplir beaucoup de choses dans des domaines divers et variés. Si nous établissions une hiérarchie, ou un *continuum* de nos besoins, il faudrait placer en première position la survie physique et la sécurité financière. Tous les autres besoins ne sont pas même ressentis tant que ceux-là ne sont pas satisfaits, tout au moins dans une certaine mesure.

La plupart d'entre nous doivent faire face à des difficultés financières. Beaucoup de paramètres culturels, au sens très large du terme, influencent l'appréciation de notre situation économique. Il font peser sur nous la menace d'une telle désorganisation que nos ressentons des inquiétudes dont nous ne prenons souvent même pas conscience.

Parfois le désir de « faire de l'argent » semble justifié par de nobles raisons, comme l'entretien d'une famille. Et il est vrai que cela a son importance. Mais consacrer sa vie à l'argent déséquilibre notre vie.

Repensez un instant aux quatre facteurs essentiels de l'existence : assurance, autodétermination, sagesse et puissance. Admettons que je tire mon assurance de mon emploi, de mes revenus ou de ma valeur financière nette. De nombreux facteurs pouvant toucher ces bases économiques, cela me rend inquiet, protectionniste, défensif, me met mal à l'aise face aux éléments qui menacent mes fondations. Or, le travail et l'argent ne nous procurent, en eux-mêmes, aucune sagesse, aucune autodétermination et un degré limité d'assurance et d'énergie. Il suffit d'une crise dans ma famille ou d'une difficulté dans la vie d'un être cher pour qu'apparaissent les limites de l'argent en tant qu'axe de vie.

Les individus axés sur l'argent rejettent les priorités familiales, ainsi que toutes les autres, en estimant que leur entourage comprendra les nécessités économiques. Un père s'apprête un jour à partir avec ses enfants pour le cirque, une sortie promise depuis longtemps. Au moment où ils quittent la maison, le téléphone sonne : on lui demande de venir sur le champ travailler. Mais il refuse. Lorsque sa femme émet l'idée qu'il aurait peut-être dû se rendre à son travail, il répond : « Le travail n'a pas de fin, l'enfance en a une. » Et pendant toute leur vie, ses enfants se sont souvenus de la façon dont il avait fixé cette priorité. Ils ont retenu de ce soir-là non pas une leçon, mais une preuve d'amour.

Travail : Les individus centrés sur le travail risquent de devenir de véritables bourreaux de travail, se poussant à produire au dépens de leur santé, de leurs relations et d'autres domaines importants de leur vie. L'essentiel de leur identité leur est fourni par leur profession : « Je suis médecin », « Je suis écrivain », « Je suis acteur ».

Leur identité et le sentiment de leur propre valeur se confinant à leur travail, leur assurance est vulnérable face à tout ce qui peut les empêcher de poursuivre ce travail. Leurs indications proviennent des exigences de leur profession. Leur sagesse et leur énergie se mobilisent dans ce secteur limité, mais leur font défaut dans tous les autres domaines de la vie.

Possession : Posséder, non seulement des biens tangibles, matériels, comme des vêtements à la mode, une maison, une voiture, un bateau, des bijoux, mais aussi des richesses intangibles comme la notoriété, la gloire ou un rang social, est pour beaucoup une motivation primordiale. Nombre d'entre nous sont conscients, de par leur propre expérience, que cet axe est complètement faussé. Il peut tout simplement se briser en un rien de temps et subit l'influence de nombreux éléments extérieurs.

Si le sentiment de mon assurance ne repose que sur mes possessions, ma vie ne sera qu'une succession de dangers, de craintes qu'elles ne soient perdues, volées ou dévaluées. Si je me trouve en présence d'une personne d'une notoriété plus grande, d'une valeur ou d'une position sociale plus élevées que la mienne, je me sentirai inférieur. Si, au contraire je me trouve en face d'une personne de moindre notoriété, de valeur présumée moindre ou d'un statut mineur, je me sentirai alors supérieur. Le sentiment de ma valeur fluctue sans cesse. Je n'ai aucune impression de continuité, de stabilité ou d'individualité. Nous connaissons tous des histoires qui racontent le suicide de personnes ruinées après une chute soudaine de la Bourse ou gommées de la scène politique.

Plaisir : Un autre axe commun à de nombreuses personnes et proche de celui de la possession comprend l'amusement et le plaisir. Nous vivons dans un monde qui rend possible, et encourage, l'assouvissement instantané des désirs de chacun. La télévision et le cinéma contribuent de manière considérable à accroître nos attentes. Ils représentent en image ce que d'autres gens possèdent et peuvent obtenir en vivant une vie de futilités.

Or, si l'apparent éclat de ces styles de vie centrés sur le plaisir fait l'objet de représentations, leur résultat naturel (conséquences sur la personnalité interne, sur la productivité, sur les rapports avec les autres) n'est lui que rarement perçu avec exactitude.

Des plaisirs inoffensifs et modérés peuvent procurer au corps et à l'esprit un certain délassement tout en développant les rapports familiaux ou autres. En revanche, cultivé pour soi, le plaisir n'offre aucune satisfaction profonde et durable, ni aucun sentiment d'aboutissement. Les personnes axées sur le plaisir, lassées trop tôt de tous ces degrés successifs de « plaisir », en demandent toujours plus. Le prochain plaisir devra être encore plus beau, encore plus grand, encore plus excitant, plus « planant ». Dans ces conditions, l'individu devient très vite narcissique et interprète la vie entière en fonction du plaisir qu'elle peut lui procurer, à lui seul, ici et maintenant.

Des vacances trop longues, trop de sorties au cinéma, trop d'heures passées devant la télé ou devant les jeux vidéos, bref trop de loisirs indisciplinés au cours desquels l'individu choisit sans cesse le chemin du moindre effort, ruinent progressivement une vie. Cela ne garantit qu'une chose : les capacités de la personne fonctionneront en veilleuse, ses talents ne seront pas exploités, son esprit entrera en léthargie et son cœur restera toujours insatisfait. Que reste-t-il alors de l'assurance, de l'autodétermination, de la sagesse et de l'énergie ?

Amitié/inimitié : Les jeunes sont particulièrement, mais non exclusivement, enclins à axer leur vie sur les rapports d'amitié. Le fait d'être accepté par un groupe, d'y appartenir prend une dimension considérable. Le miroir social déformant et changeant devient le point de naissance des quatre facteurs clés de la vie, suscitant un haut degré de dépendance envers les variations d'humeur, de sentiments et de comportements des autres.

La focalisation peut également ne concerner qu'une seule personne, revêtant alors certains aspects des rapports de couple. Une dépendance affective, le cercle infernal des conflits, et les interactions négatives peuvent aussi bien naître d'une focalisation sur l'amitié.

Et, que dire d'une vie centrée sur un ennemi ? La plupart d'entre nous n'y penseraient même pas, et personne n'agirait ainsi consciemment. Pourtant, axer sa vie sur un ennemi est un phénomène très courant, notamment lorsque des personnes réellement en conflit sont amenées à interagir fréquemment. Lorsque quelqu'un estime qu'il a été injustement traité par une personne qui compte pour lui, socialement ou affectivement, il lui est très facile de ne plus penser qu'à cette injustice et de placer la personne au centre de sa vie.

L'un de mes amis, qui enseignait à l'université, était devenu très amer envers un administrateur de l'université avec qui il entretenait de mauvaises relations à cause des défauts de celui-ci. Cet administrateur était devenu son obsession. Cela le préoccupait au point de détériorer ses rapports avec sa propre famille et ses collègues. Il en était arrivé à la conclusion qu'il devait quitter cette université et avait donc accepté un autre poste ailleurs.

Je lui demandai un jour s'il ne préférerait pas enseigner dans notre université si cet homme n'était plus là. Il me répondit : « Oui, bien sûr, mais tant qu'il est là, cela perturbe toute ma vie, je dois donc m'en aller. »

Je lui demandai encore : « Pourquoi as-tu fait de cet homme le centre de ta vie ? »

Ma question le choqua et il nia lui avoir donné tant d'importance. Mais je lui fis remarquer qu'il acceptait qu'un seul homme déforme l'ensemble de la carte de sa vie, détériore la qualité de ses rapports avec ceux qu'il aimait. Il admit finalement que cette personne avait eu cet impact sur lui, mais refusa d'accepter qu'il avait lui-même fait tous ces choix. Il attribuait la responsabilité de ses malheurs à l'administrateur et niait sa propre responsabilité envers cette situation. À mesure que nous discutions, il prit conscience qu'il était bel et bien responsable, mais comme il ne gérait pas bien cette responsabilité, il se montrait irresponsable.

Beaucoup de divorcés suivent ce même modèle. Ils brûlent de colère et d'amertume, et cherchent à se justifier face à leur ancien conjoint. Du point de vue psychologique, ils sont encore mariés, liés par une union négative : ils ont besoin des imperfections de leur conjoint pour justifier leurs accusations.

De nombreux enfant devenus adultes vivent en haïssant secrètement ou ouvertement leurs parents. Ils leur tiennent rigueur des mauvais traitements passés, de leurs négligences ou de leurs préférences et axent leur vie d'adulte sur cette haine en exprimant ce scénario réactif et justificateur qui va de pair avec la haine.

L'individu axé sur l'amitié ou l'adversité ne possède aucune assurance interne. Le sentiment de sa valeur est volatile et dépend de l'état affectif et des comportements des autres. La détermination lui vient de sa perception des réponses faite par l'autre et sa sagesse se limite aux normes sociales ou à sa paranoïa face à « l'ennemi ». Il ne détient aucune puissance propre à lui-même. Ce sont les autres qui tirent les ficelles de sa vie.

Religion : Je pense que la plupart des gens véritablement engagés dans une religion sont conscients que le fait de suivre régulièrement un culte n'est pas forcément un signe de qualité spirituelle individuelle. Certaines personnes s'investissent tellement dans la vénération de leur religion et à suivre ses dogmes qu'elles en deviennent insensibles à tous les besoins humains et contredisent ainsi les préceptes auxquels elles déclarent croire fermement. D'autres personnes, au contraire, suivent moins souvent le culte, mais leur attitude et leur comportement dénotent que les principes de leur religion représentent pour eux un axe réel.

Une personne qui axe sa vie sur la religion peut très bien ne se soucier en premier lieu que des apparences, de son image auprès des autres. Cela entraîne une hypocrisie dangereuse pour l'assurance intérieure de cette personne et pour sa valeur intrinsèque. L'orientation est donnée par une conscience sociale, et la personne a alors tendance à apposer des étiquettes sur les autres individus : un tel sera « actif », « inactif », « libéral », « orthodoxe » ou « conservateur ».

Parce qu'une communauté religieuse est faite de politiques, de programmes, de coutumes et d'individus, elle ne peut offrir à quelqu'un le sens de sa valeur propre, ni lui procurer un sentiment profond et permanent. Vivre selon les principes d'une religion le permet, mais la structure matérielle d'une religion est incapable de donner cela.

De même, elle est incapable d'apporter à quiconque une aptitude constante à l'autodétermination. Les personnes axées sur la religion vivent souvent une vie segmentée, agissant de telle façon pendant les jours sacrés et manière totalement différente durant les autres jours. Un tel manque de cohésion, d'unité, d'intégrité représente une menace de plus pour la confiance en soi et crée un besoin toujours plus grand de cataloguer et de justifier.

Considérer la religion comme une fin, et non comme un moyen d'atteindre un but, détériore aussi la sagesse et l'équilibre d'un individu. La religion prétend enseigner d'où l'on peut tirer sa puissance mais elle n'est pas, elle-même, cette puissance. Elle ne prétend qu'à être un moyen de véhiculer l'énergie divine dans la nature humaine.

Soi-même : De nos jours, notre propre personne constitue peut-être l'axe le plus courant de notre vie. La forme la plus visible en est l'égoïsme, qui viole les valeurs de la plupart des individus. Mais si nous regardons de plus près diverses techniques pour le développement et l'épanouissement de la personne, nous y trouvons souvent à la source un « auto-centrage ».

Avoir pour axe les limites de sa propre personne ne procure que peu d'assurance, d'autodétermination, de sagesse et d'énergie. Comme la mer Morte, elle stagne.

En revanche, être attentif au développement de sa propre personne dans le but plus large d'améliorer ses capacités à rendre service, à produire, à fournir une aide bénéfique, crée des conditions propices à un renforcement des quatre facteurs qui supportent notre vie.

Nous venons de voir quelques-uns des plus fréquents angles sous lesquels les hommes envisagent leur vie. Il est souvent beaucoup plus facile de reconnaître un axe de vie chez autrui que chez soi-même. Vous connaissez probablement quelqu'un qui fait passer l'argent avant toute autre chose. Vous connaissez aussi probablement quelqu'un qui dépense toute son énergie à justifier sa position dans une relation négative. Si vous observez bien ces personnes, vous pouvez parfois discerner, par-delà leur comportement, l'axe qui le génère.

TROUVER SON AXE

Mais, où vous situez-vous ? Qu'y a-t-il au centre de votre vie ? Il n'est pas toujours aisé de répondre.

Observez de près chacun des facteurs-supports de la vie. Si vous vous retrouvez dans une ou plusieurs des descriptions ci-après, vous pouvez remonter jusqu'à l'axe auquel elle(s) se rapporte(nt), un axe qui limite peut-être votre constructivité interne.

Centre	Assurance	Autodétermination	Sagesse	Puissance
Si vous êtes axé sur… **• Le conjoint**	• Votre assurance dépend de la manière dont votre conjoint vous traite. • Vous êtes très vulnérable devant les humeurs et les sentiments de votre conjoint. • Si votre conjoint est en désaccord avec vous ou n'agit pas comme vous l'espérez, vous éprouvez une grande déception qui débouche sur un repli ou un conflit • Vous percevez comme une menace tout ce qui risque d'empiéter sur la relation avec le conjoint.	• Votre orientation découle de vos besoins, de vos désirs et de ceux de votre conjoint. • Vos prises de décision se limitent à ce que vous pensez être le mieux pour vous et votre couple, ou à l'opinion et aux préférences de votre partenaire.	• L'avenir que vous imaginez se compose de projets susceptibles d'être influencés par votre conjoint ou votre relation.	• Votre capacité d'action est limitée par vos défauts et ceux de votre conjoint.

Centre	Assurance	Autodétermination	Sagesse	Puissance
Si vous êtes axé sur… **• La famille**	• Votre assurance dépend de l'approbation de votre famille et de l'accomplissement de vos objectifs familiaux. • Votre assurance est aussi fluctuante que votre famille. • Le sentiment de votre valeur dépend de la réputation de votre famille.	• Les scénarios de la famille constituent la seule source reconnue de vos attitudes et de vos comportements. • Vos critères de décisions se rattachent à tout ce qui se révèle bon pour votre famille ou à ce que veulent ses membres.	• Vous interprétez la vie en fonction de votre famille, ce qui en déforme votre compréhension et débouche sur un narcissisme familial.	• Vos actions sont limitées par les modèles et les traditions de votre famille.
Si vous êtes axé sur… **• L'argent**	• Votre valeur interne dépend de votre valeur financière. • Vous êtes vulnérable devant tout ce qui peut menacer votre sécurité financière.	• Votre critère de sélection est le profit.	• Vous ne voyez et ne comprenez la vie que sous un angle financier, ce qui engendrent des jugements déséquilibrés.	• Vous êtes restreint par ce que vous pouvez réaliser avec votre argent et votre action est limitée.

Centre	Assurance	Autodétermination	Sagesse	Puissance
Si vous êtes axé sur... • Le travail	• Vous avez tendance à vous définir par votre rôle professionnel. • Vous ne vous sentez à l'aise que lorsque vous travaillez.	• Vous prenez vos décisions en fonction des besoins et des attentes de votre travail.	• Vous avez tendance à vous limiter à votre seul rôle professionnel. • Vous considérez votre travail comme votre vie.	• Vos actions se limitent en fonction des modèles de votre profession, des chances de promotion, des contraintes de votre entreprise, des appréciations de votre employeur, et du risque que vous courez de ne pouvoir à un moment de votre vie effectuer tel ou tel travail.

Centre	Assurance	Autodétermination	Sagesse	Puissance
Si vous êtes axé sur… **• La possession**	• Votre assurance dépend de votre réputation, de votre statut social ou des biens matériels que vous possédez. • Vous avez tendance à comparer ce que vous possédez avec ce que possèdent les autres.	• Vous prenez vos décisions en fonction de ce qui protègera, accroîtra ou mieux encore, exhibera vos possessions.	• Vous n'envisagez le monde qu'en termes de comparaisons financières et de relations sociales.	• Vous fonctionnez à l'intérieur des limites imposées par vos possibilités d'achat et le rang social que vous pouvez atteindre.
Si vous êtes axé sur… **• Le plaisir**	• Vous ne vous sentez sur de vous que lorsque vous vous faites plaisir. • Votre assurance dure peu, est anesthésiante et dépend de votre environnement.	• Vous prenez vos décisions en fonction de ce qui vous fera le plus plaisir.	• Vous ne voyez dans le monde que ce qui est bon pour votre propre personne.	• Votre énergie est pratiquement nulle.

Centre	Assurance	Autodétermination	Sagesse	Puissance
Si vous êtes axé sur... **• L'amitié**	• Votre assurance dépend de votre image dans le miroir social. • Vous êtes extrêmement dépendant des opinions de votre entourage.	• Votre critère de décision se résume à : " que vont-ils en penser ? " • Vous vous sentez facilement gêné.	• Vous voyez le monde en termes de vie sociale.	• Vous restez dans les limites de votre zone de bien-être social. • Vos actions sont aussi incohérentes que vos opinions.
Si vous êtes axé sur... **• L'amitié** **Assurance**	• Votre assurance est volatile, elle dépend des mouvements de votre ennemi. • Vous vous demandez sans cesse ce qu'il peut comploter. • Vous cherchez à vous justifier et à avoir l'appui de ceux qui pensent comme vous.	• Vous êtes guidé par vos réactions contre tout ce que fait votre ennemi. • Vous prenez vos décisions en fonction de ce qui peut enfoncer votre ennemi.	• Votre opinion est étroite et déformée. • Vous restez sur la défensive, devenez exagérément réactif et souvent paranoïaque.	• Le peu d'énergie que vous possédez provient de votre irritation, de votre jalousie, de votre rancœur et de votre désir de vengeance, une énergie négative qui se flétrit et s'autodétruit, n'en laissant que très peu pour le reste.

Centre	Assurance	Autodétermination	Sagesse	Puissance
Si vous êtes axé sur… • **La religion**	• Votre assurance dépend de votre activité religieuse et de l'estime que vous portent les autorités religieuses et les membres de votre communauté.	• Vous agissez en fonction de la façon dont on évaluera vos actions par rapport aux enseignements de la religion et de ses attentes.	• Vous considérez le monde en termes de « croyant », « membre » ou « non-membre » de votre communauté religieuse.	• L'énergie que l'on perçoit de vous provient de votre position au sein de votre communauté ou de votre rôle.
Si vous êtes axé sur… • **Vous-même**	• Votre assurance va et vient sans cesse.	• Vos critères de jugement sont « si cela me fait plaisir… », « ce que je veux », « ce dont j'ai besoin », « où se trouve mon avantage ? »	• Vous ne voyez dans le monde que la manière dont certaines décisions, événements ou circonstances vous affecteront.	• Votre marge d'action est limitée par vos propres ressources, et ne bénéficie pas des bienfaits de l'interdépendance.

Bien souvent, l'axe d'une personne se compose de divers éléments de ces différents centres, car la plupart des individus sont le résultat des influences qui pèsent sur eux durant leur vie. Selon les conditions extérieures ou internes, un axe spécifique peut se trouver activé jusqu'à ce qu'un besoin soit, par exemple, satisfait. Puis, un axe différent exerce ensuite une force prépondérante.

Lorsqu'une personne passe d'un axe à l'autre, sa « stabilité » en est affectée et son parcours ressemble plutôt aux montagnes russes. Vous connaissez des hauts pour un temps, l'instant d'après vous êtes au plus bas, vous efforçant de compenser une lacune en puisant vos forces dans une zone tout aussi déficitaire. Vous ne disposez d'aucun cap cohérent, d'aucune sagesse durable, d'aucune source d'énergie stable, ni d'aucune idée de votre valeur intrinsèque ou de votre identité.

L'idéal, bien entendu, est d'établir un seul axe, bien précis, qui vous procure un haut degré d'assurance, d'autodétermination, de sagesse et d'énergie, qui donne de la puissance à votre proactivité, de la cohérence et de l'harmonie à l'ensemble que forment tous les moments de votre vie.

L'AXE DES PRINCIPES

En centrant notre vie sur de justes principes, nous créons de solides bases sur lesquelles se développeront les quatre facteurs-supports de notre vie.

Nous avons de l'assurance, car nous savons qu'au contraire des axes associés à des personnes ou à des objets, les principes, eux, ne subissent aucune modification. Nous pouvons toujours compter sur eux.

Les principes ne réagissent à rien. Ils ne se mettent pas en colère, ils ne sont pas lunatiques. Ils ne demanderont pas le divorce, ni ne partiront pas avec notre meilleur(e) ami(e). Ils ne sont pas non plus à nos trousses. Ils ne dérouleront pas non plus un tapis rouge de raccourcis et de rafistolages. Ils ne dépendent pas du comportement des personnes de notre entourage ou du prétendu bien-fondé de leurs intentions, si aléatoire. Les principes ne meurent pas. Ni le feu, ni un tremblement de terre, ni un vol ne peuvent nous les enlever.

Les principes sont des vérités fortes, fondamentales, courantes, des dénominateurs communs à tous.

Même au beau milieu de personnes ou de circonstances qui semblent ignorer ces principes, nous sommes assurés de la supériorité de ces derniers sur ces personnes et ces circonstances, car nous savons que des siècles d'histoire les ont vu triompher. Et, ce qui est plus important, nous pouvons nous-mêmes nous assurer de leur bien-fondé au travers de notre propre vie, de notre vécu.

Il nous faut cependant admettre que nous ne sommes pas des voyants ; notre connaissance et notre compréhension de ces principes sont limitées par notre manque de lucidité face à notre véritable nature et au monde qui nous entoure, ainsi que par le flot de philosophies et de théories à la mode qui les bafouent. Ces doctrines ont leur heure de gloire, mais, comme beaucoup avant elles, elles disparaîtront, car elles s'élèvent sur de mauvaises fondations.

Si nous sommes bel et bien limités, nous pouvons toutefois repousser nos limites. En comprenant mieux le principe de notre propre croissance, nous nous donnons le moyen de rechercher de justes principes. Cela nous permet de mieux contrôler nos perceptions à mesure que nous découvrons de nouveaux principes. Les principes ne changent pas, mais notre compréhension de ces principes, elle, évolue.

La sagesse et l'autodétermination, qui vont de pair avec une vie axée sur des principes, nous sont fournies par des cartes précises décrivant les choses telles qu'elles existent, existaient et existeront réellement. Ces cartes nous permettent de définir clairement l'endroit que nous voulons atteindre et le chemin pour nous y rendre. Nous pouvons prendre des décisions à partir de ces données, des données exactes qui rendront possible et utile l'exécution de nos décisions.

L'énergie intérieure que nous procure une vie centrée sur de justes principes représente la force d'un être humain conscient de sa vie, éclairé et proactif. Ni les attitudes, ni les comportements, ni les actions d'autrui, ni les circonstances, ni son environnement ne limitent cet être.

Ses seules véritables limites restent les conséquences naturelles des principes eux-mêmes. Nous sommes libres de choisir nos actions, mais nous ne sommes pas libres d'en choisir les conséquences… « Qui sème le vent, récolte la tempête. »

À tout principe se rattachent des conséquences. Elles se révèlent positives lorsque nous vivons en harmonie avec ces principes, mais négatives lorsque nous les transgressons.

Ces principes s'appliquent à tout le monde, que nous en soyons ou non conscients, et ces limites sont donc, elles aussi, universelles. En axant notre vie sur des principes intemporels et immuables, nous créons un paradigme essentiel pour une vie constructive. Plus nous connaissons ces principes, et plus nous accroissons notre liberté d'agir avec sagesse, car cet axe régit alors tous les autres centres.

Souvenez-vous que votre paradigme constitue la source d'où découlent vos attitudes et vos comportements. Un paradigme ressemble à des jumelles, à une longue-vue : il modifie votre façon de voir votre vie. Si vous la regardez à travers un paradigme formé de justes principes, elle vous apparaîtra totalement différente de ce que vous imaginiez à travers d'autres paradigmes.

Étudions pour un problème spécifique les visions que nous en donnent les différents types de paradigmes. À la lecture, essayez de regarder à chaque fois à travers des lunettes différentes, essayez de sentir la réponse liée à chaque axe de vie.

Supposons que vous ayez prévu d'aller ce soir au concert avec votre femme. Elle se réjouit à cette idée. Vous avez déjà réservé les places. Il est seize heures. Mais votre directeur vous demande soudain dans son bureau et vous annonce qu'il a besoin de votre aide pendant toute la soirée, afin de préparer une réunion qui aura lieu demain à neuf heures.

Si vous axez votre vie sur votre conjoint ou votre famille, vous serez avant tout préoccupé de faire plaisir à votre femme. Vous direz à votre directeur que vous ne pouvez pas rester et vous vous rendrez, avec votre femme, au concert. Vous aurez peut-être l'impression que vous devez rester pour protéger votre emploi, mais, dans ce cas, vous le ferez à contre-cœur, et craindrez les protestations de votre femme. Vous chercherez à justifier votre décision et à vous protéger de sa déception ou de sa colère.

Si vos jumelles sont focalisées sur l'argent, vous penserez en priorité à la rémunération des heures supplémentaires ou à l'impact que pourrait avoir votre travail sur une éventuelle augmentation. Vous appellerez votre femme pour l'avertir que vous restez. Vous présumerez qu'elle comprendra d'elle-même que les obligations économiques ont la priorité.

Si vous êtes axé sur le travail, vous penserez à la chance qui s'offre à vous d'en apprendre plus sur votre métier. Vous ferez un effort pour votre directeur et pour votre carrière. Vous congratule-

Centre	Assurance	Autodétermination	Sagesse	Puissance
Si vous êtes axé sur… • Les principes	• Votre assurance repose sur des principes justes, immuables quelles que soient les conditions extérieures ou les circonstances. • Vous savez que votre propre vie, votre propre expérience démontrera jour après jour le bien-fondé de ces principes. • Les principes instaurent des critères précis et cohérents pour évaluer l'évolution positive de votre personne. • Des principes justes vous aident à comprendre votre porpre développement. Ils vous procurent la confiance en vous nécessaire pour renforcer vos connaissances et votre compréhension de la vie. • La source de votre assurance vous fournit un axe constant, inaltérable, sans défaut qui vous permet d'envisager les changements comme des aventures passionnantes et des occasions d'agir de façon significative.	• Vous êtes guidé par un compas interne qui vous permet de savoir où vous souhaitez vous rendre et comment vous devez vous y prendre. • Vous vous fiez à des données précises qui rendent vos décisions applicables et utiles. • Vous prenez du recul par rapport aux événements et à vos sentiments pour n'observer qu'un ensemble équilibré. Vos décisions et vos actions reflètent des engagements et un raisonnement à long terme comme à court terme. • Dans tous les cas de figure, vous définissez consciemment, de manière proactive les meilleures solutions. Vos décisions représentent les fruits d'une conscience éduquée par de justes principes.	• Vous êtes en mesure d'envisager un large éventail de conséquences à long terme et de visualiser une image d'équilibre, de calme assurance. • Vous observer le monde au travers d'un paradigme essentiel visant à une vie constructive et réfléchie. • Vous considérez le monde dans la perspective d'agir pour ce monde et ceux qui l'habitent. • Vous adoptez un style de vie proactif et cherchez à vous rendre utiles auprès des autres personnes et à les aider à se construire. • Vous ressentez toutes les expériences de la vie comme des occasions d'apprendre et d'aider.	• Votre énergie n'est limitée que par votre propre compréhension des lois naturelles, des justes principes, votre observance de l'ensemble de ceux-ci et les conséquences naturelles des principes eux-mêmes. • Vous devenez un être conscient de sa vie, éclairé et proactif. Vous vous affranchissez dans une large mesure de l'influence des attitudes, des comportements et des actions de ceux qui vous entourent. • Votre capacité d'action dépasse de loin vos simples ressources et encourage l'extension de rapports d'interdépendance. • Vos décisions et vos actions ne sont guidées ni par votre situation financière ni par les circonstances. Vous vivez la liberté de l'interdépendance.

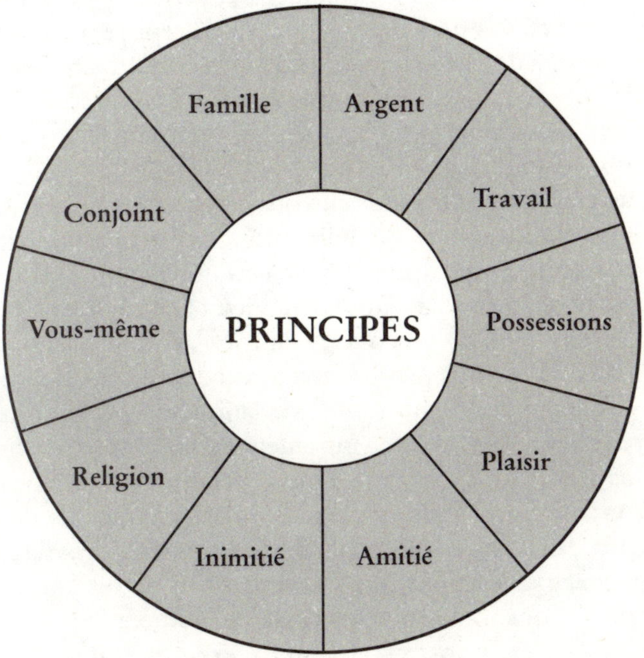

rez à l'idée de toutes ces heures supplémentaires que vous allez consacrer au travail et qui prouveront que vous êtes un bon employé. Votre femme devrait en éprouver de la fierté !

Si vous êtes centré sur les possessions, vous penserez à tout ce que vous achèterez avec la rémunération des heures supplémentaires. Vous penserez aussi peut-être que vous acquerrez ainsi une bonne réputation au sein de votre service. Demain, tout le monde sera au courant de votre noble geste, de votre dévouement, de votre sacrifice.

Si votre plaisir représente votre axe principal, vous expédierez votre travail et irez au concert, même si, pourtant, votre femme aurait souhaité que vous restiez avec le directeur ce soir-là. Après tout, vous avez déjà décidé que vous méritez bien cette petite soirée.

Si vous axez votre vie sur l'amitié, votre décision dépendra du fait que vous ayez ou non invité des amis au concert, ou que vos amis restent ou non à travailler ce soir-là avec vous.

Si l'adversité est au centre de votre vie, vous resterez au bureau parce que cela vous donne un avantage sur cette personne du service qui prétend être la perle rare de toute l'entreprise. Pendant qu'il, ou elle, profitera de sa soirée, vous travaillerez d'arrache-pied, vous effectuerez non seulement votre travail, mais aussi le sien, sacrifiant votre plaisir personnel pour le bien de l'entreprise qu'il ou elle ignore allègrement.

Si vous êtes axé sur la religion, vous serez influencé par les projets des membres de votre communauté qui devaient également se rendre au concert, par la présence de certains membres dans votre équipe de travail, ou par la nature du concert (Le Messie de Haendel vous importera plus qu'un concert de rock).Votre décision dépendra aussi de ce que vous pensez être la réaction d'un « bon fidèle ». Que représentent pour vous ces heures supplémentaires : un moyen de rendre service ou un moyen purement matérialiste de s'enrichir ?

Si vous êtes centré sur votre propre personne, vous vous occuperez de savoir ce qui vous fera le plus de bien. Serait-il mieux pour vous de sortir ce soir ? Vaudrait-il mieux que vous vous sacrifiiez un peu pour votre directeur ? Vous chercherez à savoir comment les différentes options influeront sur votre personne.

Vous constatez à travers ce simple exemple qu'il n'y a rien d'étonnant à percevoir de manière différente toutes nos interactions. Vous rendez-vous maintenant compte de l'impact que peuvent avoir nos différents axes ? Comment tout cela influe sur nos décisions, nos actions (ou trop souvent, nos réactions), notre interprétation des événements ? C'est pour cela qu'il est si important de reconnaître votre propre axe. Et, si ce centre ne vous permet pas d'agir de manière proactive, il devient alors essentiel de réaliser un changement de paradigme pour recréer un nouvel axe.

Lorsque vous vous centrez sur de justes principes, vous essayez de vous détacher des émotions que provoquent en vous une situation donnée et divers autre paramètres. Vous essayez d'évaluer les différentes options. En considérant l'équilibre de tout cet ensemble (la famille, le travail, les autres obligations qui peuvent intervenir ainsi que les conséquences des diverses solutions), vous tenterez de trouver la meilleure solution, celle qui tient compte de tous ces facteurs.

Que vous alliez au concert ou que vous restiez travailler ne constitue qu'une infime partie d'une décision constructive. Vous arriveriez peut-être à la même décision en partant d'un raisonnement axé sur d'autres centres. Mais le fait de raisonner à partir de justes principes crée quelques différences significatives.

Premièrement, ni les gens, ni les circonstances n'agissent sur vous. Vous choisissez de manière proactive ce que vous déterminez comme la meilleure solution. Vous prenez votre décision en toute conscience, en toute connaissance de cause.

Deuxièmement, vous savez que votre décision a plus de force, car elle repose sur des principes dont les résultats à long terme sont prévisibles.

Troisièmement, ce que vous choisissez de faire renforce les valeurs dominantes de votre vie. Une soirée passée au bureau pour prendre l'avantage sur un ennemi n'équivaut pas à une soirée de travail motivée par l'efficacité de votre directeur et votre désir réel de contribuer à la progression de votre entreprise. L'apprentissage que vous apporte l'exécution de chacune de vos décisions revêt en effet un certain degré de qualité et une signification spécifique à l'intérieur d'un cadre plus grand, celui de votre vie.

Quatrièmement, vous pouvez communiquer avec votre femme ou votre directeur, grâce à un dense réseau de rapports d'interdépendance. Puisque vous êtes interdépendant, vous pouvez devenir réellement interdépendant. Vous pouvez, par exemple, déléguer ce qui peut l'être et venir plus tôt le lendemain pour finir le reste.

Enfin, vous vous sentirez plus à l'aide dans vos décisions. Quel que soit votre choix, vous pourrez vous y consacrer entièrement et y prendre plaisir.

Une personne axée sur de justes principes voit les choses différemment. Or, puisque vous voyez les choses différemment, vous penserez autrement, vous agirez autrement. Cet axe de vie, solide et constant, vous permet de jouir d'une grande assurance, d'un haut degré d'autodétermination, de sagesse ainsi que d'une grande force. Vous disposerez de bonnes fondations pour construire une vie hautement proactive et constructive.

RÉDIGER ET SUIVRE UN ÉNONCÉ DE MISSION PERSONNEL

À mesure que nous examinons ce qu'il y a de plus profond en nous, que nous comprenons et réajustons nos paradigmes en fonction de justes principes, nous créons un axe qui nous procure efficacité et force. Nous fabriquons la lunette à travers laquelle nous regardons le monde et nous pouvons ensuite faire le point sur les relations que nous entretenons, en tant qu'individus uniques, avec ce monde.

Comme le formulait Frankl, nous détectons notre mission plutôt que nous ne l'inventons. J'aime ce choix de mots. Je pense que chacun d'entre nous possède un écran de contrôle, un bon sens qui nous rend conscients de notre individualité et de la contribution spécifique que nous pouvons apporter. « Chacun a une vocation, une mission spécifique dans sa vie. [...] Chacun est donc ; à cet égard, irremplaçable, et sa vie ne peut non plus se répéter. Ainsi, la tâche de chacun est unique, tout comme est unique sa propre chance de pouvoir accomplir cette tâche. »

Lorsque nous tentons d'exprimer verbalement cette individualité, nous sommes, là encore, obligés de nous souvenir qu'il est essentiel d'agir de manière proactive et de travailler à l'intérieur de notre cercle d'influence. Chercher une signification abstraite à notre vie en nous perdant dans notre cercle de préoccupations, équivaut à renoncer à notre responsabilité, à notre proactivité. Cela revient à placer notre première naissance entre les mains d'autres personnes, à la confier aux circonstances.

Le sens de notre vie doit venir de l'intérieur. Je citerai encore Frankl : « Finalement, l'homme ne devrait plus demander quel est le sens de sa vie, mais il devrait au contraire se rendre compte que c'est à lui que se pose cette question. En résumé, la vie interroge chaque homme ; et chaque homme ne peut répondre à la vie qu'en répondant de sa vie ; à la vie, on ne peut répondre qu'en se montrant responsable. »

La responsabilité intérieure, c'est-à-dire la proactivité, est essentielle pour notre première naissance. Pour reprendre notre langage informatique, l'habitude 1 nous dit : « Vous êtes le programmeur », alors que l'habitude 2 nous dit : « Écrivez le programme ». Tant que vous n'acceptez pas l'idée qu'il faut effectivement être responsable, l'idée que vous êtes le programmeur, vous ne parviendrez jamais à vous investir dans l'écriture de votre programme.

En revanche, si nous nous montrons proactifs, nous pouvons commencer à exprimer ce que nous voulons être et ce que nous souhaitons faire dans notre vie. Nous sommes en mesure de rédiger notre énoncé de mission, notre constitution personnelle.

Un énoncé de mission ne se rédige pas du jour au lendemain. Cela requiert un effort intense d'introspection, une analyse minutieuse, une écriture réfléchie et, bien souvent, de nombreux brouillons. Plusieurs semaines, des mois peut-être, passeront avant que vous ayez la certitude que cet énoncé de mission reflète de manière complète et concise vos valeurs, vos orientations les plus fondamentales. Et vous serez, de toute façon, amené à le revoir régulièrement, à y apporter de petites modifications au fil des années, qui susciteront de nouvelles situations et de nouvelles révélations.

Votre énoncé de mission vous servira de constitution, il sera l'expression de votre point de vue et de vos valeurs. Il deviendra le critère sur lequel vous jugerez ce que la vie vous offrira.

Récemment, je révisai mon énoncé de mission, ce que je fais régulièrement. Je me suis assis sur la plage, tout seul, après une longue promenade à bicyclette, j'ai sorti mon agenda et j'ai écrit, barré, réécrit pendant plusieurs heures. Mais j'avais l'impression d'y voir clair, de m'organiser, de m'investir, je ressentais un sentiment d'allégresse et de liberté.

Je pense que le processus est aussi important que le produit. Écrire ou revoir son énoncé de mission vous transforme, car cela vous oblige à réfléchir à vos priorités, minutieusement, en profondeur. Vous alignez votre comportement sur vos convictions. Votre entourage commence alors à s'apercevoir que vous n'agissez pas en fonction de ce qui vous arrive. Vous avez le sentiment que ce que vous essayez d'accomplir vous est dicté par votre mission, et cela vous stimule.

UTILISER LES DEUX ÉMISPHÈRES DU CERVEAU

Grâce à la conscience de notre individualité, nous pouvons étudier nos propres pensées. Cela nous est d'un grand secours lorsque nous mettons au point notre énoncé de mission. En effet, les deux autres facultés spécifiquement humaines (conscience et imagination), qui nous permettent d'acquérir l'habitude 2, sont des fonctions de l'hémisphère droit de notre cerveau. Comprendre comment tirer profit des capacités des hémisphères accroît nos capacités de création.

Depuis des dizaines d'années, un grand nombre de chercheurs s'intéressent à ce que l'on appelle désormais la théorie de la dominance. Les recherches ont démontré que chaque hémisphère (droit ou gauche) a tendance à se spécialiser dans certaines fonctions et à les diriger ; chacun traite un certain type d'informations et s'occupe d'un certain type de problèmes.

L'hémisphère gauche se consacre plutôt à la logique, au langage, tandis que le droit est plus intuitif, créatif. Le gauche s'occupe des mots, le droit, des images ; le gauche des détails, des éléments, le droit des ensembles, des relations entre les éléments. Le gauche s'attache à analyser, c'est-à-dire à démonter les problèmes point par point, alors que le droit opère par synthèse. L'hémisphère gauche fonctionne selon un mode de pensée séquentiel, alors que le droit opère selon un fonctionnement simultané, holistique ; le gauche tient compte de la notion de temps, le droit n'en tient pas compte.

Nous faisons le plus souvent appel aux deux hémisphères, mais il existe, chez chaque individu, une dominance de l'un ou l'autre. Bien sûr, l'idéal serait de développer nos possibilités de combinaisons entre ces deux parties de notre cerveau : sentir d'abord ce qu'une situation précise requiert de nous pour, ensuite, choisir les outils adéquats pour l'affronter. Mais nous avons tendance à nous installer dans notre « aire de détente », c'est-à-dire dans notre hémisphère dominant et, selon notre préférence, nous ne traitons les situations qu'avec l'un ou l'autre de nos hémisphères.

Or, nous vivons dans un monde à dominance gauche, où règnent mots, évaluations logiques, et où l'on n'accorde qu'une importance secondaire aux aspects plus créatifs, intuitifs, sensitifs et artistiques de notre nature. Beaucoup d'entre nous éprouvent de la difficulté à exploiter les ressources de leur hémisphère droit.

Ma description du problème est bien évidemment simplifiée, et de nouvelles recherches éclaireront sans doute bientôt sous un autre jour le fonctionnement de notre cerveau. Mais, je veux simplement que vous vous rendiez compte que nous avons la possibilité de recourir à divers modes de pensée, et que nous n'utilisons qu'une infime partie de ce potentiel. Or, c'est en prenant conscience des multiples aptitudes de notre cerveau que nous réussirons à utiliser, de manière consciente, nos facultés afin de satisfaire plus efficacement nos besoins.

DEUX MOYENS D'EXPLOITER L'HÉMISPHÈRE DROIT

Si l'on se base sur la théorie de la dominance, il apparaît évident que la qualité du choix correspondant à notre première création dépend en grande partie de notre capacité à exploiter notre hémisphère droit, celui de la créativité. Plus nous parvenons à tirer profit de cet hémisphère, mieux nous réussissons à visualiser, à synthétiser, à transcender le temps et les circonstances existantes. Nous pouvons alors projeter une image holistique de ce que nous désirons devenir et de ce que nous désirons accomplir dans notre vie.

Voir plus loin

Il suffit parfois d'un événement pour nous trouver hors de notre univers habituel de raisonnement et passer de notre hémisphère gauche à notre hémisphère droit. La mort d'un être cher, une maladie grave, des revers financiers, ou une détresse extrême nous obligent à prendre du recul et à nous poser quelques questions auxquelles il n'est pas facile de répondre : « Qu'est-ce qui compte réellement dans ma vie ? Pourquoi est-ce que je fais ce que je fais ? »

Mais, si vous êtes proactif, vous n'attendez pas que des personnes ou des circonstances vous mettent face à ce genre d'expériences pour voir plus loin dans votre vie. Vous pouvez créer vos propres occasions, grâce à votre conscience.

Il existe de nombreuses manières d'y arriver. Votre imagination vous donne le pouvoir de visualiser votre enterrement. Nous pouvons écrire notre propre panégyrique. Faites-le, écrivez votre propre oraison funèbre. Soyez précis.

Vous pouvez visualiser vos noces d'argent, et même vos noces d'or. Imaginez-les ensemble, avec votre conjoint. Essayez de saisir ce qui constitue l'essence des relations familiales que vous souhaitez créer en vous investissant jour après jour pendant des années.

Vous pouvez imaginer de vous retirer de votre profession actuelle. Quelle contribution aimeriez-vous avoir apporté à votre domaine ? Qu'aimeriez-vous avoir accompli ? Quels projets aurez-vous ensuite ? Entameriez-vous une seconde carrière ?

Laissez votre esprit s'étendre au plus loin possible. Visualisez tout dans les moindres détails, intégrez dans votre visualisation le plus d'émotions, d'impressions, de sentiments possible. J'ai déjà réalisé de tels exercices de visualisation pendant mes cours, et tout prenait alors une autre dimension. Je disais à mes étudiants : « Imaginez que vous n'ayez plus que cette année à vivre et que, durant cette année, vous deviez continuer d'étudier. Essayez de visualiser ce que vous feriez. » Aussitôt les vraies valeurs de chacun ressortent. Les résultats sont tout à fait révélateurs. Les étudiants commençaient à écrire aux membres de leur famille pour leur dire combien ils les aimaient. Ils se réconciliaient avec un frère, une sœur, ou un ami avec lequel ils n'entretenaient plus que de mauvaises relations.

Le thème central, prédominant, de leurs activités, le principe qui les sous-tend, c'est l'amour. Quand ils imaginent qu'il leur reste peu de temps à vivre, mes étudiants se rendent compte de la futilité de leurs médisances, de leurs mauvaises pensées, de leurs injures et des accusations qu'ils portent. Les principes et les valeurs deviennent tout d'un coup plus clairs pour tout le monde. Il existe diverses techniques de visualisation qui vous font toucher du doigt vos vraies valeurs. Mais elles produisent toutes le même bénéfice net. Lorsque les gens s'attachent véritablement à déterminer ce qui compte pour eux, ce qu'ils veulent être ou accomplir, ils deviennent beaucoup plus respectueux. Ils commencent à penser à long terme et non plus seulement au jour même ou au lendemain.

Visualisation et déclaration

Choisir soi-même ses directives n'est pas l'expérience d'un seul instant. Cela ne commence pas à la seconde où l'on prend son stylo, et ne finit pas lorsque l'on met un point final à son énoncé de mission. Il s'agit plutôt d'un processus continu au cours duquel vous gardez toujours à l'esprit vos intentions et vos valeurs en essayant d'ajuster votre vie à tous ces éléments qui vous importent tant. L'intensité de votre hémisphère droit vous est ici d'un grand secours : chaque jour, elle vous aide à trouver dans votre vie la place de votre mission. Ceci est une autre façon d'appliquer l'habitude 2, « Déterminez votre objectif au départ ».

Reprenons un exemple déjà évoqué : je suis un parent qui aime ses enfants de toute son âme, ceci constitue l'une des valeurs essentielles de mon énoncé de mission, mais chaque jour qui passe me voit réagir trop brusquement envers mes enfants.

Je peux employer la capacité de l'hémisphère droit à visualiser pour rédiger une « déclaration » qui m'aidera, au quotidien, à vivre en harmonie avec mes valeurs les plus profondes.

Une déclaration contient cinq paramètres principaux : elle doit être personnelle, positive, visuelle, émotionnelle et exprimée au présent. Je peux par exemple écrire : « Je ressens une profonde satisfaction (émotion) lorsque je (aspect personnel) réponds (présent) avec sagesse, amour, fermeté et sang-froid (aspect positif) au mauvais comportement de mes enfants. »

Je peux ensuite visualiser la situation, y consacrer quelques minutes chaque jour. Je peux réfléchir, dans le plus grand calme, à des situations où mes enfants sont susceptibles de mal se comporter. Je peux visualiser cela en détail. Je peux ressentir le matériau dans lequel est fabriquée la chaise sur laquelle je suis assis. Je peux sentir la moquette sous mes pieds, le pull que je porte. Je peux voir la robe que porte ma fille. Plus j'imagine les détails d'une manière très claire, très parlante, et plus profonde sera mon impression de vivre réellement la scène, et non de la contempler en simple spectateur.

Je peux imaginer ma fille en train d'agir dans un cas bien précis d'une façon qui, d'ordinaire me ferait bondir. Mais, au lieu de me voir répondre comme d'habitude, je peux m'imaginer en train de faire face à cette situation avec tout l'amour, toute la force intérieure et tout le sang-froid contenus dans la déclaration que j'ai rédigée. Je peux écrire le programme, écrire le scénario, et tout cela en restant en harmonie avec mes valeurs et avec mon énoncé de mission. J'ai ainsi découvert toute l'importance de la visualisation. Si vous visualisez une mauvaise situation, vous reproduirez cette mauvaise situation.

Charles Garfield a poursuivi des recherches poussées sur les « cracks », tant en sport qu'en affaires. Son travail pour la NASA et l'observation des astronautes répétant inlassablement chacun de leurs gestes dans une atmosphère spatiale recréée l'avait amené à se passionner pour toutes sortes de hautes performances. Il rédigea d'ailleurs une thèse en psychologie sur le comportement des champions.

Ses recherches ont essentiellement montré que les « athlètes » de haut niveau ont un grand pouvoir de visualisation. Ils voient, ils ressentent, ils vivent en pensée ce qu'ils vont accomplir. Ils partent avec la conclusion en tête.

Vous pouvez parvenir à cela dans tous les domaines de votre vie. Avant une représentation, la présentation d'un produit, une confrontation difficile, ou devant la difficulté quotidienne d'atteindre un but précis, imaginez, considérez et reconsidérez la situation de manière très réelle, draconienne. Construisez-vous une « aire de détente » intérieure. Ainsi, lorsque vous devrez affronter la situation, celle-ci ne vous paraîtra plus étrangère, elle ne vous effraiera plus.

Votre cerveau droit, l'hémisphère de la créativité, de la visualisation constitue l'un de vos atouts les plus précieux à la fois dans la rédaction de votre mission et dans son application quotidienne.

Il existe de nombreux ouvrages, ainsi que des cassettes et des programmes vidéo sur les processus de visualisation et de déclaration. Les résultats les plus récents dans ce domaine sont la programmation subliminale, la programmation neurolinguistique, ainsi que de nouvelles formes de relaxation et d'autocommunication. Tous ces outils expliquent ce qu'est une première création, traitent de son élaboration et des divers principes de base qui s'y rattachent.

Lorsque l'on dirige efficacement sa propre vie, les techniques de visualisation et de déclaration émanent de manière naturelle d'une pensée saine reposant sur des principes et des objectifs sains qui forment un axe de vie. Ces techniques sont d'une très grande efficacité notamment au niveau de la réécriture et de la re-programmation, lorsque nous gravons, dans notre cœur et dans notre âme, nos buts et nos principes.

Déclaration et visualisation sont en fait des formes de programmation. Nous devons donc nous assurer que le programme auquel nous nous soumettons ne dévie pas de notre axe principal et ne se nourrit pas d'autres sources secondaires, comme le profit, l'égoïsme, qui ne reposent pas sur de justes principes. On peut en effet faire preuve d'imagination pour arriver au genre de succès éphémère que connaissent les personnes intéressées par l'appât du gain ou leur petit bien-être privé. Cependant, utiliser de pair son imagination et sa conscience pour transcender sa personne et concevoir une vie constructive qui repose sur des objectifs spécifiques et sur les principes régissant les réalités d'interdépendance quotidienne constitue, selon moi, une bien meilleure solution.

L'IDENTIFICATION DES RÔLES ET DES OBJECTIFS

Bien entendu, votre cerveau gauche, l'hémisphère de la logique et de la parole redevient tout aussi important lorsque vous essayez de remplacer les images et les sentiments par des mots pour rédiger votre énoncé de mission. Tout comme des exercices de respiration favorisent la fusion du corps et de l'esprit, écrire représente en quelque sorte une activité psychique, neurale et musculaire permettant de relier et d'associer le conscient et l'inconscient. L'écriture distille, cristallise et clarifie la pensée, car elle permet de décomposer un ensemble en petits fragments.

Nous avons tous un certain nombre de rôles différents dans notre vie, des zones de responsabilités distinctes, des capacités diverses. Je remplis par exemple les rôles d'un mari, d'un père, d'un professeur, d'un fidèle, d'un homme d'affaires. Et tous ces rôles revêtent pour moi la même importance.

Le problème majeur des gens qui cherchent à mener une vie plus constructive réside en eux-mêmes : leur champ de vision n'est pas assez ouvert. Ils perdent leur sens des proportions, de l'équilibre. Ils oublient l'environnement naturel nécessaire pour vivre une vie constructive. Le travail les engloutit et ils négligent leur santé. Au nom de leur profession, ils délaissent les relations humaines les plus précieuses de leur vie.

Vous trouverez sans aucun doute votre énoncé de mission beaucoup plus équilibré, plus facile à suivre, si vous le découpez en fonction des rôles de votre vie et de vos objectifs. Prenons votre rôle professionnel. Vous êtes commercial, ou manager, ou créateur de produits. Qu'envisagez-vous d'accomplir dans ce domaine ? Quelles sont les valeurs qui vous guident ? Pensez à votre rôle dans votre vie privée (conjoint, parent, ami, voisin). Que comptez-vous accomplir à travers ces rôles ? Qu'est-ce qui vous importe réellement ? Réfléchissez également à vos rôles en tant que citoyen (domaine politique, service public, bénévolat).

Voici, dans l'exemple suivant, comment un cadre a utilisé l'idée qu'il avait de ses rôles et de ses objectifs pour rédiger son énoncé de mission.

Pour remplir cette mission :

Je fais preuve d'amour : j'entretiens des relations avec autrui, avec toute personne quelle que soit sa condition.

Je me sacrifie : je consacre mon temps, mes talents et mes ressources à ma mission.

Je suis source d'inspiration : je prouve, par mon exemple, qu'il est possible de résoudre tous les problèmes.

J'exerce un impact sur autrui : ce que j'entreprends modifie la vie de mes prochains.

Dans le cadre de ma mission, ont priorité mes rôles en tant que :

Mari : mon épouse représente la personne la plus importante de ma vie. Ensemble nous offrons les fruits de notre harmonie, de notre travail, de notre amour et de notre organisation.

Père : j'aide mes enfants à vivre leur vie dans une joie réfléchie.

Fils ou frère : je suis souvent auprès des miens pour leur apporter amour et soutien.

Prochain : l'amour que j'ai pour mon prochain transparaît au travers de mes actions.

Agent de change : je suis le catalyseur des performances de grandes sociétés et j'apprends chaque jour des leçons primordiales.

En rédigeant votre énoncé de mission en fonction de vos rôles, vous créez votre équilibre, votre harmonie. Vous visionnez clairement tous vos rôles. Vous pouvez alors les revoir régulièrement afin de vous assurer qu'aucun n'occupe une place trop grande par rapport aux autres, puisque tous sont essentiels.

Après avoir identifié vos rôles, vous pouvez réfléchir à vos objectifs à long terme dans chacun de ces rôles. Faites appel encore à votre hémisphère droit. Servez-vous de votre imagination, de votre créativité, de votre conscience et de vos sources d'inspiration. Si ces objectifs constituent le prolongement d'un énoncé de mission reposant sur de justes principes, ils se révéleront totalement différents de ceux que se fixent la plupart des gens. Ils seront en harmonie avec des principes et avec des lois naturelles qui vous conféreront la force nécessaire pour pouvoir les réaliser. Ils seront vos objectifs strictement personnels. Ils reflèteront vos valeurs intrinsèques, votre talent unique, le sentiment qui vous anime pour remplir votre mission et les rôles que vous avez choisi d'assumer pour votre vie.

Pour avoir du poids, un objectif doit représenter véritablement un résultat et non une activité. Il doit définir la place que vous souhaitez occuper et, durant tout votre parcours, vous aider à calculer votre position. Il vous fournit des informations indispensables sur le chemin à suivre et vous avertit lorsque vous atteignez votre but. Il donne une signification, une raison à ce que vous réalisez. Finalement, il peut se traduire par des activités quotidiennes qui vous rendront proactif, responsable de votre vie : chaque jour, vous provoquerez les événements qui vous permettront d'accomplir votre mission.

Rôles et objectifs procurent une structure à la vie et une direction cohérente. Si vous ne disposez encore d'aucun énoncé de mission, vous pouvez dès maintenant commencer à en créer un. Reconnaître les quelques domaines de votre vie qui vous semblent essentiels, ainsi que les résultats que vous pensez devoir produire dans ces domaines pour aller de l'avant. À eux seuls, ces deux exercices vous offrent une vue d'ensemble de votre vie et une idée du cap que vous voulez prendre.

Lorsque nous étudierons l'habitude 3, nous nous attacherons plus spécialement aux objectifs à court terme. Toutefois, pour le moment, il convient de déterminer les rôles et les objectifs à long terme correspondant à votre énoncé de mission. Ils constituent les fondations grâce auxquelles vous fixerez et atteindrez vos buts dans le cadre de l'habitude 3 : la gestion quotidienne de votre vie et de votre temps.

L'ÉNONCÉ DE MISSION FAMILIAL

Basée sur des principes, l'habitude 2 s'applique à un large éventail de situations. Individus, familles et sociétés ou associations de toutes sortes se révèlent plus constructifs lorsqu'ils agissent en gardant à l'esprit leur destination finale.

Au lieu de s'appuyer sur de bons principes, beaucoup de familles ne vivent que de crises successives, d'humeurs, de rafistolages, de récompenses momentanées. Dès que la tension monte et que les contraintes augmentent, les symptômes surgissent. Les individus deviennent cyniques, suspicieux, se retirent dans leur silence ou, au contraire, crient et réagissent de manière excessive. Les enfants qui grandissent dans une telle atmosphère ont alors tendance à croire que ce sont là les seuls moyens de résoudre les problèmes : se battre ou battre en retraite.

Votre famille est comme une construction ; la clef de voûte qui la maintient unie doit être stable, immuable : des objectifs et des valeurs reconnus de tous. Votre énoncé de mission représente cette clef de voûte. Il devient votre construction, votre norme, le critère d'évaluation qui arbitre vos décisions et procure à votre famille constance, unité et orientation. Lorsque les valeurs personnelles de chacun s'accordent avec celles de la famille, les membres travaillent ensemble pour des raisons communes que tous ressentent au plus profond d'eux-mêmes.

Ici encore, le processus est tout aussi important que le produit fini. Le processus d'écriture et d'épuration de votre mission devient un puissant moyen d'améliorer votre vie familiale. Œuvrer ensemble pour établir un énoncé de mission crée les capacités de production (CP) indispensables pour vivre cette mission commune. Lorsque tous les membres d'une famille s'investissent, rédigent un premier brouillon, tiennent compte des réflexions de chacun sur celui-ci et le révisent en conséquence en employant les mots de chacun, la famille entière est ainsi appelée à discuter et à communiquer sur des sujets qui lui tiennent à cœur. Le meilleur énoncé de mission qui puisse exister est celui qui résulte d'un travail commun de toute une famille qui respecte chaque membre, qui donne l'occasion à tous d'exprimer leur point de vue afin de concevoir, ensemble, quelque chose de plus grand que ce que chacun pourrait réaliser de son côté. Une révision périodique de la mission permet d'élargir l'horizon familial, de transférer les priorités, de rectifier le cap, d'amender les propositions vieillies ou de leur donner un nouveau sens. La famille peut ainsi rester unie autour de valeurs et d'objectifs communs.

L'énoncé de mission constitue un cadre de références selon lequel chacun pensera et guidera sa famille. Lorsque surgissent des problèmes ou des crises, la constitution peut rappeler à tous les membres ce qui compte vraiment pour eux et les conduire vers une solution et des décisions conformes aux principes établis.

Chez nous, l'énoncé de mission est accroché au mur de la salle de séjour. Nous pouvons y jeter un coup d'œil à tout instant et contrôler si nous le suivons. Notre énoncé de mission évoque notre interdépendance responsable, notre souci de coopération, notre solidarité, nos besoins et la satisfaction de ceux-ci, le développement de nos aptitudes et l'intérêt de chacun pour celles des autres, ainsi que notre bienveillance les uns envers les autres. À la lecture de ces critères, nous pouvons mesurer nos performances familiales.

Lorsque nous projetons des objectifs ou des activités, nous nous disons : « Sur quoi allons-nous travailler pour respecter ces principes ? Quels sont nos projets pour atteindre nos buts et concrétiser nos valeurs ? »

Nous révisons notre énoncé de mission assez souvent et reformulons nos objectifs et nos tâches deux fois par an, en septembre et en juillet, c'est-à-dire au début et à la fin de l'année scolaire. Cela nous apporte un renouveau, nous incite à nous réinvestir dans ce en quoi nous croyons et que nous défendons.

L'ÉNONCÉ DE MISSION COLLECTIF

Les énoncés de mission jouent aussi un rôle primordial dans la vie des entreprises. Dans mon travail, je vise avant tout à soutenir les sociétés dans la rédaction d'un énoncé de mission constructif. Or, pour se révéler constructif, un énoncé de mission doit émaner du cœur de l'entreprise. Ce ne sont pas seulement les décideurs qui doivent participer à ce travail, mais tout le monde. Encore une fois, le processus d'engagement de chacun est tout aussi important que le résultat, et il est la clef qui permettra l'utilisation de celui-ci.

Lorsque je me rends dans une usine d'IBM pour des sessions de formation et que j'observe la façon dont cette société travaille, je suis toujours étonné. Chaque fois que je vois les dirigeants exposer au groupe les trois causes qu'ils soutiennent : la dignité de chaque individu, l'excellence et le service. Ces trois éléments représentent le credo d'IBM. Tout le reste peut changer, eux ne bougeront pas. Comme par osmose, ce credo s'est étendu à toute l'entreprise et procure ainsi à tous les employés une base solide : des valeurs communes et un sentiment de sécurité.

Je me suis occupé de former un groupe d'employés d'IBM à New York. Ce groupe comprenait une vingtaine de personnes, dont l'une tomba gravement malade. Il téléphona à sa femme, restée en Californie, qui s'inquiéta car elle savait que sa maladie nécessitait un traitement spécial. Les responsables d'IBM décidèrent donc de rapatrier cet homme et, pour que son retour ne soit pas retardé s'il ne disposait pas d'une place spéciale sur les lignes aériennes régulières, ils louèrent un hélicoptère jusque l'aéroport, puis un avion sanitaire pour le ramener jusqu'à chez lui.

Je ne connais pas le coût de ce rapatriement, probablement plusieurs milliers de dollars. Mais IBM croit en la dignité de l'homme. L'entreprise défend cette valeur. Pour les personnes présentes lors de ce stage, ce rapatriement était l'expression de cette philosophie et ne provoqua aucune surprise. Pour ma part, je fus très impressionné.

Une autre fois, je devais former cent soixante-quinze directeurs de centres commerciaux dans un grand hôtel. La qualité du service était exceptionnelle, présente à tout moment et spontanée, ne nécessitant aucune surveillance.

J'arrivai assez tard et demandai que l'on me serve un repas dans la chambre. Le réceptionniste m'indiqua qu'il n'y avait pas de service aux étages, mais qu'il pouvait lui-même me rapporter de la cuisine une salade, un sandwich ou tout ce que désirais d'autre. Il était réellement soucieux de me rendre service. Il me proposa de me montrer la salle de conférences et s'inquiéta de savoir s'il ne me manquait rien, me rappelant « qu'il était là pour me servir ».

Aucun supérieur ne surveillait cet homme, il était entièrement sincère.

Le lendemain, je remarquai au milieu d'un cours qu'il me manquait des marqueurs. Pendant une courte pause, j'interpellai un chasseur dans le hall. Il se retourna et se mit presque au garde-à-vous. Je lui expliquai mon problème et il me répondit, après avoir regardé mon badge : « Ne vous inquiétez pas, Monsieur Covey, je vais résoudre le problème. » Il n'avait pas rétorqué : « Désolé, je ne sais pas où trouver ça », ou « Adressez-vous à la réception ». Il s'était tout simplement occupé de moi en me donnant de plus l'impression que ceci était pour lui un privilège. Chaque jour passé dans cet hôtel prouvait la spontanéité du personnel dans l'accomplissement d'un travail de haute qualité.

Tout cela me donna envie de savoir comment l'hôtel avait réussi à créer une telle culture d'entreprise. J'interrogeai les femmes de ménage, les serveuses, les chasseurs et me rendis compte que leur être, et tous leurs gestes étaient imprégnés par cet état d'esprit.

Je rentrai un jour dans les cuisines, et là je pus lire la maxime de l'hôtel : « Service personnalisé illimité ». Finalement, je m'entretins avec le directeur :

– Mon métier consiste à aider les entreprises à acquérir un esprit d'équipe, une force de caractère commune. Mais je suis vraiment épaté par ce que je vois ici.

– Vous voulez connaître notre secret ? me répondit-il en sortant l'énoncé de mission de la chaîne d'hôtels.

– Impressionnant, remarquai-je après l'avoir parcouru, mais je connais beaucoup d'entreprises qui possèdent des énoncés de mission tout aussi impressionnants, et pourtant...

– Voulez-vous voir celui de notre hôtel ? me proposa-t-il.

– Vous voulez dire que vous en avez rédigé un spécialement pour cet hôtel ?

– Oui. Il est en accord avec celui que je vous ai déjà montré, mais il tient compte de notre situation, de notre environnement, de nos horaires, répondit-il en sortant une autre feuille de son bureau.

– Et qui l'a mis au point ?

– Tout le monde.

– Vraiment ? Tout le monde ?

– Oui, absolument tous les employés y ont participé. Voulez-vous voir le projet écrit par les personnes qui vous ont accueilli hier soir ? Me proposa-t-il encore.

Et il tira de son bureau un troisième énoncé de mission, rédigé par les réceptionnistes et intégrant les deux précédents.

L'énoncé de mission de cette chaîne représentait l'axe d'une grande roue. Il engendrait des projets pensés en profondeur, plus spécialisés pour chaque groupe d'employés. Il constituait le critère de sélection pour tout ce qui se faisait dans l'hôtel. Il exprimait clairement ce que défendait le personnel. Il influait sur le style de management. Il influait sur la politique salariale, sur le recrutement et la formation du personnel. Dans tous ses aspects, l'entreprise tournait autour de cet axe, autour de cet énoncé de mission.

Plus tard, j'eus l'occasion de me rendre dans un autre hôtel de cette même chaîne, et la première chose que je demandai fut de voir l'énoncé de mission. Dans ce second hôtel, je compris encore mieux la signification de la maxime : « Service personnalisé illimité ». Durant trois jours, j'observai à toute occasion le service. Chaque fois, je le trouvai non seulement excellent, mais aussi respectueux de chaque client. À la piscine, j'avais, par exemple, demandé où se trouvait la fontaine d'eau potable, et un employé m'y avait conduit.

Mais ce qui m'impressionna le plus fut de m'apercevoir qu'un serveur qui avait commis une erreur s'en était excusé de lui-même auprès de son supérieur. Nous avions commandé des boissons qui devaient nous être servies dans la chambre. On nous avait indiqué un délai d'attente précis. En chemin, le serveur renversa une tasse et dut retourner en cuisine pour changer de plateau. Il arriva donc avec un quart d'heure de retard, ce qui n'était pas si dramatique en soi. Pourtant, le lendemain, le responsable du service d'étage nous téléphona pour s'excuser et nous invita, en compensation, à commander, aux frais de la maison, le petit déjeuner que nous désirions.

Le fait qu'un employé avoue, de lui-même, une erreur à un supérieur, dans le seul but de s'assurer que le client soit par la suite encore mieux servi, en dit long sur la culture de l'entreprise qui l'emploie.

Comme je le signalai au directeur du premier hôtel, je connais beaucoup d'entreprises qui rédigent des énoncés de mission impressionnants. Mais, au quotidien, il existe une différence de taille entre l'application d'un énoncé de mission conçu par l'ensemble des employés d'une entreprise et celui qu'écrivent quelques cadres supérieurs installés derrière leur bureau en acajou.

L'un des problèmes majeurs de tout groupe organisé, y compris d'une famille, réside dans le manque d'investissement de ses membres, car nul ne souhaite s'engager dans une vie définie par autrui. Bien souvent, j'ai travaillé dans des entreprises où les buts des employés différaient totalement de ceux de la direction, où les systèmes de rémunération contredisaient complètement les valeurs énoncées.

Lorsque je travaille avec une entreprise qui possède déjà un semblant d'énoncé de mission, je commence toujours par poser les mêmes questions : « Combien de personnes dans la salle connaissent l'existence d'un énoncé de mission dans cette entreprise ? Combien en connaissent le contenu ? Combien ont participé à sa conception ? Combien y adhèrent, et qui s'y réfère réellement lorsqu'il s'agit de prendre une décision ? »

Il ne peut y avoir de véritable investissement sans engagement préalable. Notez bien cela dans vos carnets, en rouge, en majuscules, souligné de trois traits au moins : « pas d'investissement sans engagement ».

Évidemment lorsqu'un employé intègre une entreprise ou qu'un enfant arrive dans une famille, il est facile de fixer des buts pour eux. Ils les acceptent d'autant plus facilement que les relations, l'encadrement et la formation sont bons. Mais, à mesure que l'on devient plus mûr et que l'on donne à sa vie un sens plus personnel, on a besoin de se sentir engagé, de sentir que l'on s'investit utilement. Si l'on ne ressent rien de cela, on n'accepte plus ces buts. On se trouve alors devant un problème de motivation complexe qui ne peut se résoudre si nous demeurons au niveau de réflexion où nous nous trouvions lorsque nous avons créé ce problème.

C'est pourquoi la conception d'un énoncé de mission requiert du temps, de la patience, de l'investissement, de la pratique et une grande solidarité. Une fois encore, je le répète, un énoncé de mission n'a rien du remède miracle. Il doit découler de caractères intègres qui cherchent à ajuster les systèmes en cours, les structures et les différents styles de gestion en fonction de valeurs communes. Mais l'on retrouve toujours, à la base, ces principes justes qui font que le tout fonctionne harmonieusement.

L'énoncé de mission d'un groupe fait naître, dans le cœur et l'esprit des individus, un cadre de références, un ensemble de critères ou de directives selon lesquels ces personnes se gouverneront de manière autonome. Elles n'auront besoin de personne pour les diriger, les commander, les surveiller ou les critiquer sans arrêt. Elles incarnent leur entreprise.

SUGGESTIONS

1. Prenez le temps de répertorier les impressions ressenties lors de la visualisation de votre enterrement réalisée au début de ce chapitre.

Domaine d'activité	Caractère	Contributions	Succès
Famille			
Amitié			
Travail			
Religion			

2. Accordez-vous quelques instants pour répertorier vos rôles tels que vous les voyez en ce moment. Êtes-vous satisfait de l'image que reflète votre vie ?

3. Trouvez-vous du temps pour vous isoler complètement de toutes vos activités quotidiennes et commencez à travailler sur votre énoncé de mission personnel.
4. Encerclez dans le tableau de l'annexe A les différents axes auxquels vous vous identifiez. Reproduisent-ils un modèle de comportement à suivre dans votre vie ? Êtes-vous satisfait des conséquences de votre analyse ?
5. Rassemblez des notes, des citations ou des idées qui pourront vous aider dans la rédaction de votre énoncé de mission.
6. Pensez à un projet que vous aurez à réaliser dans un proche avenir. Réfléchissez-y en appliquant le principe de la conception mentale. Notez les résultats que vous désirez obtenir, ainsi que les étapes qui vous y mèneront.
7. Faites partager les fondements de l'habitude 2 à votre famille, à votre équipe de travail. Suggérez-leur de commencer, ensemble, à rédiger un énoncé de mission collectif.

Habitude n° 3

Donnez la priorité aux priorités

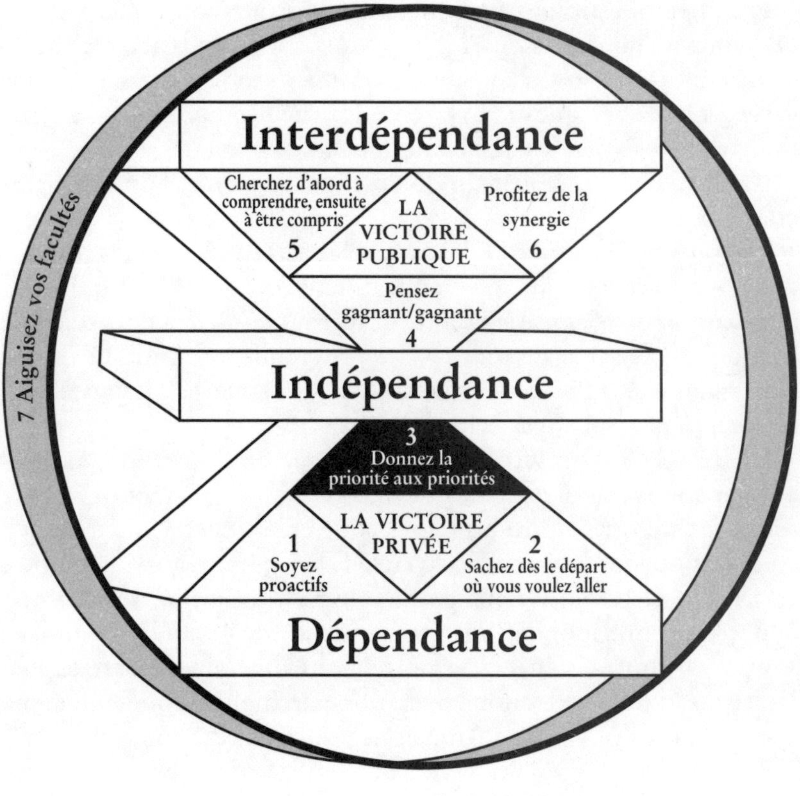

PRINCIPES DE GESTION INDIVIDUELLE

> *« Les choses qui importent le plus ne doivent pas être à la merci de celles qui importent le moins. »*
>
> Goethe

PRENEZ quelques minutes et répondez rapidement par écrit aux deux questions suivantes. Vos réponses vous serviront dès que vous commencerez à travailler sur l'habitude 3.

Première question : Quelle activité pourriez-vous entreprendre (que vous ne faites pas déjà) qui, si vous l'accomplissiez régulièrement, apporterait un changement positif de poids dans votre vie privée ? Deuxième question : Quelle activité produirait des résultats similaires dans votre vie professionnelle ?

L'habitude 3 est le fruit individuel, la concrétisation des habitudes 1 et 2.

L'habitude 1 nous dit : « Vous êtes le créateur. Vous êtes responsable. » Elle repose sur les quatre dons propres à l'être humain : imagination, conscience, volonté, et surtout conscience de soi. Elle vous donne la force de dire : « Le programme que m'ont donné mon enfance et la société est malsain. Je n'aime pas les scénarios négatifs. Je peux changer celui-ci. »

L'habitude 2 représente le premier stade de la création, la naissance mentale d'un projet. Elle repose sur l'imagination, notre faculté à employer notre potentiel pour créer mentalement ce que nous ne pouvons voir de nos yeux. Elle s'appuie aussi sur notre conscience, ce don qui nous permet de reconnaître notre spécificité, notre propre morale, notre éthique, et les limites à l'intérieur desquelles pourra s'épanouir notre individualité. Elle est le lien étroit que nous entretenons avec nos paradigmes fondamentaux, nos valeurs et l'image de ce que nous pourrions devenir.

L'habitude 3 représente la deuxième phase de la concrétisation, la naissance physique. Elle est l'accomplissement, la concrétisation, le résultat naturel des habitudes 1 et 2. Elle met en jeu notre troisième don, la volonté indépendante, par laquelle nous parvenons à axer nos vies sur des principes. C'est une action de tous les jours, de tous les instants.

Les habitudes 1 et 2 sont essentielles, indispensables pour acquérir l'habitude 3. Vous ne pouvez pas axer votre existence sur vos principes tant que vous ne prenez pas d'abord conscience de votre proactivité et que vous ne développez pas cette qualité. Vous ne pouvez pas vous centrer sur des principes si vous n'avez pas conscience de vos paradigmes, si vous ne savez pas comment les modifier ni les ajuster à vos principes. Vous ne pouvez pas faire de ces principes votre axe de vie si vous n'avez pas une idée de la contribution qu'il vous appartient d'apporter, d'offrir, et si vous ne vous consacrez pas à cette idée. Mais, quand ces conditions seront réunies, vous serez en mesure de gérer votre personne de façon efficace.

Gérer, je vous le rappelle, n'est pas diriger. La direction procède essentiellement de l'hémisphère droit de notre cerveau. Elle s'apparente à un art troublant : elle repose sur la philosophie. Lorsque vous réfléchissez à la direction de votre propre vie, vous vous interrogez sur les raisons suprêmes de votre existence. Et lorsque vous avez répondu à ces interrogations, une fois que vous avez trouvé les solutions, vous devez gérer votre personne de manière efficace pour vous donner une vie qui fusionne avec ces principes. Votre capacité à vous gérer ne vous servira en revanche que très peu si vous vous trompez de chemin dès le départ. Mais, si tel n'est pas le cas, elle fera toute la différence. Cette capacité détermine en effet la qualité, voire la concrétisation de la seconde phase de votre création.

Gérer revient à fragmenter, à analyser chaque élément l'un après l'autre, à s'adapter à chaque situation spécifique. Gérer est une activité de l'hémisphère gauche liée au temps. J'ai pour ma part une maxime à ce sujet : « Gérer avec l'hémisphère gauche, diriger avec l'hémisphère droit. »

LA VOLONTÉ INDÉPENDANTE, UNE FORCE

Outre la conscience de soi, l'imagination et la conscience morale, nous avons besoin, pour gérer efficacement notre vie, du quatrième don typiquement humain : la volonté, c'est-à-dire notre capacité à prendre des décisions, à choisir et à agir en fonction de nos choix, c'est notre capacité d'agir de façon autonome, plutôt que de nous laisser guider. Nous pouvons appliquer de manière proactive le programme que nous avons conçu, grâce à nos trois premiers dons.

Si nous considérons l'importance de ce nouveau don dans la gestion de notre autonomie, nous nous rendons compte que notre réussite ne tient pas à un exploit personnel et isolé. C'est, au contraire, lorsque nous apprenons à exploiter ce don prodigieux dans le cadre de décisions quotidiennes que nous acquérons notre force.

Le développement de notre volonté dans son application quotidienne peut se mesurer par l'intégrité de notre caractère. Cette intégrité, c'est la valeur par laquelle nous nous estimons nous-mêmes ; c'est notre capacité à exprimer des engagements envers nous-mêmes et à nous y tenir, à joindre le geste à la parole ; c'est notre honneur intérieur, un élément fondamental de l'Ethique du caractère, l'essence d'une évolution proactive.

Pour gérer de manière efficace, il faut donner la priorité aux priorités. Il faut suivre avec discipline, jour après jour, la direction que nous avons choisie. Étymologiquement parlant, discipline est issue de la même famille de mots que disciple : nous sommes disciples d'une philosophie, disciples d'un ensemble de principes, d'un ensemble de valeurs, d'un objectif premier, d'un but suprême ou d'une personne qui représente ce but. En d'autres termes, si vous assurez efficacement la gestion de votre personne, votre discipline provient de votre for intérieur, elle dépend de votre volonté personnelle. Vous devenez le disciple de vos plus profondes valeurs et de leur source. Vous disposez de la volonté et de l'intégrité voulues pour subordonner vos sentiments, vos impulsions et vos humeurs à ces valeurs.

Cela nécessite un motif, une mission, un sens de l'orientation et des valeurs, un enthousiasme émanant de notre for intérieur qui vous permette de dire non à certaines choses. Il faut posséder une grande volonté personnelle pour parvenir à accomplir des actions lorsque l'on n'en ressent pas l'envie, pour pouvoir obéir à ses valeurs plutôt qu'à ses impulsions ou désirs passagers. Cette volonté représente notre pouvoir d'agir en accord complet avec notre première création.

QUATRE GÉNÉRATIONS DE GESTION DU TEMPS

En étudiant l'habitude 3, nous aborderons un grand nombre de questions qui touchent à la gestion de la vie et du temps. J'étudie depuis longtemps ce domaine passionnant et je reste convaincu que la meilleure façon de bien penser à la gestion de son temps se résume en ces mots : s'organiser et agir en fonction de priorités. Cette phrase reflète l'évolution de quatre générations de théories sur la gestion du temps.

Ces théories ont suivi la même évolution que de nombreuses autres dans le domaine de l'amélioration du potentiel humain. Les efforts se succèdent, ajoutant à chaque fois une nouvelle dimension vitale à notre évolution. Par exemple, dans le domaine de l'évolution sociale, à la révolution agricole a succédé la révolution industrielle, suivie à son tour par la révolution informatique. La succession de ces vagues a créé un grand mouvement de progrès social, mais aussi individuel.

De même, dans le domaine de la gestion du temps, chaque génération contribue à la montée de la suivante, chacune visant à une meilleure organisation de nos vies. La première vague ou génération pourrait être celle des notes et des listes, un premier effort pour tenter, tant que bien que mal, de discipliner toutes les exigences dictées par notre temps et notre énergie.

La deuxième génération serait celle des calendriers et agendas. Elle reflète un effort de prévision, de prévoyance des événements et des activités à venir.

La troisième génération refléterait la méthode actuelle de gestion du temps. Elle ajoute aux précédentes les notions de priorité, de clarification des valeurs et de comparaison de l'intérêt des activités sur la base de ces valeurs. Elle vise, en outre, à déterminer des objectifs spécifiques, à court, long ou moyen terme, auxquels nous consacrerons temps et énergie dans le respect de nos valeurs. Cela inclut également le concept d'organisation de chaque journée afin d'accomplir les activités choisies comme ayant le plus de valeur.

Si la troisième génération a apporté beaucoup de nouveautés, il faut reconnaître que ce type de planification et de contrôle dit « performant » du temps est souvent antiproductif. Le souci de performance crée des attentes souvent incompatibles avec les occasions qui se présentent de développer de riches relations, de satisfaire des besoins humains et de savourer spontanément des moments de la vie quotidienne. La planification du temps effraie de ce fait beaucoup de gens qui auraient l'impression d'être eux-mêmes planifiés, confinés dans ces catégories. Ces personnes réagissent alors en « jetant le bébé avec l'eau du bain » : elles se tournent vers des organisations de première ou deuxième génération afin de préserver leurs relations humaines, leur spontanéité et leur qualité de vie.

Aujourd'hui, une quatrième génération commence toutefois à percer, qui reconnaît d'emblée que la dénomination « gestion du temps » est trompeuse. Il s'agit en réalité de gérer notre personne. Notre satisfaction provient en effet autant de nos attentes que de nos actions. Or, nos attentes (et donc notre satisfaction) se situent au sein de notre cercle d'influence, au contraire du temps. Plutôt que de se concentrer sur des choses et des dates, la quatrième génération vise donc à préserver, à favoriser les relations humaines et à produire des résultats, bref : à maintenir l'Equilibre P/CP.

CADRE II

Le tableau ci-après reproduit les lignes directrices de la gestion de temps telle que l'expose la quatrième génération de théories. Nous utilisons, grosso modo, notre temps de quatre façons différentes.

Comme vous pouvez le voir, nos activités se classent selon deux critères principaux : leur degré d'importance et d'urgence. Ce qui est urgent requiert une attention immédiate. Urgent signifie maintenant ; ces choses urgentes dictent nos actions. Un téléphone qui sonne est une urgence. La plupart des gens sont en effet incapables de laisser sonner un téléphone. Vous pouvez passer des heures à vous préparez, vous et votre matériel, pour vous rendre à un entretien bien précis. Mais, si le téléphone sonne, il prendra généralement la priorité sur toute la préparation de cet entretien.

Lorsque vous téléphonez, peu de personnes vous répondent : « Ne raccrochez pas, je suis à vous dans un quart d'heure ». Et ces mêmes personnes vous laisseraient attendre au moins aussi longtemps dans leur bureau, si un coup de téléphone venait interrompre votre conversation.

LA GESTION DE NOTRE TEMPS

	Urgent	Non urgent
Important	I **ACTIVITÉS** Crises Problèmes pressants Projets soumis avec échéance	II **ACTIVITÉS** Prévention, activités relatives à nos capacités de production Approfondissement des relations Recherche de nouvelles opportunités Planification, détente
Non Important	III **ACTIVITÉS** Interruptions, appels téléphoniques quelconques, courriers et rapport, certaines réunions Diverses questions à régler rapidement Diverses activités gratifiantes	IV **ACTIVITÉS** Activités futiles Courrier Certains appels téléphoniques « gaspille-temps » Passe-temps agréables

Les affaires urgentes sont, en général, visibles. Elles nous contraignent à agir. Elles sont souvent populaires aux yeux de notre entourage, se révèlent faciles à entreprendre, nous font parfois plaisir. Mais elles ne possèdent très souvent qu'une importance minime.

Le caractère d'importance est, pour sa part, lié à nos résultats. Si une action nous apparaît comme importante, c'est qu'elle contribue à concrétiser notre mission, à défendre nos valeurs et nos objectifs prioritaires. Alors que nous réagissons spontanément aux affaires urgentes, celles d'importance exigent de nous plus d'initiative, plus de proactivité. Nous devons agir pour saisir notre chance, pour provoquer les événements. Si nous ne nous entraînons pas à appliquer l'habitude 2, si nous ne détenons pas une idée précise de ce qui importe réellement, des résultats que nous désirons pour notre vie, nous avons tendance à nous laisser distraire par l'urgence.

Regardez un instant les quatre cadres du tableau ci-dessus. Le Cadre I relève à la fois de l'importance et de l'urgence. Il se rapporte à des actions visant des résultats marquants et qui requièrent une attention immédiate. Nous appelons souvent ces activités des « crises » ou des « problèmes ». Nous avons tous, dans notre vie, quelques activités de ce type. Malheureusement, le Cadre I « consomme » beaucoup d'individus : gestionnaires de la crise, personnes à problèmes, producteurs de dernière minute.

Plus l'on se consacre au Cadre I, plus sa taille augmente, jusqu'à nous envahir totalement. Il ressemble en cela aux rouleaux de l'océan : un grave problème vous déstabilise, vous épuise ; vous luttez pour vous relever, mais, une fois debout, vous vous trouvez face à un second problème qui vous renverse aussitôt.

Certaines personnes se font ainsi malmener par les problèmes, à chaque instant, tous les jours. Leur seul refuge se situe alors dans les activités sans importance du cadre IV. Si l'on observe leur tableau de structure du temps, on s'aperçoit que 90% de leur temps est régi par le Cadre I, et que les 10% restants vont au Cadre IV, les Cadres II et III n'attirant que très peu l'attention de ces personnes.

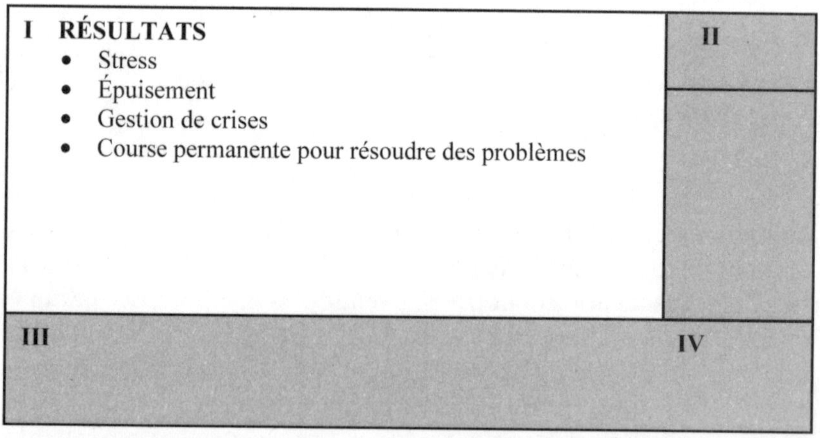

D'autres personnes passent beaucoup de temps à faire des choses « urgentes mais pas importantes ». Alors qu'ils s'imaginent être dans le Cadre I, ils sont en réalité dans le Cadre III. Ils passent la plupart de leur temps à réagir aux choses urgentes, présumant qu'elles sont aussi importantes. Mais en fait, leur urgence est souvent le résultat des priorités et des attentes des autres.

I	**II**
III **RÉSULTATS** • Concentration sur le court terme • Gestion de crises • Réputation d'être quelqu'un de changeant • Objectifs et plans semblent futiles • Sentiment d'être une victime impuissante • Relations superficielles ou rompues	**IV**

Les personnes qui passent presque tout leur temps dans les Cadres III et IV se comportent de manière irresponsable.

I	**II**
III	**IV**

RÉSULTATS
- Irresponsabilité totale
- Renvoyé plusieurs fois
- Dépendant des autres ou des institutions pour l'essentiel

Les personnes efficaces se tiennent à l'écart des Cadres III et IV car, qu'il y ait urgence ou non, les activités qu'ils comprennent sont sans importance. Ils réduisent également le Cadre I afin de pouvoir consacrer plus de temps au Cadre II.

Le Cadre II est au cœur d'une méthode de gestion efficace de la personne. Les activités qu'il comprend n'ont aucun caractère d'urgence, mais elles sont importantes : relations humaines, énoncé de mission, planification à long terme, exercice, révision préventive, préparation, c'est-à-dire toutes ces choses dont nous savons qu'il nous faut les faire, mais auxquelles nous « échappons » trop souvent, simplement parce qu'elles ne sont pas urgentes.

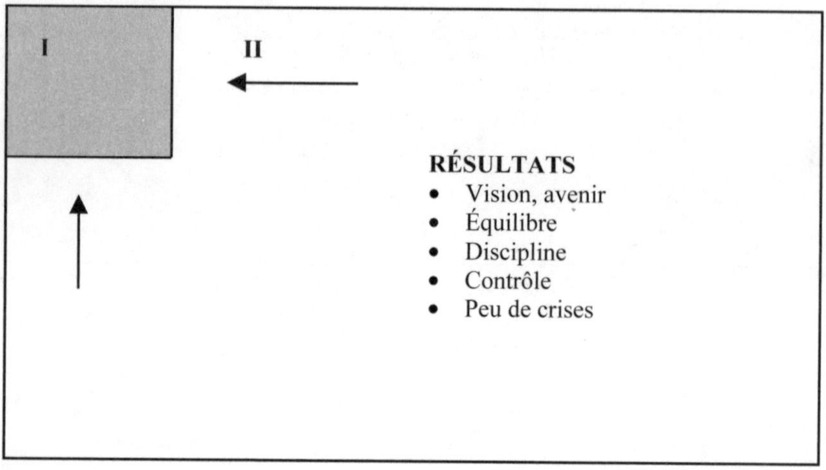

Les personnes efficaces nourrissent leurs chances et laissent leurs problèmes sur leur faim. Elles pensent de manière préventive. Elles affrontent aussi de réelles crises, des situations d'urgence, qui appartiennent au Cadre I et exigent leur vigilance sur l'heure, mais le nombre de ces événements est relativement peu élevé. Elles maintiennent un équilibre entre la production et les capacités de production en se concentrant sur des activités importantes, rentables et qui accroissent leurs capacités. Ces activités entrent dans le Cadre II.

Maintenant que vous avez en tête le tableau de gestion du temps, repensez aux différents éléments de réponse que vous aviez donné au début de ce chapitre. Dans quel cadre s'insèrent-ils ? Sont-ils importants ? Sont-ils urgents ? Je pense qu'ils s'insèrent plutôt dans le Cadre II. Ils sont sans doute très importants, de toute première importance, mais pas urgents. Et comme il n'y a pas d'urgence, vous ne réalisez pas ces projets.

Mais, réfléchissez maintenant à la nature de ces deux questions : quelle activité pourriez-vous entreprendre dans votre vie privée ou professionnelle qui, si vous l'accomplissiez régulièrement, apporterait un changement positif dans votre existence ? Les activités du Cadre II produisent ce genre d'effet. Votre efficacité progresse à pas de géant lorsque vous entreprenez ce type d'activités.

J'avais posé cette même question à un groupe de directeurs de centres commerciaux, en la centrant toutefois sur leurs activités professionnelles. Ils avaient répondu à l'unanimité : passer plus de temps à établir et à entretenir des relations personnelles constructives avec les gérants, les propriétaires des magasins de leur centre commercial. Cette activité relève bien du Cadre II. Nous avions ensuite analysé le temps qu'ils y consacreraient : moins de cinq pour cent. Ils avaient de bonnes excuses : des problèmes qui se succédaient à un rythme effréné, des rapports à rédiger, des réunions auxquelles ils devaient assister, de la correspondance, des coups de fil, bref des interruptions incessantes. Ils se noyaient dans le Cadre I.

Ils passaient très peu de temps avec les gérants de magasins, et ce peu de temps débordait d'une énergie négative. Ils ne rencontraient les gérants et les propriétaires de magasins que pour appliquer le contrat : récolter leur argent, discuter de publicité ou de questions de ce genre.

Les propriétaires de magasins, quant à eux, devaient se battre pour survivre. L'idée de prospérer restait pour eux une utopie. Ils rencontraient des problèmes de recrutement, de coûts, d'approvisionnement, etc. Certains étaient pourtant de très bons commerçants, mais ils avaient besoin d'aide. Les directeurs de centres commerciaux ne représentaient à leurs yeux qu'un problème supplémentaire.

Les directeurs de centre ont donc décidé de devenir proactifs. Ils ont défini leurs intentions, leurs valeurs et leurs priorités. Pour respecter ces priorités, ils ont affecté un tiers de leur temps à aider leurs gérants.

J'ai travaillé pendant un an et demi avec ce groupe et j'ai vu leurs résultats augmenter de 20%. Les participants modifièrent leurs rôles. Ils devinrent les auditeurs, les entraîneurs, les conseillers de leurs gérants. Leurs échanges se remplissaient d'une énergie positive.

L'impact fut énorme, profond. Comme tous se concentraient sur les relations et les résultats, et non sur le temps et les méthodes, les chiffres montèrent en flèche. Les gérants étaient enthousiasmés par les revenus que créaient les nouvelles idées. Les directeurs de centres se montraient plus efficaces, plus satisfaits. La liste des demandes de locations s'allongeait pour des baux dont le prix était basé sur les chiffres de vente croissants réalisés par les gérants. Fini le temps où ils agissaient comme des gendarmes, des empêcheurs de tourner en rond. Ils trouvaient désormais des solutions et ils apportaient toute leur aide aux gérants.

Que vous soyez étudiant dans une université, ouvrier sur une chaîne de montage, employé de maison, styliste, ou dirigeant d'une société, je pense sincèrement que vous obtiendriez les mêmes résultats si l'on vous demandait de réfléchir à ce que votre Cadre II comporte comme activités, et si vous cultiviez votre naturel proactif pour entreprendre ces activités. Votre efficacité progresserait de manière fantastique, car vous penseriez au futur, vous travailleriez à vos fondations, avec des actions préventives qui empêcheraient certaines situations de se transformer en crises. Vous appliqueriez un principe énoncé par Pareto : 20% des activités produisent 80% des résultats.

SAVOIR DIRE NON

La seule façon de trouver du temps pour les activités du Cadre II, c'est de le prendre à celles des Cadres III et IV. Vous ne pouvez pas d'un seul coup ignorer les urgences et l'importance du Cadre I. Il se réduira de lui-même à mesure que vous consacrerez plus de temps à la prévention et à la préparation du Cadre II. Mais, pour cela, il vous faut récupérer ce temps dans les Cadres III et IV. Or, ces deux types d'activités vous tentent. Vous devez donc vous montrer proactif en travaillant sur le Cadre II. Pour répondre « oui » à toutes les sollicitations du Cadre II, vous devez dire « non » aux autres activités qui vous semblent parfois si urgentes.

Il y a quelque temps, ma femme fut invitée à présider une réunion pour une action municipale. Elle avait beaucoup de choses importantes à faire à ce moment-là et n'avait aucune envie de présider une réunion. Mais elle se sentait obligée de le faire et finit par accepter.

Après avoir dit « oui », elle téléphona à une amie pour lui demander de se joindre à elle. Son amie écouta pendant un long moment, puis lui répondit : Écoute, Sandra, ce projet a l'air vraiment formidable. Il vaut la peine d'être réalisé. C'est très gentil de m'avoir invitée à y participer. Je suis très touchée, mais un tas de raisons m'empêchent de pouvoir m'engager. Sandra s'attendait à tout sauf à entendre un non aussi aimablement exprimé. Elle s'était alors tournée vers moi et avait ajouté : « J'aurais aimé être capable de dire cela. »

Je ne vous suggère pas par là de renoncer à toute action bénévole. Ces actions sont utiles. Pourtant, vous devez décider de vos priorités et avoir le courage de dire non aux autres activités (d'une manière aimable, souriante, sans vous reprocher quoi que ce soit). Vous y parviendrez d'autant mieux si vous brûlez d'envie de dire oui à vos priorités : l'ennemi du « mieux » est souvent le « bien ».

Rappelez-vous que vous dites, de toute façon, toujours « non » à quelque chose. Si ce n'est pas aux apparentes urgences que vous le dites, c'est probablement aux questions les plus fondamentales, les plus importantes de votre vie. Même si ces urgences semblent votre bien, ce bien, si vous le laissez l'emporter sur vous, vous retiendra souvent de faire mieux, d'apporter votre petit plus.

Lorsque je dirigeais le service de relations extérieures d'une grande université, j'avais engagé un rédacteur plein de talent, de créativité et de proactivité. Au bout de quelques mois, je le fis appeler dans mon bureau pour lui confier des affaires urgentes qui m'empoisonnaient la vie. Il me répondit franchement : « Je ferai tout ce que vous voulez, mais venez d'abord vous rendre compte de ma situation. » Il m'emmena devant un tableau sur lequel il avait épinglé une demi-douzaine de projets auxquels il travaillait à ce moment-là. En même temps, il essayait de respecter certains critères de qualité et des délais qu'il avait âprement négociés depuis longtemps. Il possédait une grande discipline, et c'est bien cela qui m'avait décidé à aller le trouver, lui plutôt qu'un autre. Il ajouta aussi : « Pour effectuer correctement le travail que vous voulez me confier, il me faudra plusieurs jours. Auquel de ces projets voulez-vous que je renonce ? Lequel souhaitez-vous que je retarde pour satisfaire votre demande ? »

Je ne voulais pas vraiment prendre une telle responsabilité. Je ne voulais pas risquer d'entraver l'un des éléments les plus productifs de mon groupe simplement parce que je faisais de la gestion de crise à ce moment-là. Les affaires que je désirais voir réglées étaient urgentes, mais sûrement pas importantes. Je me suis donc rabattu sur un autre chef de service habitué, lui aussi, à la gestion au jour le jour.

Tous les jours, souvent plusieurs fois par jour, nous disons oui à certaines choses et non à d'autres. Lorsque nous possédons pour axe des principes justes et que nous nous concentrons sur notre mission, cela nous procure la sagesse nécessaire pour juger nos décisions de manière efficace.

Lorsque je travaille avec des groupes, je leur conseille toujours d'organiser leur temps et d'agir en fonction de priorités équilibrées. Puis je leur pose cette question : si vous deviez dénoncer vos lacunes, diriez-vous qu'elles résident dans (1) votre capacité à établir vos priorités ; (2) votre incapacité (ou votre manque d'envie) à organiser votre vie autour de ces priorités ; (3) votre manque de discipline pour agir en fonction de celles-ci et pour maintenir ces priorités et cette organisation ?

La plupart des gens affirment manquer de discipline. Mais, si l'on y réfléchit mieux, je pense que tel n'est pas le cas. À la base, le problème vient de leur manque de priorités. Elles n'émanent pas du plus profond de leur cœur et leur esprit. Ils n'ont pas encore intégré l'habitude 2 à leur vie intérieure.

Beaucoup, au contraire, reconnaissent dans leur vie la valeur des occupations de type II, même s'ils ne les identifient pas toujours comme appartenant à cette catégorie. Ils essaient de leur donner la priorité et de les intégrer à leur vie par la seule force de leur autodiscipline. Mais il leur manque un axe principal, un énoncé de mission pour les soutenir dans leurs efforts. Ils travaillent à entretenir les feuilles de l'arbre, une attitude et un comportement disciplinés au lieu d'examiner les racines de l'arbre, les paradigmes de base qui régissent leurs attitudes et leurs comportements.

Se concentrer sur les activités de type II revient à acquérir un paradigme axé sur des principes. En revanche, si vous vous repérez par rapport à votre conjoint, votre argent, vos amis, votre plaisir personnel ou quelque autre paramètre extérieur, vous retomberez sans cesse dans les Cadres I et III. Vous réagirez à ces forces extérieures dont dépend votre vie. Même si votre propre personne constitue votre seul axe, vous vous confinerez à ces deux cadres en répondant aux impulsions du moment. À elle seule, votre volonté ne pourra pas vous donner la discipline voulue pour résister à la pression de ces autres centres.

Comme en architecture, où la forme d'un bâtiment s'adapte à l'utilisation qu'on prévoit d'en faire, la gestion s'adapte à votre direction. La façon dont vous dépensez votre temps résulte de la façon dont vous imaginez ce dernier et vos priorités. Si elles procèdent d'un axe interne, de votre mission, et si elles sont profondément ancrées dans votre cœur et votre esprit, vous considérerez les activités de type II comme des occupations vers lesquelles vous tendrez naturellement.

Si l'on ne brûle pas intérieurement de répondre par oui à certaines priorités, il est alors pratiquement impossible de renoncer au Cadre III, aux activités qui nous font bien voir des autres, ou au plaisir qu'apporte une petite escapade du côté du Cadre IV. En revanche, lorsque vous possédez une conscience de vous-même suffisante pour analyser votre programme, lorsque vous possédez l'imagination et la conscience nécessaires pour en créer un nouveau, unique, axé sur des principes justes et auquel vous pourrez dire oui, vous possédez alors suffisamment de volonté indépendante pour renoncer, avec le sourire, à ce qui n'est pas important.

ÉVOLUER VERS LE CADRE II

Les activités du cadre II forment sans aucun doute le cœur d'une gestion efficace de notre personne, ce début par lequel il faut commencer. Mais comment nous organiser pour agir en conséquence ?

La première génération de gestion du temps ne connaissait même pas le concept de priorité. Elle conseillait d'écrire des petites notes, d'établir des listes, et chaque fois que nous pouvions rayer de la liste un élément, nous ressentions un sentiment d'accomplissement. Toutefois, aucune priorité ne prévalait. De plus, il n'existait aucune corrélation entre ces listes et les valeurs suprêmes, les motivations de notre vie. Nous ne répondions qu'à tout ce qui traversait notre esprit et nous semblait devoir être effectué.

Nombreux sont les individus qui procèdent selon ce paradigme de première génération. C'est le chemin de la moindre résistance. Pas de blessure, pas de déchirure. Il suffit de se laisser porter, et la route devient très agréable. La discipline et les plans imposés par l'extérieur donnent aux gens l'impression qu'ils n'ont pas à être tenus pour responsables des résultats.

Malheureusement, les gestionnaires de cette première génération sont souvent inefficaces et peu fiables. Ils produisent peu et leur style de vie ne contribue pas à l'amélioration de leurs capacités de production. Les gestionnaires de deuxième génération assurent un contrôle un tant soit peu meilleur. Ils projettent, planifient et semblent, pour la plupart, plus responsables, car ils « se manifestent » lorsque la situation le demande. Mais, là encore, leurs activités ne répondent à aucune priorité et ne se rattachent à aucune valeur, ni à aucun but. Ces gestionnaires ne produisent finalement que peu de résultats et ne se préoccupent le plus souvent que de tirer des plans.

Avec les gestionnaires de la troisième génération, nous effectuons un grand bond en avant. Ils réfléchissent à chaque jour et organisent leurs activités par ordre de priorité.

Voilà donc où nous en sommes actuellement en ce qui concerne la gestion du temps. Or, cette troisième génération possède aussi des limites. Elle est tout d'abord limitée dans ses prévisions. En planifiant au jour le jour, elle passe souvent à côté de ces choses importantes que l'on ne voit que si l'on possède une vision plus large de la situation. Si les gestionnaires de la troisième génération se fixent effectivement des priorités, ils ne s'interrogent pas sur l'importance réelle de leurs activités. Ils ne créent jamais de lien entre ces actions et leurs principes, leur mission personnelle, leurs rôles et leurs objectifs. Cette méthode de gestion au quotidien donne, au fond, priorité aux problèmes et aux crises journalières des Cadres I et III.

Outre cela, la troisième génération n'assure pas d'équilibre entre nos différents rôles. Elle manque de réalisme, pousse à la sur-organisation, et aboutit finalement à la frustration, provoquant alors le désir de céder de temps à autre au Cadre IV. Sa force même, le fait qu'elle soit tournée uniquement vers la gestion du temps, étouffe malheureusement les relations humaines plutôt qu'elle ne les favorise.

Bien que ces trois générations aient reconnu l'utilité en soi d'un outil de planification, aucune n'a réussi à fabriquer un outil qui permette à un individu d'axer sa vie sur ses principes et sur le Cadre II. Même la troisième génération, avec son vaste éventail de plans et de méthodes, n'a finalement pour but de nous aider à trouver des priorités à nos actions et à nous organiser à l'intérieur des Cadres I et III. Beaucoup de formateurs et de conseillers reconnaissent pourtant l'intérêt du Cadre II. Malheureusement, les outils dont ils disposent ne les aident pas à s'organiser et à agir autour des valeurs du Cadre II.

Chaque génération se développant à partir des précédentes, les avantages et certains outils des trois premières générations forment ensemble les matériaux de base pour l'édification d'une quatrième génération, auxquels vient s'ajouter le besoin d'une dimension nouvelle : le besoin de suivre un nouveau paradigme qui nous donnera la force d'évoluer vers le Cadre II, la force de nous repérer par rapport à nos principes et de gérer notre personne en fonction de ce qui compte réellement pour nous.

LE CADRE II : UN OUTIL

Gérer sa vie dans le Cadre II revient à rechercher une gestion efficace basée sur de justes principes, reconnaissant notre mission personnelle, respectant l'important et l'urgent et maintenant un équilibre entre la croissance de notre production et celle de nos capacités de production.

Je dois avouer que, pour les personnes enferrées dans les confortables imperfections des Cadres I et III, cela semble un projet ambitieux. S'efforcer de le réaliser provoquera déjà, en soi, un fabuleux impact sur leur efficacité intérieure.

Pour bien vous organiser, il vous faudra le faire en respectant les six critères suivants :

COHÉRENCE. C'est-à-dire une harmonie, une unité, une intégrité entre votre intention et votre mission, vos rôles et vos objectifs, vos priorités et vos plans, vos désirs et votre discipline. Dans votre emploi du temps, il vous faudra ménager une place pour réfléchir à votre énoncé de mission de sorte que vous puissiez vous y référer à tout moment. Il vous faudra aussi laisser une place suffisante à chacun de vos rôles et à vos objectifs tant à court qu'à long terme.

ÉQUILIBRE. Votre outil de planification doit vous aider à maintenir un équilibre dans votre vie, à identifier vos divers rôles et à les garder à l'esprit, de manière à ne négliger aucun des domaines si importants que sont votre santé, votre famille, votre profession ou votre évolution personnelle. Beaucoup de gens persistent à croire qu'un succès dans un domaine compense largement les échecs subis dans les autres. Cela est-il vraiment possible ? Pendant un temps donné et pour certains domaines, peut-être ! Mais un succès professionnel compense-t-il un mariage brisé, une santé sacrifiée ou une faiblesse de caractère ? Une efficacité constructive doit s'appuyer sur un équilibre, l'outil que vous possédez doit vous aider à créer et à maintenir cet équilibre.

ESPRIT TOURNÉ VERS LE CADRE II. Vous avez besoin d'un outil qui vous encourage, qui vous motive, qui vous aide réellement à passer tout le temps qu'il faut sur les activités de type II. Vous pourrez ainsi vous occuper de prévoir plutôt que de considérer les crises par ordre de priorité. Pour ma part, je pense que la meilleure manière d'y arriver consiste à s'organiser par semaine. Vous pouvez, bien entendu, toujours réadapter chaque journée et fixer quotidiennement des priorités, mais le progrès sera plus important si vous vous organisez sur la semaine. Cela procure un équilibre bien plus grand. La semaine semble d'ailleurs être implicitement reconnue dans nos cultures comme une entité temporelle. La vie professionnelle, la vie scolaire étudiante et bien d'autres secteurs fonctionnent selon un rythme hebdomadaire où certains jours sont destinés à un investissement bien précis, et d'autres au repos et à la réflexion. Pourtant, la plupart des outils d'organisation ont pour base la journée. Si cela permet, il est vrai, de donner la priorité à certaines activités, on ne réussit en fait qu'à planifier les crises et les occupations annexes. Il faut donc organiser vos propres priorités au lieu de donner priorité à ce qui figure sur votre emploi du temps. Il vous sera plus facile d'agir ainsi en fonctionnant par semaine.

DIMENSION HUMAINE. Votre outil de planification doit pouvoir traiter vos projets, mais il doit aussi s'adapter aux personnes. Si, en matière de gestion de temps, il est possible de penser en termes de performance pure, une personne axée sur des principes se doit de penser en termes d'efficacité dans ses rapports humains. Vivre dans le Cadre II exige parfois de subordonner nos prévisions à nos relations humaines. Votre outil devra refléter cette qualité afin de favoriser la satisfaction plutôt que de créer un sentiment de culpabilité lorsqu'un emploi du temps n'est pas respecté.

FLEXIBILITÉ. Votre outil de gestion doit être votre esclave. Il ne doit jamais devenir votre maître. Puisqu'il travaille pour vous, il doit être confectionné sur mesure pour vos besoins et selon vos moyens et votre style.

MANIABILITÉ. Il devrait également être maniable, afin que vous puissiez l'emporter partout avec vous. Vous éprouverez peut-être l'envie de réviser votre énoncé de mission alors que vous vous trouvez dans le bus, ou de comparer aux activités prévues la valeur d'une occasion qui se présente subitement. Si votre mémento est portable, vous le conserverez toujours sur vous de façon à consulter certaines données primordiales à tout moment.

Le Cadre II constituant l'essence d'une gestion efficace de la personne, il vous faut un accessoire qui vous guide vers ce cadre. Mon travail sur l'idée d'une quatrième génération de méthodes m'a conduit à mettre au point un outil de planification qui respecte scrupuleusement les critères cités ci-dessus. Toutefois, beaucoup de mémentos de la troisième génération peuvent facilement être transformés pour donner un outil similaire. La justesse des principes de base permet à chacun de choisir ses propres applications.

SAVOIR SE GÉRER SOI-MÊME SELON LE CADRE II

S'il est vrai que mon but est avant tout de vous enseigner des principes d'efficacité, et non des techniques performantes, je pense toutefois que vous serez mieux à même de comprendre ces principes et la nature de cette quatrième génération si vous essayez concrètement d'organiser une semaine en suivant le modèle suivant.

Une organisation de type II comporte essentiellement quatre activités.

IDENTIFICATION DES RÔLES. Votre première tâche consiste à répertorier vos rôles. Si vous n'avez encore jamais réfléchi sérieusement aux rôles qui sont les vôtres, vous pouvez commencer par noter tout ce qui vous passe par la tête. En tant qu'être humain, vous avez un rôle. Vous pouvez en citer un seul ou plusieurs dans le cadre familial (conjoint, parent, enfant, petits-enfants...). Vous vous trouverez sans doute aussi quelques rôles en tant que professionnel et indiquerez les secteurs dans lesquels vous souhaitez investir régulièrement votre temps et votre énergie. Vous définirez peut-être également des rôles au sein de votre ville ou d'un groupe.

Vous n'avez pas à méditer sur la manière dont vous tiendrez ces rôles tout au long de votre vie. Ne pensez qu'à la semaine qui vient et écrivez comment vous entendez répartir votre temps durant cette semaine.

Voici deux exemples sur les rôles que peuvent définir un homme ou une femme.

1. Être humain
2. Mari/Père
3. Directeur des nouveaux produits
4. Directeur de recherche
5. Directeur des ressources humaines
6. Directeur administratif
7. Président d'une association bénévole

1. Épanouissement personnel
2. Épouse
3. Mère
4. Agent immobilier
5. Bénévole pour le catéchisme
6. Membre de Comité directeur de l'orchestre municipal

SÉLECTIONNER DES BUTS. La prochaine étape consiste à définir deux ou trois résultats se rattachant à chacun de ces rôles, qu'il vous semble important de produire durant la semaine qui vient. Ces résultats seront vos objectifs.

Il sera bon que quelques-uns de ces objectifs reproduisent des activités de type II. L'idéal voudrait aussi que les buts à court terme restent en harmonie avec ceux à plus long terme définis dans le cadre de votre énoncé de mission. Mais, même si vous n'avez pas encore rédigé votre énoncé de mission, vous ressentirez ce qu'il vous importe d'accomplir véritablement dans chacun de vos rôles.

ORGANISER SON TEMPS. Vous pouvez maintenant déterminer le temps que vous consacrerez à chaque objectif durant la semaine. Par exemple, si vous désirez rédiger le brouillon de votre énoncé de mission, vous bloquerez deux heures le dimanche matin.

Si vous vous donnez pour but une remise en forme physique, vous bloquerez quelques heures dans la semaine, si possible réparties sur chaque jour, pour atteindre votre but. Certains objectifs ne seront réalisables qu'aux heures de bureau, d'autres, au contraire, uniquement le samedi lorsque vos enfants restent à la maison, etc. C'est l'avantage d'une organisation hebdomadaire plutôt que journalière.

Une fois que vous avez identifié tous vos rôles et vos objectifs, vous pouvez leur attribuer un jour à chacun, soit en décidant d'un

Développement Individuel-personnel	Ébauche de l'énoncé de mission Inscription séminaire leadership Voir Frank à l'hôpital
Conjoint-parent	Maison – classe de Claire Devoir de science de Tom Vélo de Sarah
Directeur-nouveaux produits	Tester paramètres de marché Entretiens candidats au poste d'adjoint Lire enquête consommateurs
Directeur-recherche	Étudier résultats des derniers essais Voir le problème d'adhérence Contacts avec Ken et Pierre
Directeur-ressources humaines	Évaluation du rendement de Jean Soirée chez les Samuels
Directeur-administration	Rapports fin de mois Rapport sur les salaires
Président d'une association bénévole	Préparer ordre du jour Visite de R.P. avec Charlet Commencer plan année prochaine

PLAN HEBDOMADAIRE

Rôles	Buts
Développement individuel/personnel	Ébauche de l'énoncé de mission (1) Inscription séminaire (2) Voir Franck à l'hôpital (3)
Conjoint/parent	Maison - Classe de Claire (4) Devoir de Sc. de Tom (5) Vélo de Sarah (6)
Directeur nouveaux produits	Tester paramètres de marché (7) Entr. cand. poste adj. (8) Lire enq.consomat. (9)
Directeur recherche	Étudier résultats des derniers essais (10) Voir le pb. d'adhérence (11) Contact avec Ken (12)
Directeur ressources humaines	Évaluation du rendement de Jean (13) Soirée chez les Samuels (14)
Directeur administration	Rapports fin de mois (15) Rapport sur les salaires (16)
Président Centraide	Préparer ordre du jour (17) Visite RP avec Charlet (18) Commencer plan année prochaine (19)

AIGUISEZ VOS FACULTÉS

Physiques ____________

Mentales ____________

Spirituelles ____________

Socio-émotionnelles ____________

Semaine du :	Dimanche	Lundi
Priorités hebdomadaires	Priorités du jour	
		(16) Rapport sur les salaires
	Rendez-vous / Engagements	
	8 (1) Moment privé	8
	9 Énoncé de	9
	10 mission	10
	11	11 (8) Poste d'adjoint
	12	12 Entretiens
	1	1
	2	2
	3	3
	4	4 (3) Voir Franck à l'hôpital
	5	5
	6	6
	7	7 (6) Vélo de Sarah
	8	8
	Soir	Soir

Mardi	Mercredi	Jeudi	Vendredi	Samedi
Priorités du jour				
② Envoyer inscription séminaire	⑫ Ken Pierre		⑭ Soirée chez les Samuels	
Rendez-vous / Engagements				
8	8	8 ↕	8	8 ④ Maison Classe de Claire
9	9 ⑦ Tester paramètres marché	9 ⑪ Problème d'adhérence	9 ⑩ Étudier résultats essais	9
10	10	10	10	10
11	11	11	11	11
12	12	12	12 ⑱ Charlet	12
1 ⑨ Étudier enquête consommateurs	1	1	1	1
2	2	2	2	2
3	3	3 ⑬ Évaluation Jean	3 ⑮ Rapport fin de mois	3
4	4	4	4	4
5	5	5	5	5
6 Devoir de ⑤ Tom	6	6 ⑰ Ordre du jour Centraide	6	6
7	7	7	7	7
8	8	8 ⑲ Plan année prochaine	8	8
Soir	Soir	Soir	Soir	Soir 7 : 00 Théâtre - Durand

sujet global prioritaire, soit en établissant un horaire pour telle ou telle activité. En consultant votre agenda, pour y repérer certains rendez-vous déjà prévus, vous évaluez leur importance par rapport à vos objectifs. Vous pourrez ainsi en avancer certains, ou en reporter, voire en annuler, d'autres.

ADAPTATION AU QUOTIDIEN. Lorsque l'on suit une organisation hebdomadaire de type II, l'organisation quotidienne devient alors essentiellement une question d'adaptation ; il s'agit de classer les activités par ordre de priorité et de répondre de manière pragmatique aux événements, aux relations et aux imprévus.

Revoir chaque matin votre emploi du temps peut être un bon moyen de vous remettre en mémoire les décisions que vous avez prises pour la semaine, ainsi que les paramètres incalculables qui risquent de modifier vos plans. En parcourant l'ensemble de la journée, vous remarquerez que vos rôles et vos buts fixent naturellement des priorités qui découlent, en définitive, de votre sentiment inné de l'équilibre : votre classement découle du sentiment que vous inspire votre mission.

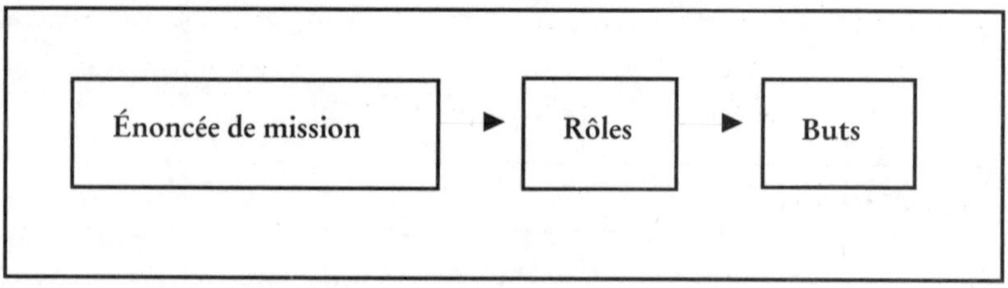

ORGANISATION À LONG TERME

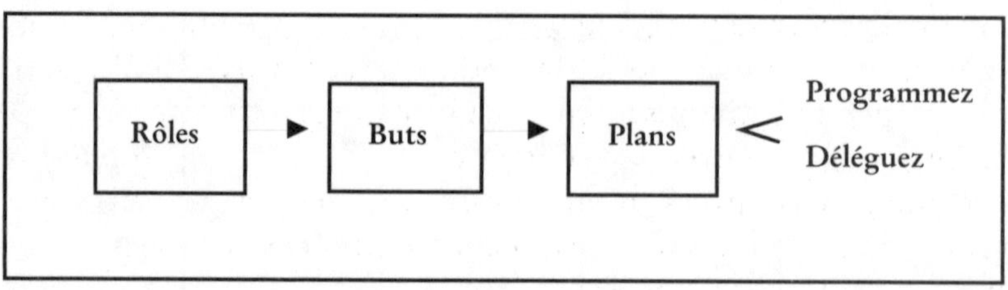

ORGANISATIONS HEBDOMADAIRES

Rien ne vous empêche de continuer à penser que la troisième génération de gestion du temps (classement par ordre décroissant) procurait un ordre indispensable à l'organisation de vos journées. Nous mentirions en affirmant que toutes nos activités sont importantes ou ne le sont pas. Elles se situent au contraire dans une sorte de continuum, où les unes prennent parfois l'avantage sur les autres. Le classement de la troisième génération procure, à l'intérieur d'une organisation hebdomadaire, une structure pour chacune des priorités quotidiennes.

En revanche, il est évident que vous n'arriverez à rien si vous essayez d'organiser vos activités avant de connaître leur sens par rapport à votre mission personnelle et leur place dans l'équilibre de votre vie.

D'où la différence entre organiser sa semaine autour de ses principes, gérer sa personne à l'intérieur du Cadre II et prévoir ses journées, l'une après l'autre, en fonction de sa propre personne ou d'un quelconque axe ! Commencez-vous à percevoir la différence que créerait dans votre vie une gestion de type II ?

Ayant expérimenté cette organisation dans ma vie, et après en avoir aussi remarqué les avantages dans la vie de centaines de personnes, je suis convaincu que cette différence existe, une immense différence positive. Plus vos objectifs hebdomadaires sont étroitement liés à un ensemble de justes principes et à votre énoncé de mission, plus vos progrès seront importants.

LE QUOTIDIEN

Reprenons une fois encore notre métaphore informatique : l'habitude I nous dit « Vous êtes le programmeur », l'habitude II, « Écrivez le programme » ; l'habitude III nous enjoint pour sa part à « faire tourner le programme », à « vivre le programme ». Pour vivre ce programme, nous dépendons essentiellement de notre volonté, de notre autodiscipline, de notre intégrité et de notre engagement, non pas envers des buts à court terme et des impulsions soudaines, mais envers de justes principes, envers nos plus profondes valeurs, envers tout ce qui confère un sens et un cadre à nos buts, à nos plans et à notre vie.

À mesure que vous avancerez dans la semaine, vous rencontrerez sans doute des situations qui mettront votre intégrité en jeu. La réputation que vous gagneriez à réagir aux priorités urgentes, aux yeux de votre entourage, mais sans importance, ou l'envie de vous échapper vers les plaisantes activités du Cadre IV menaceront de supplanter les activités essentielles du Cadre II que vous avez prévues. Seuls votre axe principal, la conscience que vous possédez de vous-même et votre conscience morale pourront vous procurer le haut degré d'assurance, d'autodétermination, de sagesse qui vous permettra d'utiliser votre volonté pour rester fidèle à ce qui vous importe.

Bien entendu, comme vous n'êtes pas visionnaire, vous ne pouvez pas toujours savoir à l'avance ce qui est vraiment important. Aussi soigneusement que vous ayez organisé votre semaine, il arrivera souvent, à un moment ou à un autre, que vous deviez bouleverser vos plans pour une raison supérieure. Mais, si vous restez centré sur de justes principes, vous ressentirez en vous un sentiment de paix alors même que vous opérerez ces changements.

À une période, mon fils ne pensait qu'en termes de planification et de « performance ». Je me rappelle qu'il avait notamment organisé l'une de ses journées à la minute près. Parmi ses activités, il prévoyait de récupérer des livres, de laver sa voiture et, entre autres, de « plaquer » Carole, sa petite amie.

Tout se déroula selon ses plans jusqu'à ce qu'il en arrive à Carole. Ils étaient ensemble depuis très longtemps et il en avait conclu que continuer cette relation ne mènerait à rien. Fidèle à son souci de performance, il s'était accordé une quinzaine de minutes tout au plus pour lui annoncer sa décision au téléphone. Mais, pour Carole, la nouvelle était dramatique, et une heure et demie plus tard, ils en discutaient toujours âprement.

Il est par exemple impossible de parler en termes de performance lorsqu'il s'agit de personnes. J'ai déjà essayé de me montrer « performant » avec des gens qui me résistaient ou qui risquaient de me résister. Je me suis alors rendu compte que cela ne rimait à rien. J'ai souvent tenté de consacrer dix minutes de qualité à un enfant ou à un employé afin de résoudre un problème, pour m'apercevoir que cette performance ne faisait que créer de nouveaux problèmes et ne dissipait que rarement les véritables soucis.

Beaucoup de parents – particulièrement les mères de jeunes enfants – ressentent une grande frustration dans leur épanouissement, car ils ont l'impression de passer toutes leurs journées à satisfaire les besoins de ces jeunes enfants. Or, dites-vous bien que ce sont nos attentes qui créent nos frustrations, et que ces attentes sont souvent l'image de nous-mêmes que nous renvoie le miroir social plutôt que le reflet de nos valeurs et de nos priorités.

Mais si l'habitude II est bien ancrée au plus profond de votre cœur et de votre esprit, les valeurs suprêmes qui sont les vôtres vous guideront. Vous pourrez, en toute intégrité, soumettre votre emploi du temps à ces valeurs, vous deviendrez plus flexible. Vous ne vous sentirez pas coupable si vous ne respectez pas votre planning ou si vous devez le modifier.

LES POINTS FORTS DE LA QUATRIÈME GÉNÉRATION

Beaucoup de gens refusent d'utiliser les méthodes d'organisation de troisième génération pour la simple raison qu'ils ont l'impression de perdre toute spontanéité et de devenir rigoureux et inflexibles. Ce type de gestion exige en effet que les individus se plient à des agendas, car il ne respecte pas un principe essentiel : les gens importent plus que les choses.

L'organisation de quatrième génération admet ce principe et vous reconnaît, vous, comme la première personne à qui il faut penser en termes d'efficacité et non de performance. Elle vous encourage à consacrer du temps au Cadre II, à comprendre votre vie, à l'axer sur de justes principes, à exprimer clairement les motivations et les valeurs selon lesquelles vous souhaitez diriger votre vie. En vous plaçant dans une perspective hebdomadaire, elle vous aide à établir un équilibre, à dépasser les limites qu'impose une organisation au jour le jour. Et, lorsque vos plans se heurtent à d'autres valeurs, elle vous donne les moyens de recourir à votre conscience morale pour préserver votre intégrité. Vous ne repérez plus votre chemin sur une carte, mais vous le calculez vous-même au compas.

Cette gestion apporte cinq améliorations.

Premièrement, elle repose sur des principes. Au lieu de s'appuyer sur les mérites du cadre II, elle crée un paradigme central qui vous permet de considérer votre temps en fonction de ce qui est important et constructif pour vous.

Deuxièmement, votre conscience vous sert de guide. Vous pouvez ainsi organiser votre vie au mieux de vos possibilités et en accord avec vos plus profondes valeurs, elle vous laisse assez de liberté pour subordonner vos plans à des valeurs supérieures.

Troisièmement, elle définit votre mission personnelle ainsi que vos valeurs et vos objectifs à long terme. Cela procure à votre emploi du temps quotidien une direction et une raison, un sens.

Quatrièmement, elle vous aide à équilibrer votre vie en détectant vos rôles et en fixant des objectifs et des activités pour chacun d'entre eux.

Cinquièmement, elle se place dans une perspective hebdomadaire (ouverte à des modifications quotidiennes si nécessaire) plus vaste que la gestion au jour le jour et qui, chaque fois que vous reconsidérez vos rôles, vous rappelle vos principales valeurs.

Le fil conducteur de ces cinq améliorations est double : d'un côté les relations humaines et leurs résultats ; de l'autre, le temps.

DÉLÉGUER C'EST AUGMENTER LA PRODUCTION ET LES CAPACITÉS

Tout ce que nous effectuons, nous l'accomplissons en déléguant. Nous déléguons soit au temps, soit à autrui. Dans le premier cas, nous pensons performances, dans le second efficacité.

Nombreux sont ceux qui refusent de déléguer à autrui, car ils pensent que cela demande trop de temps, trop d'efforts, et qu'ils effectueront mieux leur travail s'ils le font eux-mêmes. Pourtant déléguer intelligemment son travail reste sans doute l'activité la plus rentable qui soit. Cela permet de conserver assez d'énergie pour d'autres activités qui bénéficient également d'un bon effet de levier. Déléguer devient alors synonyme de croissance.

La notion de délégation rejoint celle des « victoires publiques », puisqu'elle met en scène les relations entre personnes. Elle pourrait donc entrer dans le chapitre consacré à l'habitude IV. Mais, comme nous nous intéressons ici aux principes de gestion de la personne, et que la capacité à déléguer son travail constitue la différence majeure entre un véritable gestionnaire et un simple producteur indépendant, je pense qu'il est bon d'étudier cette notion dans le cadre des techniques de gestion de la personne.

Un producteur fait le nécessaire pour réaliser un certain résultat, pour ramasser des œufs d'or. Une maîtresse de maison qui lave la vaisselle, un architecte qui dessine des épreuves, une secrétaire qui tape du courrier sont autant de producteurs.

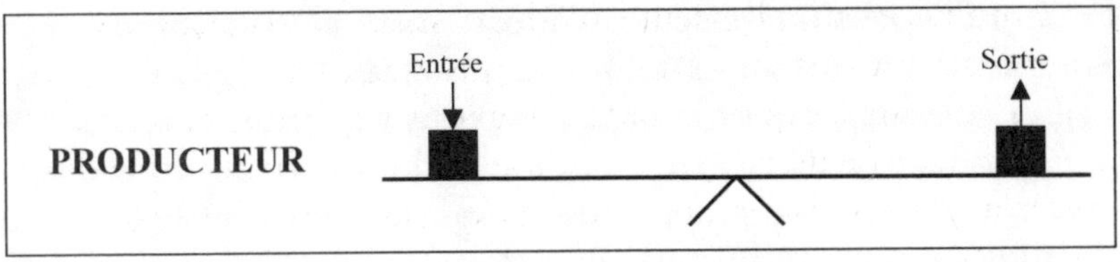

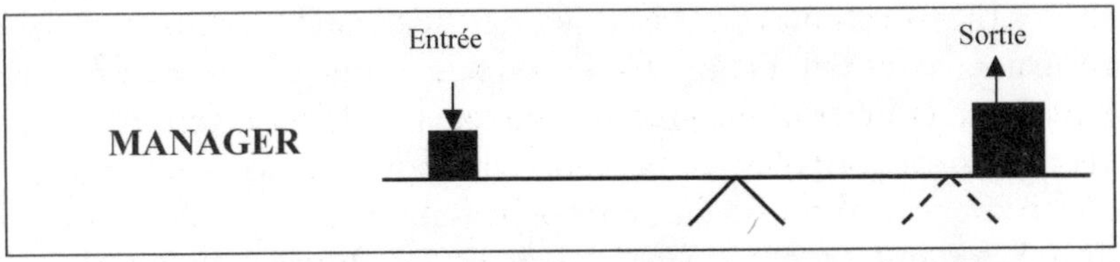

Quand une personne décide de travailler avec d'autres, grâce à d'autres personnes, ou à l'aide d'autres systèmes, elle devient un gestionnaire, un manager au sens interdépendant du terme. Un architecte à la tête d'un cabinet, un chef de famille qui demande à ses enfants de laver la vaisselle, une secrétaire qui supervise d'autres employés sont des managers.

Si un simple producteur investit une heure d'efforts, il produira son résultat, une seule unité, à supposer qu'il ne connaisse pas de baisse de rendement.

En revanche, lorsqu'un manager investit une heure d'efforts, il peut obtenir dix fois, cent fois plus de résultats en déléguant de manière efficace son travail.

Gérer intelligemment consiste en définitive à déplacer le levier pour multiplier sa force. Pour cela, il faut déléguer.

LA DÉLÉGATION « À LA YAKA »

Il existe, grosso modo, deux types de délégation : la délégation « à la yaka » et la délégation responsable. Yaka signifie « Y a qu'à faire ci, y a qu'à faire ça, et revenez me dire quand vous aurez fini. » La plupart des producteurs fonctionnent de cette façon. Souvenez-vous des débroussailleurs en pleine jungle : ils retroussaient leurs manches, et abattaient le travail. Même si on leur fournissait un poste de contrôle ou de management, ils penseraient toujours comme des producteurs. Ils ne savent pas mettre en place de délégation pour inciter d'autres personnes à travailler aux résultats.

Parce qu'ils ne s'intéressent qu'à leurs méthodes, les producteurs assument seuls la responsabilités des résultats.

Lors des vacances en famille, je me suis déjà trouvé dans la peau d'un producteur de ce genre-ci. Nous allions faire du ski nautique et je voulais que l'on prenne des photos. Je conduisais le bateau et j'avais donc confié l'appareil à ma femme en lui demandant de choisir les bons moments. Mais je me suis rendu compte qu'elle connaissait très peu l'appareil et qu'il fallait que je lui donne plus de directives. Je lui conseillai d'attendre que le soleil soit face au bateau et que notre fils soit en train de couper notre sillage ou d'effectuer une figure. Mais, plus je pensais au manque de technique de ma femme, et plus je m'inquiétais. Finalement, je lui ai dit : « Écoute Sandra, tu n'auras qu'à déclencher lorsque je te le dirai. D'accord ? » Et j'ai passé le reste de mon temps à crier « Vas-y ! Pas maintenant. Non. Là ! » Je craignais qu'elle gâche la pellicule si je ne la dirigeais pas toutes les cinq secondes.

Ce jour-là, j'appliquais à la perfection la méthode « yaka » ; je plaçais chaque geste sous haute surveillance. Nombre de personnes ne connaissent que cette méthode de délégation. Mais quels résultats produit-elle ? Et combien d'individus peut-on superviser, ou manager, lorsqu'il faut s'investir dans chacun de leurs gestes ?

Le second type de délégation, bien meilleur, bien plus efficace, repose sur la connaissance de la conscience de soi, de l'imagination, de la conscience morale et de la volonté d'autrui.

LA DÉLÉGATION RESPONSABLE

La délégation responsable s'intéresse avant tout aux résultats, et non aux méthodes. Elle offre un choix de méthodes aux individus et les rend responsables de leurs résultats. Elle exige plus de temps au départ, mais ce temps représente un bon investissement. Vous êtes ensuite capable de déplacer le levier de votre action, de multiplier son effet.

Pour bien fonctionner, la délégation responsable requiert une compréhension mutuelle claire et sincère, ainsi qu'un engagement réciproque dans les cinq notions suivantes :

RÉSULTATS SOUHAITÉS. Expliquez et faites comprendre clairement ce qui doit être accompli, et concentrez-vous sur les résultats et non sur les méthodes. Soyez patient, accordez-vous du temps. Visualisez les résultats souhaités, faites-les visualiser et décrire par l'autre. Établissez un objectif de qualité pour ces résultats et fixez-vous un délai.

DIRECTIVES. Déterminez les paramètres entre lesquels votre délégué devrait situer son action. Pour éviter de tomber dans d'autres méthodes de délégation, ces paramètres devront être les moins nombreux possible, mais comprendre des restrictions très précises si nécessaire. Il ne faudrait pas que la personne déléguée pense avoir toute latitude pour atteindre les objectifs et outrepasse certaines traditions ou certaines valeurs, ni lui déléguer sa mission d'une façon telle qu'elle étouffe tout désir d'initiative et vous renvoie, vous et votre délégué, à la méthode du « yaka » : « Mais dites-moi seulement ce que vous voulez que je fasse et je le ferai. »

Si vous connaissez les zones à risques de votre travail, répertoriez-les. Soyez franc et honnête, indiquez à votre délégué où il risque de rencontrer des « sables mouvants », où se cache « l'adversaire ». Vous ne voulez tout de même pas revivre chaque jour vos erreurs passées. Partagez avec vos délégués vos erreurs, ou celles d'autrui, et les leçons que vous en tirez. Signalez les risques probables et les zones interdites, mais ne conseillez pas ce qu'il faut faire. Laissez aux autres la responsabilité de leurs résultats et l'initiative d'effectuer ce qu'ils veulent dans les limites de vos directives.

RESSOURCES. Identifiez les ressources humaines, financières, techniques et les possibilités de votre entreprise sur lesquelles la personne déléguée peut compter pour produire ses résultats.

RESPONSABILITÉ. Fixez des normes de qualité, par rapport auxquelles vous évaluerez les résultats, et des dates auxquelles on devra rendre compte de ces résultats et les évaluer.

CONSÉQUENCES. Signifier de manière précise quelles seront les conséquences, bonnes ou mauvaises, qui résulteront de l'évaluation. Ces conséquences peuvent comprendre des récompenses financières, une récompense psychologique, la charge d'autres travaux, et les conséquences naturelles liées au fonctionnement général de l'entreprise.

Il y a quelques années, j'ai vécu une intéressante expérience dans la délégation d'une tâche à l'un de mes fils. Nous avions réuni toute la famille pour fixer nos objectifs. Notre énoncé de mission était affiché afin que nous puissions nous assurer que nos objectifs concordaient avec nos valeurs. Tout le monde était présent. J'ai monté un grand tableau et nous y avons inscrit nos objectifs et les travaux qui en découlaient. Puis, j'ai demandé des volontaires pour ces travaux.

En matière de contribution financière, j'étais le seul. Quand il s'est agi de faire manger le bébé, l'intérêt général augmenta, mais ma femme était la seule personne qualifiée pour cela.

Et plus je progressais dans la liste des tâches à accomplir pour que la maison fonctionne, plus il devenait évident que papa et maman allait devoir travailler plus de soixante heures par semaine. Quand chacun eut pris conscience de ce paradigme, certaines activités revêtirent un tout autre aspect. Notre fils de 7 ans proposa de s'occuper du jardin. Avant de lui confier le travail, je le soumis à une formation complète : je voulais qu'il ait une idée très claire de ce qu'est un jardin bien tenu. Je l'emmenai donc chez les voisins et lui donnai mes recommandations :

– Tu vois, le jardin des voisins est vert et propre. C'est ce que nous recherchons aussi : une pelouse verte et propre. Tu vois, la nôtre est tout, sauf verte. À toi de décider des moyens que tu vas utiliser. Tu peux faire tout ce que tu veux, sauf la peindre, évidemment. Mais, je veux seulement te dire comment je m'y prendrais, d'accord ?

– Qu'est-ce que tu ferais, toi, papa ?

– J'allumerais l'arrosage automatique. Mais tu peux tout aussi bien remplir un arrosoir. Ça m'est égal, tout ce que nous voulons c'est du vert. D'accord ?

– D'accord.

– Voyons maintenant la propreté. Un jardin propre signifie : pas de saletés ni d'objets qui traînent. Tiens, on va nettoyer une partie du jardin tout de suite pour que tu voies la différence.

Et nous commençâmes à nettoyer le jardin. Je lui dis ensuite : « Voilà ! Regarde de ce côté. Maintenant, regarde de l'autre côté. Tu vois la différence ? C'est ça la propreté.

– Ah, non, je vois encore des papiers sous le buisson là-bas.

– Ah, oui, bien vu. Je n'avais pas remarqué celui-là, tu as une bonne vue. Bon, avant que tu décides si tu acceptes la tâche ou non, il faut que je te dise autre chose, parce qu'une fois que tu auras accepté, je ne dirai plus rien. Ce sera ton travail, ta responsabilité. C'est-à-dire un travail pour lequel on te fait confiance, je compte sur toi. Maintenant, dis-moi un peu, qui va être ton chef ?

– Toi, papa ?

– Non. Tu seras ton propre chef. Tu te surveilleras toi-même. Ne me dis pas que tu aimes ça quand maman et moi sommes sur ton dos toute la journée ?

– C'est vrai, je n'aime pas ça.

– Nous non plus. Donc, tu te commanderas tout seul. Bon, maintenant, qui va être ton assistant ?

– Je ne sais pas.

– Moi, tu me commandes.

– Non ?

– Si. Mais mon temps est limité. Je suis souvent absent, mais quand je suis à la maison, tu peux me demander de t'aider. Je ferai tout ce que tu souhaites.

– D'accord !

– Qui va être ton juge ?

– Mon juge ?

– Tu juges toi-même ton travail.

– Je me juge moi-même ?

– Oui. Et deux fois par semaine, tu pourras me montrer tes résultats. Nous ferons le tour du jardin ensemble. Quels seront tes critères de jugement ?

– « La couleur verte et la propreté ».

– Bien !

Et je l'ai « formé » pendant deux semaines, avec ces deux mots « La couleur verte et la propreté », jusqu'à le sentir prêt pour prendre ses fonctions. Puis vint le grand jour.

– Affaire conclue ?

– Affaire conclue.

– En quoi consiste le travail ?

– « Avoir un jardin vert et propre ».

Je n'ai pas parlé de rémunération, mais je n'aurais rien contre l'attribution d'une récompense pour une telle tâche.

Deux semaines de formation, deux mots ; je le croyais prêt pour cette tâche. Nous étions samedi, et il ne fit rien ; dimanche… rien ; lundi… rien. Le mardi, en sortant du garage pour me rendre à mon bureau, je regardai la pelouse jaune et encombrée de toutes sortes de choses, et je voyais aussi le soleil de juillet qui commençait à monter. Je me rassurai : « Il va sûrement le faire aujourd'hui. » Je pouvais comprendre pour samedi, parce que c'était le jour où nous avions conclu le marché. Je comprenais pour dimanche ; le dimanche est consacré à des activités différentes. Pour lundi, je comprenais mal. Or, nous étions déjà mardi. Il allait sans doute se mettre au travail le jour même : c'était les vacances d'été, il n'avait rien d'autre à faire.

J'étais impatient de rentrer le soir pour constater ce qui s'était passé. Lorsque je pris le virage, je me retrouvai face au même spectacle que ce matin, et mon fils jouait dans le parc en face de la maison.

Ceci n'était pas acceptable. J'étais furieux et aussi déçu du comportement de mon fils après ces deux semaines de « formation » et d'investissement. Nous avions investi beaucoup de temps et d'argent dans cette pelouse, et une part de fierté aussi. Or, je voyais tout cela s'envoler en fumée. D'autre part, le jardin des voisins nous narguait par sa propreté !

J'étais prêt à revenir à la méthode « yaka » et à hurler : « Tu ferais bien de venir ici tout de suite et de ramasser toutes ces ordures immédiatement. Sinon… » Je savais que j'obtiendrais mes œufs d'or ainsi. Mais, que resterait-il de la « poule » ? Mon fils se sentirait-il toujours aussi engagé dans son travail ?

Je fis donc semblant de sourire, et lui criai depuis le jardin : « Alors, ça marche ? » Il me répondit : « Comme sur des roulettes ! » Je poursuivis : « Et le jardin, ça va ? » Dès cet instant, je savais que j'avais rompu notre contrat, ce n'était pas ce dont nous étions convenus. Il se sentit donc autorisé à ne pas respecter le contrat non plus et me répondit : « Ça va aussi. » Je m'en mordais les doigts et je dus attendre la fin du dîner pour lui proposer de faire le tour du jardin et voir comment il se débrouillait.

À peine passé la porte, il commença à grimacer, des larmes lui montèrent aux yeux, et arrivé au milieu du jardin, il pleurait déjà.

– Papa, c'est trop dur.

Je me demandai vraiment ce qu'il pouvait trouver de si dur : il n'avait encore rien fait ! Mais, je savais aussi qu'il est très difficile de se commander soi-même, de se surveiller et je lui proposai donc de l'aider.

– Est-ce que tu m'aiderais vraiment ?

– Bien sûr. Aujourd'hui, j'ai du temps. Que dit notre contrat ?

– Nous avions dit que tu m'aiderais quand tu en aurais le temps.

Il courut à la maison, rapporta les sacs-poubelles et m'en donna un : « Est-ce que tu peux ramasser ça là-bas ? Ça me dégoûte. » Il me montrait des déchets oubliés après le barbecue de samedi dernier. Je ramassai donc ces restes et fis tout ce qu'il me demandait. Ce n'est qu'après cela qu'il accepta véritablement, du fond de son cœur, notre contrat. Le jardin devint son jardin, sa responsabilité. Il ne demanda mon aide que deux ou trois fois pendant tout l'été. Il prenait soin de son jardin. La pelouse était plus verte et plus propres que lorsque je m'en occupais. Il sermonnait même ses frères et sœurs s'ils avaient le malheur de jeter un simple papier de bonbon sur la pelouse.

La confiance constitue la plus grande des motivations pour les hommes : elle tire le meilleur d'eux-mêmes. Mais elle exige de la patience et du temps, et n'exclut pas la nécessité d'une formation afin de réunir les compétences dignes de cette confiance.

Si une délégation responsable des tâches est correctement organisée, les deux parties en bénéficient et davantage de travail peut être accompli en moins de temps. J'en suis convaincu. Je suis aussi persuadé qu'une famille qui a passé suffisamment de temps à répartir les tâches de manière égalitaire peut s'organiser de sorte que chacun y consacre chaque jour seulement une heure. Mais, pour cela, il faut avoir en soi la capacité et la volonté de gérer et uniquement de produire : il faut rechercher l'efficacité, pas le rendement.

Il ne fait aucun doute que vous rangerez mieux votre chambre qu'un enfant, mais la clé du problème consiste à donner à l'enfant la capacité de ranger lui-même ses affaires. Vous devez vous investir dans son éducation, dans son développement. Cela prend certes du temps, mais quel temps gagné dans le futur ! À long terme, vous n'en tirerez que des avantages.

Pour cela, il faut vous baser sur un nouveau modèle de délégation qui bouleverse la nature des relations : le délégué devient son propre chef, il se guide lui-même, car il a conscience d'avoir accepté la responsabilité de certains résultats. Cela libère en lui une énergie créative qui produira les effets escomptés tout en restant en harmonie avec de justes principes.

Les principes liés à ce type de délégation sont justes et peuvent s'appliquer à tout individu, dans toute situation. Avec des personnes de moindre maturité, il sera préférable de fixer un petit nombre de résultats et un nombre plus grand de directives, d'indiquer davantage de ressources, de prévoir plus de réunions d'évaluation et de définir des conséquences à plus brèves échéances. En revanche, avec des individus plus mûrs, on se contentera volontiers, pour des résultats plus stimulants, de directives moins précises, d'entretiens d'évaluation moins nombreux et de critères moins stricts, quoique bien définis.

Ce type de délégation constructive est peut-être l'un des meilleurs indices d'une gestion positive. Il est en effet à la base de toute croissance, personnelle comme collective.

LE PARADIGME DE TYPE II

La clé d'une gestion personnelle ou collective de qualité ne réside pas dans une quelconque technique, un outil ou un facteur extérieur donné. Elle se trouve en vous. Elle relève du paradigme II qui vous permet de différencier l'important de l'urgent.

Dans la cinquième partie, vous trouverez un exercice intitulé « Une journée de travail dans le Cadre II ». Il vous permettra de mieux comprendre la force d'impact de ce paradigme dans votre vie personnelle. Vous augmenterez ainsi votre capacité à vous organiser et à vivre votre vie en fonction de vos priorités ; vous joindrez le geste à la parole. La gestion de votre personne ne dépendra de rien, de personne d'autre que vous.

Vous remarquerez que chacune des sept habitudes se situe dans le Cadre II. Chacune concerne des activités importantes qui, lorsqu'on les exerce avec régularité, apportent un plus considérable à nos vies.

SUGGESTIONS

1. Déterminez une activité de type II que vous savez avoir négligée jusqu'à maintenant, et qui produirait un réel impact sur votre vie personnelle ou professionnelle. Notez cette activité et engagez-vous à l'exercer.
2. Tracez un tableau d'emploi du temps et évaluez le pourcentage de temps réservé à chaque type d'activités. Notez ensuite le déroulement de trois de vos journées, par tranches de quinze minutes. Vos estimations se révèlent-elles justes ? Êtes-vous satisfait de la répartition de votre temps ? Que voudriez-vous changer ?

3. Établissez une liste des responsabilités que vous pourriez déléguer, et des personnes à qui vous pourriez les confier, ou que vous pourriez former dans ce but. Évaluez ce qu'il vous faut pour engager ce processus de délégation et de formation.
4. Organisez votre semaine à venir*. Commencez par énumérer vos rôles et associez à chaque objectif un plan d'action précis. À la fin de la semaine, calculez le degré d'adéquation de vos plans quotidiens à vos valeurs et à vos objectifs, ainsi que votre degré d'intégrité face à ces mêmes valeurs et objectifs.
5. Engagez-vous à vous organiser par semaine et ménagez-vous un moment dans la semaine pour cela.
6. Transformez votre tableau de planification actuelle en un outil de la quatrième génération, ou créez vous-même ce nouvel outil.
7. Consultez l'annexe, « Une journée de travail dans le Cadre II », afin d'avoir une idée plus large de l'impact du paradigme II.

---

*Dans les pages précédentes, vous trouverez un exemple du planning hebdomadaire de l'agenda *Les Sept Habitudes*. Si vous désirez recevoir une recharge pour quatre semaines gratuitement (que vous pourrez adapter à vos besoins personnels), composez le (801) 229 13 33, ou faxez votre demande au (801) 229 12 33.

PLAN HEBDOMADAIRE

Rôles	Buts

AIGUISEZ VOS FACULTÉS

Physiques ____________

Mentales ____________

Spirituelles ____________

Socio-émotionnelles ____________

Semaine du :	Dimanche	Lundi
Priorités hebdomadaires	Priorités du jour	
	Rendez-vous / Engagements	
	8	8
	9	9
	10	10
	11	11
	12	12
	1	1
	2	2
	3	3
	4	4
	5	5
	6	6
	7	7
	8	8
	Soir	Soir

Mardi	Mercredi	Jeudi	Vendredi	Samedi
Priorités du jour				
Rendez-vous / Engagements				
8	8	8	8	8
9	9	9	9	9
10	10	10	10	10
11	11	11	11	11
12	12	12	12	12
1	1	1	1	1
2	2	2	2	2
3	3	3	3	3
4	4	4	4	4
5	5	5	5	5
6	6	6	6	6
7	7	7	7	7
8	8	8	8	8
Soir	Soir	Soir	Soir	Soir

Troisième partie

LA VICTOIRE PUBLIQUE

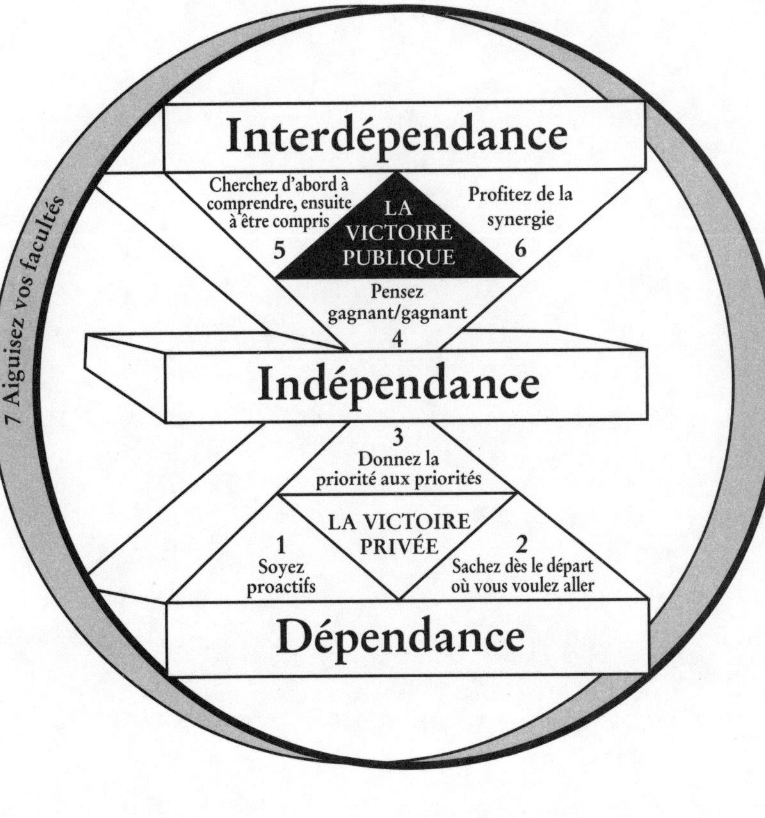

LES PARADIGMES DE L'INTERDÉPENDANCE

« Il ne peut exister d'amitié sans confiance, ni de confiance sans intégrité. »

Samuel Johnson

AVANT de passer à la victoire publique, j'aimerais vous rappeler qu'une interdépendance constructive ne peut découler que d'une véritable indépendance. Lorsque nous regardons autour de nous pour voir le chemin que nous avons parcouru et celui qu'il nous reste encore à effectuer pour atteindre notre but, nous nous rendons compte que nous avons bien emprunté le seul chemin qui s'offrait à nous. La vie est jonchée de débris de relations. Elle est pleine de gens qui ont essayé de construire des relations positives alors qu'ils ne possédaient pas la maturité et la force de caractère nécessaires pour cela. Ils sautaient les étapes. Or, nul ne peut se le permettre. Il n'existe pas de raccourci. Vous ne pouvez pas réussir vos relations tant que vous n'en avez pas payé le prix de votre personne.

Dans nos relations avec autrui, l'élément le plus important n'est pas constitué de ce qui nous disons et faisons, mais bien de ce que nous sommes au plus profond de nous-mêmes. Si nos mots et nos actions ne traduisent que des techniques de communication (modèles de l'Éthique de la personnalité) et non notre for intérieur (Éthique du caractère), les personnes que nous rencontrons ressentent aussitôt cette ambiguïté. Et, dans ces conditions, il devient impossible d'édifier les fondations nécessaires à une interdépendance constructive.

L'interdépendance donne une tout autre dimension à la vie. Elle ouvre une porte sur des univers de rapports positifs, enrichissants, sincères qui nous permettent de travailler mieux, de donner plus de nous-mêmes, d'apprendre et de progresser. Mais c'est aussi dans l'interdépendance que nous éprouvons le plus de souffrances, le plus de frustrations, et que nous rencontrons le plus d'obstacles au bonheur et à la réussite. Il est impossible d'ignorer cette douleur. Elle est trop intense.

Nous pouvons vivre pendant des années en souffrant de notre manque de perspectives, de notre manque d'autodétermination et de l'absence de gestion de notre vie. Nous nous sentons mal à l'aise et, de temps à autre, nous prenons des mesures pour essayer d'enrayer le mal, tout du moins momentanément. Mais il s'agit là d'un mal chronique, qui revient sans cesse, et finalement nous nous habituons à vivre avec. Pourtant, lorsque nous avons des problèmes relationnels avec des personnes de notre entourage, nous ressentons à nouveau une douleur aiguë que nous voudrions voir disparaître. Nous recourons alors à ces techniques de rafistolage que propose l'Éthique de la personnalité, car nous ne comprenons pas que cette douleur aiguë provient en fait d'une aggravation de notre état chronique. Tant que nous traitons la douleur, et non la cause de la douleur, nos efforts restent sans succès.

Reprenons un instant notre métaphore de la poule aux œufs d'or. Nous avions défini la constructivité comme le résultat de l'équilibre entre la production (les œufs d'or) et les capacités de production (la poule). Si nous souhaitons jouir des fruits de l'interdépendance, il nous faut donc prendre soin des relations que nous entretenons avec ceux qui nous entourent, car elles seules peuvent produire des fruits.

Avant de passer aux habitudes 4, 5 et 6, j'aimerais vous faire part d'une autre métaphore tout aussi révélatrice de l'importance de cet équilibre.

LE COMPTE AFFECTIF

Nous savons tous ce qu'est un compte en banque : nous y déposons des valeurs, nous constituons des réserves dans lesquelles nous pouvons puiser en cas de besoin. Sur un compte affectif, nous déposons le produit de nos relations humaines, notre confiance : ce compte représente le degré de sécurité que nous ressentons dans nos rapports avec telle ou telle personne.

Si dans nos relations je me montre courtois, attentionné, sincère envers vous et si je tiens mes promesses, j'accumule des réserves. Vous avez de plus en plus confiance en moi, et je peux recourir à cette confiance si j'en ai besoin. Je peux même commettre un erreur ; si vous avez confiance en moi, si nos comptes affectifs sont bien fournis, cette confiance compensera mon erreur. Si je me suis mal exprimé, vous comprendrez tout de même ce que j'ai voulu dire. En effet, plus la confiance est grande entre deux individus, plus la communication est facile, spontanée et constructive.

En revanche, si je me montre sans cesse impoli, si je vous manque de respect, si je réagis exagérément à ce que vous dites, si je joue les petits chefs dans votre vie, mon compte va basculer très vite dans le rouge. Le degré de confiance diminuera de jour en jour, et ma marge de manœuvre aussi. Au bout du compte, il ne m'en restera plus du tout. Je dois faire attention à tous les mots que je prononce. Nos relations sont constamment tendues puisqu'elles ne reposent que sur de mauvais souvenirs. J'avance à couvert par peur des réactions.

Beaucoup d'entreprises, de groupes de toutes sortes, de familles, de couples fonctionnent selon ce dernier schéma. Au lieu de développer des relations basées sur une compréhension enrichissante, les conjoints n'aspirent qu'à vivre une vie indépendante tout en essayant de respecter l'autre tant bien que mal. Les rapports peuvent se détériorer jusqu'à devenir hostiles. Les personnes en conflit n'ont plus le choix qu'entre l'affrontement ou la fuite. Un climat de guerre froide s'installe dans leur foyer, la relation ne tenant plus alors qu'aux enfants, aux rapports sexuels, aux pressions sociales ou à l'image que veut offrir le couple à son entourage. La situation peut aussi aboutir à un divorce, à un affrontement sans pitié devant les tribunaux.

Ces situations ne remettent pas en cause notre principe-phare, l'équilibre P/CP. Il existe bel et bien. Mais notre situation varie selon que l'on s'en sert pour se guider ou que l'on décide, au contraire, de l'ignorer – pour finalement s'échouer contre lui…

Les relations les plus intimes sont celles qui nécessitent que l'on dépose sans cesse le plus de valeurs possible. Lorsque l'on attend plus de quelqu'un, les réserves ont tendance à s'amenuiser très vite : il lui faut investir constamment. Parfois, des retraits sont comptabilisés sans même que vous vous en rendiez compte ; de simples actions quotidiennes, la façon dont l'autre vous perçoit suffisent à faire baisser vos réserves. Cela se remarque plus spécialement avec nos enfants. Supposez que votre fils ait 15 ans et que vos conversations ordinaires se limitent à « Range ta chambre », « Baisse la musique », etc. Très vite, les retraits dépasseront vos crédits. Or, lorsque votre fils aura à prendre une décision décisive pour sa vie, il aura besoin de vous. Vous disposerez peut-être de la sagesse voulue, des connaissances nécessaires pour l'aider dans son choix. Mais, si votre compte affectif est déficitaire, s'il n'a pas entièrement confiance en vous, si le courant ne passe pas, il ne pourra pas écouter vos conseils. Il prendra alors sa décision en se basant sur ses émotions, en ne considérant que son avenir à court terme. Et les conséquences à long terme seront peut-être beaucoup plus négatives.

Pour communiquer dans ces situations délicates, nous avons besoin de sentir que les comptes sont crédités. Que faire pour les rééquilibrer ?

Il serait bon d'effectuer quelques versements. Vous pourriez commencer par lui faire plaisir d'une manière ou d'une autre : lui rapporter son magazine préféré, proposer de l'aider s'il travaille à un devoir difficile, l'inviter au cinéma, etc. Le meilleur versement possible reste cependant de l'écouter simplement, sans chercher à le juger, à le sermonner ou à lui exposer votre autobiographie comme l'exemple d'une vie réussie. Essayez de le comprendre. Montrez-lui que vous vous intéressez à lui, que vous le reconnaissez comme une personne responsable à part entière.

Il ne répondra peut-être pas dès la première fois. Il gardera probablement une certaine méfiance et vous répondra peut-être : « Qu'est-ce qui te prend tout à coup ? C'est encore une de tes nouvelles techniques de communication ? Mais si vous continuez vos versements, si vous accumulez peu à peu ces richesses, le déficit finira par se combler. Rappelez-vous surtout que cela demande beaucoup de patience et de la sincérité. Quelques minutes d'impatience peuvent ruiner tous vos efforts passés. Il est extrêmement difficile de ne pas devenir impatient dans de telles situations. Il faut aussi avoir une grande force de caractère pour continuer à se montrer proactif, à travailler sur son cercle d'influence, et pour laisser aux rapports le temps d'évoluer. Mais, ces investissements à long terme constituent bien le seul moyen de fonder et d'entretenir des relations humaines constructives. »

DIFFÉRENTES CATÉGORIES DE VERSEMENTS

Je vous propose six catégories de versements possibles sur votre compte affectif :

Comprendre l'autre

Sans aucun doute la meilleure des six. Effectuer ce versement constitue une condition préalable aux cinq autres catégories, car vous ne saurez jamais ce qui, pour l'autre, peut être un versement ou un retrait tant que vous ne comprenez pas cette personne. Ce qui vous semble un versement (une discussion, travailler sur un projet) représentera peut-être pour quelqu'un d'autre un retrait. Votre mission ne lui semblera peut-être qu'une perte de temps. Or, pour que le versement soit effectif, il doit convenir aux deux personnes. L'habitude 2 vous aide à reconnaître ce qui importe pour les personnes de votre entourage et à vous y intéresser. L'habitude 3 vous permet de subordonner vos projets à ces priorités humaines.

Le fils d'un de mes amis se passionne pour le football. Un été, mon ami l'accompagna à travers tout le pays, pendant six mois, pour suivre les matchs de coupe. Lorsqu'à son retour, quelqu'un lui demanda s'il aimait tellement le football, mon ami répondit : « Je n'aime pas le football, mais j'aime mon fils. »

Nous avons trop souvent tendance à piocher dans notre vécu personnel pour imaginer ce que désirent d'autres personnes, ou ce dont elles ont besoin. Nous interprétons les « mouvements de compte » en fonction de nos besoins, de nos désirs actuels ou de ceux que nous avions au même âge que l'interlocuteur.

Vous connaissez probablement la maxime suivante que l'on appelle la Règle d'or : « Ne faites pas aux autres ce que vous n'aimeriez pas qu'ils vous fassent. » Si l'on y réfléchit bien, cet adage signifie qu'il faut en fait chercher à comprendre l'autre comme l'on aimerait soi-même être compris de lui, afin d'associer notre comportement envers lui à cette compréhension. Quelqu'un me disait un jour à propos de l'éducation de ses enfants : « Il faut les traiter tous sur un pied d'égalité en se comportant différemment avec chacun. »

Les petites attentions font les grandes relations

De même, les petites méchancetés, les petites inattentions, les petits manques de respect se traduisent par d'importants retraits.

Je me souviens d'une soirée avec deux de mes fils lorsqu'ils étaient très jeunes. Nous avions terminé notre sortie par une séance de cinéma. Sean, le cadet, s'endormit au milieu du film. À la fin de la séance, je le pris dans mes bras et le portai jusqu'à la voiture où je l'allongeai sur le siège arrière. Comme il faisait froid ce soir-là, j'enlevais mon manteau pour le couvrir. Arrivé à la maison, je le repris dans mes bras pour le porter jusqu'à son lit. Lorsque je retournai voir Steven, mon autre fils, il pleurait. Et quand je lui demandai ce qui n'allait pas, il me répondit : « Est-ce que, si j'avais froid, tu enlèverais ton manteau pour me couvrir aussi ? »

Dans toute cette soirée fantastique que nous avions passée ensemble, l'événement qu'il avait retenu était cette marque de tendresse que j'avais manifestée envers son frère.

Cette soirée m'avait enseigné une prodigieuse leçon que je garde encore en mémoire. Nous avons en nous une grande sensibilité, une grande faiblesse. Et, je ne pense pas que l'âge et l'expérience changent beaucoup à cela. Même lorsque extérieurement nous paraissons rudes et endurcis, les émotions et sentiments de notre cœur restent toujours aussi tendres.

Tenir ses promesses

Tenir ses promesses constitue un versement de qualité. Faire une promesse, alors qu'on ne pourra pas la réaliser, crée sans doute le plus grand déficit qui puisse exister. Nul ne vous croira lorsque ensuite vous vous engagerez pour autre chose. Nous avons tous tendance à bâtir nos espoirs sur les promesses d'autrui, et notamment sur celles qui touchent les fondements de notre vie.

J'ai ma propre philosophie à ce sujet en ce qui concerne mes rapports avec mes enfants. J'essaie de ne jamais promettre ce que je ne pourrai pas concrétiser. J'essaie de soigner mes rares promesses, de tenir compte de toutes les variables, de toutes les contingences imaginables, afin d'éviter qu'un événement soudain ne m'empêche de rester fidèle à mon engagement.

Parfois, malgré tous mes efforts, l'imprévu vient complètement bouleverser mes projets. Mais la promesse exprimée conserve toute sa valeur. Si je le peux, je la réalise un autre jour, sinon je tiens à expliquer exactement la situation à la personne concernée et je demande à être dégagé de mon obligation.

Je pense sincèrement qu'en tenant vos promesses vous jetez des ponts entre vous et vos enfants, particulièrement lorsqu'une cassure risque de se produire pour cause d'incompréhension. Lorsque, par la suite votre enfant désire quelque chose et qu'en tant qu'adulte vous connaissez les conséquences néfastes de souhait, votre loyauté vous autorise à lui dire : « Si tu fais cela, les conséquences seront les suivantes… » Lorsqu'un enfant sait qu'il peut avoir confiance en vous, qu'il sait qu'il peut agir selon vos conseils, il les suivra.

Exprimer clairement ses attentes

Imaginez les problèmes que vous rencontreriez si vous et votre supérieur n'aviez pas la même idée de vos rôles respectifs et que vous n'en étiez pas conscients.

– Quand comptez-vous définir mon rôle dans l'entreprise ? demanderiez-vous.

– J'attendais justement que vous y réfléchissiez et que vous me proposiez un projet professionnel, vous répondrait votre directeur.

– Mais je pensais que cela relevait de vos fonctions.

– Mais non. Pas du tout. Vous ne vous en souvenez peut-être pas, mais, dès le début, je vous ai signalé que la façon dont s'effectuerait le travail dépendrait en grande partie de vous-même.

– Je pensais que vous parliez de la qualité du travail, car je ne sais même pas en quoi consiste ce travail.

Beaucoup de conflits naissent en fait de malentendus de ce genre, d'attentes mal exprimées, de définitions ambiguës des rôles et des objectifs de chacun. Qu'il s'agisse de définir vos obligations professionnelles, ou la tâche de chacun à la maison, vous pouvez être certain qu'un manque de précision à ce sujet engendrera des malentendus, des déceptions et de la méfiance.

Certaines attentes sont implicites. Dans un couple, les conjoints s'y référeront par exemple lorsqu'ils en éprouvent le besoin, alors que ces attentes n'ont jamais été ouvertement exprimées et ne sont peut-être même pas reconnues comme telles. Or, répondre à ces attentes crédite votre compte, les ignorer, au contraire, le débite. Nous créons tant de relations négatives en pensant naïvement que nos attentes sont manifestes, comprises et acceptées de tous. C'est pourquoi, dans chaque nouvelle situation que vous abordez, il est si important de jouer cartes sur table dès le début. Car on vous jugera sur votre respect de ces attentes, et vous jugerez les autres de même.

Définir les attentes de chacun pour rendre les versements encore plus positifs demande un grand investissement en temps et en efforts personnels. Mais vous réaliserez ensuite des grandes économies d'énergie. Lorsque la situation manque de clarté, les individus se raccrochent à leurs sentiments, à des impressions. De petits malentendus tournent alors très vite à des conflits relationnels, engendrant des difficultés de communication.

Révéler ses attentes et reconnaître celles des autres requiert parfois beaucoup de courage. Il semble toujours plus facile d'agir comme s'il n'existait aucune différence en espérant que tout se déroulera sans problèmes, au lieu de définir un certain nombre d'attentes qui conviendraient à toutes les parties.

Cultiver son intégrité personnelle

Prouver son intégrité suscite la confiance. Je peux essayer de comprendre, ne pas oublier ces petites choses qui ont tant d'importance, tenir mes promesses, exprimer mes attentes. Mais, cela ne me conduira à rien si l'on sent que je mène un double jeu.

La notion d'intégrité inclut celle d'honnêteté, mais elle s'étend encore beaucoup plus loin. Être honnête, c'est dire la vérité ; nos mots retracent la réalité. Lorsque nous nous montrons intègres, c'est au contraire la réalité que retracent nos paroles ; en d'autres termes, nous tenons nos promesses, respectons nos engagements et répondons aux attentes exprimées ou ressenties. Pour parvenir à ce résultat, nous avons besoin de faire entièrement corps avec nous-mêmes, mais aussi avec la vie.

L'un des meilleurs moyens de prouver son intégrité consiste à rester loyal envers les absents. En défendant les absents, vous gagnez la confiance des personnes présentes.

Imaginez que lorsque je suis avec vous je critique sans cesse notre directeur, que je vous révèle les secrets que d'autres m'ont confiés. Cela vous mettrait-il en confiance ? Non. Cela vous indiquerait plutôt ce que je suis capable de dire sur vous dès que vous tournez le dos. Vous penseriez que je tiens de beaux discours par devant, mais que je vous attaque par derrière.

Cette duplicité ressemble parfois à un crédit, elle donne l'impression de partager nos impressions avec quelqu'un. Pourtant, elle s'inscrit bien au débit de notre compte dans la mesure où elle prouve notre manque d'intégrité. Vous obtenez temporairement quelques œufs d'or (le plaisir de « descendre » votre supérieur par exemple), mais vous étranglez la poule en détériorant la relation qui vous procure satisfaction.

Dans le contexte interdépendant dans lequel nous vivons, se montrer intègre consiste à traiter tout le monde selon les mêmes principes. Si vous vous conformez à cette simple logique, la confiance de votre entourage augmentera progressivement. On n'appréciera peut-être pas immédiatement les situations franches, les confrontations qu'engendrent une telle intégrité. Beaucoup de gens sont partisans du moindre effort et préfèrent critiquer, minimiser, trahir, faire des commérages. Ils n'ont pas le courage d'envisager une confrontation. Mais, à long terme, si vous tenez suffisamment à eux pour les aborder franchement, vos interlocuteurs se montreront confiants. Gagner la confiance d'autrui, c'est se faire aimer de lui.

Lorsque mon fils Joshua était encore petit, il avait l'habitude de souvent remettre en question l'amour que je lui portais. Chaque fois que je réagissais avec exagération, que je me montrais impatient avec quelqu'un, il me demandait : « Papa, est-ce que tu m'aimes ? » Comme j'avais agis à l'encontre de nos principes, il avait peur que j'agisse ainsi avec lui. En tant que professeur et en tant que parent, j'ai souvent remarqué qu'une personne, par son amour et sa discipline, suffisait à nous servir d'indicateur pour notre comportement général. La manière dont nous traitons cette seule personne révèle la manière dont nous devons traiter tout notre entourage. Car les autres individus sont en définitive tout aussi uniques. Il faut éviter toute communication susceptible de ne pas respecter la dignité de l'autre, de le tromper, de lui mentir. Si nous possédons un caractère intègre, nos mots, nos paroles ne communiqueront que cette intégrité.

Présenter des excuses sincères quand on s'est trompé

Quand nous trahissons la confiance que l'on avait placée en nous, nous devons nous excuser sincèrement. Dire simplement quelques mots comme « J'ai eu tort », « Je vous ai manqué de respect tout à l'heure, excusez-moi », « C'était méchant de ma part de dire cela », peut rééquilibrer votre compte si vous le dites du fond du cœur. Mais cela exige encore du courage. Souvent, nous nous excusons parce que nous avons pitié de la personne et non parce que nous reconnaissons avoir tort. Pour pouvoir s'excuser sincèrement, il faut en effet bien se connaître soi-même et pouvoir compter sur ses principes et sur ses valeurs. Les individus possédant peu d'assurance se trouvent démunis face à de telles situations. Ils se sentent trop vulnérables. Ils craignent d'apparaître comme trop tendres, faibles. Ils ont peur que l'on tire un avantage de ces faiblesses. Leur assurance dépend en général de l'opinion de leur entourage et ils se soucient avant tout de savoir ce que l'on va penser d'eux. De plus, ils sont souvent persuadés d'avoir raison. Ils justifient leurs fautes par celles des autres, et leurs excuses se révèlent finalement très superficielles. Ce sont les faibles qui sont cruels, et la bonté ne peut venir que du fort.

Laissez-moi vous donner encore un exemple personnel. Un après-midi, je travaillais chez moi, dans mon bureau. Mes enfants jouaient et je les entendais claquer les portes, crier et courir dans tous les sens. J'entendis ensuite mon fils tambouriner contre la porte de la salle de bains et hurler : « Laisse-moi entrer ! Laisse-moi entrer ! » Cela dépassait toutes les limites de ma patience. Je sortis donc de mon bureau pour lui dire d'un ton très sévère : « David, te rends-tu compte que j'essaie de me concentrer pour écrire ? Est-ce que tu crois que je peux travailler si tu fais tout ce bruit ? Va dans ta chambre, et reste-y jusqu'à ce que tu sois calmé ! »

En retournant dans mon bureau, je pris conscience de la situation : en jouant, l'un des enfants s'était blessé et il saignait. Lorsque je me rendis compte que j'avais mal interprété tout ce bruit, je montai dans la chambre de mon fils pour m'excuser. Il ne voulait pas pardonner mon emportement et quand je lui demandai pourquoi, il me répondit en toute franchise : « Tu as déjà fait la même chose la semaine dernière. » Il me faisait ainsi remarquer que mon compte était en déficit, que j'essayai de m'excuser pour un comportement dans lequel je m'installais confortablement.

Par des excuses sincères vous créditez votre compte. Par des excuses trop fréquentes, que l'on peut interpréter comme trop légères, vous débitez votre compte. Commettre une erreur est une chose, ne pas l'admettre en est une autre. Or on excuse facilement une simple erreur de jugement, mais on excusera plus difficilement les erreurs du cœur, celles qui révèlent une mauvaise intention, des motifs injustifiés, la dissimulation d'une erreur par amour-propre.

Les lois de l'amour et les lois de la vie

Lorsque nous prouvons à quelqu'un notre amour inconditionnel, en vivant les lois fondamentales de l'amour, nous l'encourageons à vivre dans le respect des lois fondamentales de la vie (coopération, apport personnel, autodiscipline, intégrité). Nous créditons les comptes : nous aidons l'autre à se sentir plus sûr, à s'affirmer dans ses valeurs et son identité, à trouver son intégrité. Nous favorisons le processus naturel de développement : nous apprenons à cette personne à découvrir ce qui existe de meilleur, de plus noble en elle, et à vivre en harmonie avec cela. Nous lui offrons la liberté voulue pour agir en fonction de ses impératifs, et non l'habitude de réagir en fonction de nos possibilités et de nos limites. Cela ne signifie pas devenir laxiste, au contraire. Se montrer laxiste engendrerait un déficit. Nous conseillons, défendons, nous fixons des limites, indiquons les conséquences, mais nous aimons.

Lorsque, en revanche, nous enfreignons les lois de l'amour, lorsque nous posons nos conditions, nous encourageons l'autre à enfreindre les lois de la vie. Nous poussons notre interlocuteur dans une position réactive, défensive, dans une situation où il doit sans cesse prouver qu'il existe en tant que personne indépendante.

Pourtant, en se comportant ainsi, il ne se montre pas indépendant, mais antidépendant. L'antidépendance est en fait une forme de dépendance que je situerais à l'extrême bas de l'échelle de maturité. Les personnes antidépendantes ont tendance à axer leur vie sur leurs ennemis, à s'inquiéter de défendre leurs « droits » et à prouver leur individualité au lieu d'écouter et de respecter leurs véritables besoins intérieurs.

La rébellion est un problème issu de l'esprit, pas du cœur. La clé de ce problème réside dans l'alimentation constante de votre compte affectif par un amour inconditionnel.

L'un de mes amis, doyen d'une faculté de renom, avait travaillé toute sa vie dans l'espoir que son fils poursuivrait ses études dans ce même établissement. Or, lorsqu'il fut en âge de choisir, son fils décida qu'il n'appartiendrait jamais à cette faculté. Il ressentait en fait l'amour que lui portaient ses parents comme un amour conditionnel, dépendant de son inscription dans cet établissement. L'inscription comptait plus à leurs yeux que sa propre valeur. Il se sentit donc obligé de se battre pour son identité en refusant d'intégrer l'école.

Après avoir beaucoup réfléchi, le père comprit qu'il devait renoncer à cet amour conditionnel. Avec sa femme, ils s'efforcèrent d'aimer leur fils indépendamment de sa décision, mais en expliquant le pourquoi de leurs comportements. Lorsqu'ils lui demandèrent de confirmer sa décision et qu'il le fit, ils étaient préparés à une telle réponse, et le cours de la vie reprit tout à fait normalement. Ils continuèrent de l'aimer sans poser de conditions à cet amour.

L'histoire veut qu'après quelque temps, leur fils, ne se sentant plus poussé dans ses retranchements, réfléchit à nouveau à la proposition et découvrit qu'il souhaitait en fait bénéficier de l'éducation dispensée dans l'établissement de son père. Il s'inscrivit et lui fit part de cette inscription. En acceptant ce revirement, le père prouva une fois de plus qu'il avait pour son fils un amour inconditionnel. Il se sentait heureux, mais ne jubilait pas d'une quelconque victoire. Il avait compris ce que signifiait aimer sans conditions.

J'ai pour ma part appris aussi beaucoup en découvrant ces paroles de Dag Hammarskjold, ancien secrétaire général aux Nations unies : « Il est plus noble de se sacrifier entièrement pour une seule personne que pour le salut des masses. » Pour moi, cela signifiait que malgré tout le temps que je passais à travailler comme conseiller pour des milliers de personnes, sur des milliers de projets, j'étais incapable d'entretenir des relations satisfaisantes avec ma femme, mes enfants, ou mes plus proches associés. Cela signifiait aussi qu'il me faudrait plus d'humilité, plus de courage et plus de force pour reconstruire ces relations. Et j'ai pu remarquer qu'il en était de même pour beaucoup de personnes. Dans de nombreuses entreprises auprès desquelles j'intervenais comme consultant, les problèmes découlaient souvent d'une incompréhension entre deux hommes seulement, le propriétaire de la société et le P.-D.G., ou le directeur général et son adjoint, par exemple. À cette époque, j'avais moi-même des problèmes avec mon adjoint. J'avais laissé s'envenimer nos rapports de peur qu'une confrontation franche ne mette en danger notre entreprise. Ce n'est qu'après une longue réflexion, durant laquelle je répertoriai tous les principes qui m'importaient, que j'avais trouvé le courage de lui parler. Or, lorsque nous commençâmes à discuter, je m'aperçus qu'il avait suivi le même cheminement intellectuel. Dans le plus grand respect l'un de l'autre, nous parvînmes à étaler toutes nos différences et les problèmes qui s'y rattachaient pour finalement trouver des terrains d'entente et des solutions. Forts de cette nouvelle union, nous avons pu par la suite former une équipe soudée et travailler beaucoup plus constructivement.

Que ce soit dans une entreprise, une famille ou au sein d'un couple, créer l'unité indispensable pour se développer dans l'harmonie exige un courage intense et un prodigieux investissement de sa personne.

AUGMENTER LES CAPACITÉS DE PRODUCTION

Cette dernière expérience m'a aussi enseigné la chose suivante : dans une relation interdépendante, chaque problème au niveau de la production représente une chance d'améliorer nos capacités de production, d'augmenter notre compte affectif.

Lorsque des parents considèrent les problèmes de leurs enfants comme une occasion d'enrichir leurs relations, et non comme un nouveau fardeau, la nature des rapports change d'elle-même. Les parents se montrent intéressés, voire impatients à l'idée de comprendre et d'aider leur enfant. D'autre part, de nouveaux liens d'amour et de confiance se créent si l'enfant sent que ses parents respectent ses problèmes et le respectent lui, en tant qu'individu.

LES HABITUDES D'INTERDÉPENDANCE

Maintenant que nous comprenons bien le paradigme du compte en banque, nous sommes en mesure d'aborder la victoire publique. En étudiant ces habitudes, nous nous apercevrons d'ailleurs qu'ensemble elles nous permettent de nous reposer sur une interdépendance constructive. Nous nous rendrons également compte de l'influence déterminante que peuvent avoir sur nous certains scénarios, certains modes de pensée, certains comportements. Nous verrons de façon encore plus flagrante que seules les personnes indépendantes peuvent progresser vers l'interdépendance. Il est impossible de remporter cette victoire publique en recourant à des techniques de « négociation à avantages mutuels » ou « d'analyse créative » qui ne tiennent compte que de la personnalité externe des gens au détriment de leur caractère intrinsèque.

Habitude n° 4

Pensez gagnant/gagnant

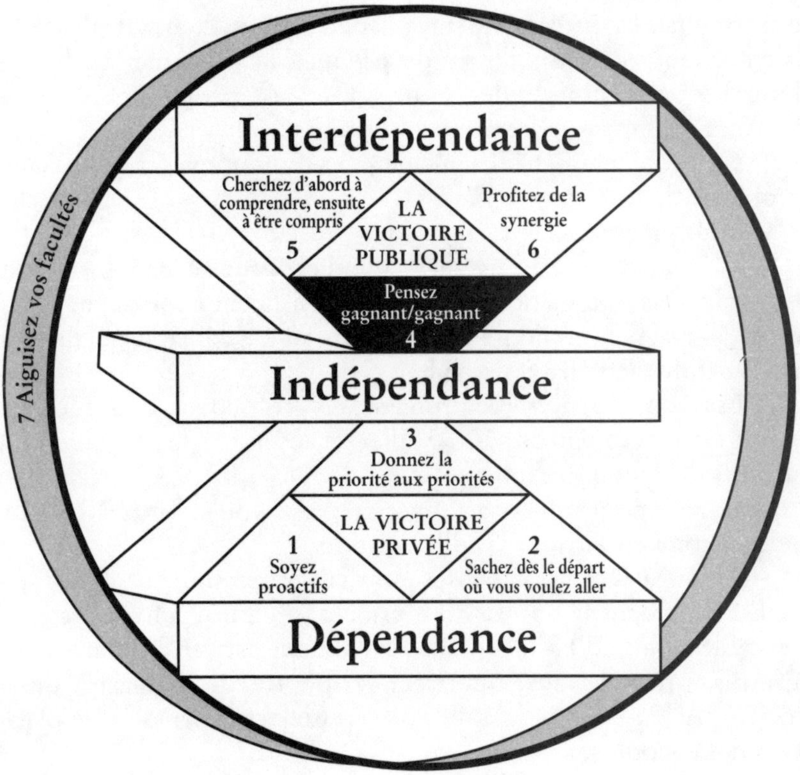

PRINCIPES DE LEADERSHIP INTERACTIF

Nous avons mis en mémoire la Règle d'or. Appliquons-la dans notre vie maintenant.

Edwin Markham

VOICI quelques années, je fus appelé à travailler pour une société dont le président se plaignait du manque de coopération de ses employés. Nos conversations se déroulèrent ainsi :

– Le problème majeur, c'est que nos employés sont égoïstes. Ils ne savent pas ce que signifie travailler en équipe. Pourtant, s'ils voulaient coopérer, notre chiffre de production monterait en flèche. Pourriez-vous nous aider à organiser un projet de relations humaines pour résoudre nos problèmes ?

– Ce problème tient-il seulement à vos employés, ou est-ce un problème de fond ?

– Vous jugerez vous-même.

Et je remarquai effectivement que l'égoïsme régnait en maître. Les individus refusaient de collaborer, résistaient à tout signe d'autorité, et restaient toujours sur la défensive. Le déficit engendré par ce climat de méfiance était évident.

– Essayons d'analyser le problème en profondeur. Pourquoi vos employés ne veulent-ils pas travailler en équipe ? Que gagnent-ils à ce refus de coopérer ?

– Gagner pour refuser à coopérer ? Vous voulez rire ! Non. Il y a des récompenses pour la collaboration.

– Ah oui ? Des récompenses pour la coopération !

En effet, dans le bureau du président, un mur était réservé à un véritable tableau d'honneur. On y voyait une arrivée de course mais à la place des chevaux, figuraient les photos des managers de la société. À l'arrivée de la course, un poster représentait une plage avec des cocotiers.

Une fois par semaine, le président réunissait ses cadres et essayait de les motiver. Son leitmotiv était : « Qui va gagner le voyage aux

Seychelles ? Cela revenait à demander la lune à Monsieur X pour un billet d'avion, ou à signaler aux troupes que les « exécutions » continueraient tant que leur moral ne remonterait pas. Il voulait que ses employés travaillent en collaboration, mais en fait, il les montait les uns contre les autres, la réussite des uns faisant l'échec des autres.

Comme dans beaucoup de cas, le problème résultait d'une erreur : le président avait basé sa politique humaine sur un mauvais paradigme, celui de la compétition. Il souhaitait maintenant que je trouve un remède miracle, un antidote instantané pour enrayer les effets néfastes de ce paradigme. Mais on ne modifie pas un résultat sans changer les données du problème.

Nous avons donc décidé de rechercher l'excellence de chacun et de la société en mettant sur pied un programme d'informations, et des récompenses encourageaient la coopération entre employés.

Que vous soyez P.-D.G. d'une société ou chef de famille, dès l'instant où vous franchissez le pas de l'indépendance vers l'interdépendance, vous faites plus que gérer, vous guidez, vous dirigez. Vous êtes en mesure d'influencer les gens. Mais pour exercer une direction constructive, il faut apprendre à gagner avec les autres.

Ce que vous devez apprendre n'est pas une technique ; il faut en fait assimiler une sorte de philosophie concernant les relations humaines, un modèle de comportement parmi les six paradigmes d'interaction :

Gagnant/gagnant	Perdant/perdant
Gagnant/perdant	Gagnant
Perdant/gagnant	Tout ou rien

Gagnant/gagnant

Ce paradigme suppose que les individus veulent, dans leur cœur et dans leur esprit, que toutes leurs interactions débouchent sur des bénéfices mutuels, sur des satisfactions mutuelles. Lorsqu'un problème trouve une solution, les deux parties ressortent, toutes deux, vainqueurs. Pour ceux qui veulent gagner ensemble, la vie n'est pas le théâtre d'un combat, mais un immense terrain d'entente. La plupart des gens voient la vie par dichotomies : le faible et le fort, gagner ou perdre, la manière douce ou la manière forte. Mais ce mode de pensée est défectueux à la base. Il repose sur le pouvoir, et non sur des principes. Au contraire, lorsque l'on pense à partager la victoire avec autrui, on part du principe « qu'il y en aura pour tout le monde », que le succès des uns ne dépend pas de l'échec des autres.

Gagner ensemble, c'est suivre la voie du juste milieu : ce n'est pas votre solution qui l'emporte, ni la mienne, mais une troisième, une solution meilleure, plus noble.

Gagnant/perdant

Un tel paradigme sous-tend la « politique des Seychelles » présentée dans l'exemple précédent : « Si je gagne, vous perdez. » Cela donne un style de direction très autoritaire : « Vous faites ce que je dis ; vous n'obtiendrez pas ce que vous voulez. » Les personnes fonctionnant selon ce paradigme usent de leur position, de leur pouvoir, de leur crédit, de leurs richesses ou de leur personnalité pour obtenir que leur volonté soit faite.

Beaucoup d'entre nous grandissent en suivant ce scénario. Déjà, et surtout dans la famille, cette relation de force se ressent lorsque, par exemple, on compare les enfants entre eux. Les preuves d'amour, la patience et la compréhension des parents se répartissent alors inégalement en fonction des résultats comparatifs. Chaque fois qu'un individu doit « gagner » son amour en respectant certaines conditions, cet amour conditionnel lui communique en fait qu'il n'a pas de valeur intrinsèque, qu'il n'est pas digne d'être aimé. Sa valeur lui vient de l'extérieur, d'une comparaison avec quelqu'un, ou d'une attente à laquelle il doit répondre.

Qu'arrive-t-il alors lorsqu'un esprit encore jeune, lorsqu'un cœur encore tendre, encore dépendants de l'amour et du soutien des parents doivent affronter cet amour conditionnel ? L'enfant se trouve ainsi moulé, façonné, programmé par cette mentalité « gagnant/perdant » : « Mes parents ne m'aiment pas autant que ma sœur. Si je deviens meilleur qu'elle, ils m'aimeront plus. »

Ce scénario se répète aussi au sein des groupes. L'enfant a d'abord besoin de se faire accepter de ses parents, puis de ses pairs, de ses frères et sœurs ou de ses camarades. Et nous savons tous comme cette expérience peut se révéler cruelle. Un groupe acceptera un individu ou le rejettera en bloc selon qu'il se conforme aux attentes, aux normes du groupe. Le système d'évaluation scolaire relève également de ce modèle. J'obtiens 15/20, parce qu'en comparaison votre travail vaut 13/20. Ces notes se soucient peu du potentiel de chacun. Alors que vous avez peut-être su utiliser toutes vos capacités pour réaliser ce travail quand je n'ai pas su les mobiliser. Or, ces notes revêtent une immense valeur sociale. Elles ouvrent des portes, en ferment d'autres. La concurrence règne sur nos systèmes éducatifs, et coopérer est souvent interprété comme une tricherie.

Le sport programme aussi les enfants selon ce mode de pensée. Gagner, c'est battre ses adversaires sur le stade. La loi aussi fonctionne parfois selon ce modèle. Nos sociétés ont certes besoin de lois, mais celles-ci nous apportent bien peu de synergie, car elles reposent sur l'adversité : les parties, lors d'un procès sont toujours sur la défensive et ne peuvent donc se montrer ni créatives ni coopératives. Les affaires peuvent tout au plus aboutir à un arrangement à l'amiable.

Bien entendu, certaines situations de réelle concurrence où règne la méfiance nous amènent à penser selon ce paradigme « gagnant/perdant ». Mais la vie ne représente pas en elle-même une grande compétition ! Nous n'avons pas à lutter sans cesse contre notre conjoint, nos enfants ou d'autres personnes de notre entourage. Se demander « Qui a gagné le mariage ? » tient du ridicule. Et si les deux conjoints ne gagnent pas ensemble, alors ils perdent tous deux.

La vie est faite d'interdépendance plus que d'indépendance et la plupart des résultats que vous désirez obtenir reposent sur des actions communes. Le paradigme « gagnant/perdant » s'oppose totalement à cet esprit de coopération.

Perdant/gagnant

Certaines personnes raisonnent au contraire selon le paradigme inverse : « perdant/gagnant ». Elles se considèrent perdues d'avance et préfèrent laisser les autres gagner pour conserver leur tranquillité.

Ce mode de pensée leur nuit encore plus que le précédent, car il ne répond à aucune norme, aucune attente, aucune perspective. Ces personnes sont généralement faciles à contenter. Elles recherchent en effet leur force dans la popularité. Elles expriment peu leurs propres sentiments et leurs convictions et se laissent vite intimider. Pour ces individus, négociation signifie capitulation, diriger signifie laisser faire et être indulgent. L'individu « perdant/gagnant » est un « chic type », même s'il est toujours la lanterne rouge.

Il dissimule de nombreux sentiments, des sentiments enterrés vivants qui finissent par ressortir de façon encore plus néfaste. Certaines maladies psychosomatiques proviennent souvent de dissensions, de grandes déceptions et de désillusions refoulées. Cette inhibition aboutit également à des colères excessives, à des réactions exagérées face à de petites provocations, et au développement d'un esprit cynique. Les individus qui refoulent ainsi leurs sentiments se trouvent souvent blessés dans leur amour-propre et cela finit par détériorer leurs relations humaines.

Ces deux schémas de fonctionnement (« gagnant/perdant », « perdant/gagnant ») n'offrent aucun appui stable. Ils reposent sur un manque d'assurance. À court terme, le schéma « gagnant/perdant » produira plus de résultats, car il utilise la force et l'expérience des personnes dites battantes. Le second, au contraire, reproduit les faiblesses et le chaos.

Beaucoup de cadres, de dirigeants ou de parents passent sans arrêt d'un paradigme à l'autre. Ils balancent entre le manque d'égards envers autrui (« gagnant/perdant ») et la permissivité (« perdant/gagnant »). Lorsqu'ils ne supportent plus le désordre, le manque de direction, d'attentes précises et de discipline, ils s'accrochent au premier schéma, jusqu'à ce qu'un sentiments de culpabilité les repousse vers le second paradigme, et ainsi de suite.

Perdant/perdant

Lorsque deux personnes fonctionnant selon le modèle « gagnant/perdant » (deux individus déterminés, obstinés et égocentriques) entrent en relation, toutes deux finissent par perdre. Il en résulte un troisième mode de pensée : « perdant/perdant ». Chacun veut « rendre la monnaie de sa pièce » à l'autre, ou souhaite du moins « être quitte ». Ils ne réalisent pas que cette agression mutuelle les mène en fait au « suicide ». La vengeance est en effet toujours une arme à double tranchant. J'ai eu connaissance d'un cas de divorce fonctionnant sur ce modèle-ci. Le mari ayant été « condamné » à vendre tous les biens en commun pour en partager le bénéfice avec sa femme, il bradait littéralement tout ce qu'il vendait afin que son ex-femme touche le moins d'argent possible.

Certaines personnes deviennent obnubilées par leur ennemi. Elles ne pensent plus qu'à leur vengeance et ne voient pas que celle-ci leur nuit. Cette philosophie est celle de l'adversité constante, de la guerre. Elles est aussi celle des personnes dépendantes qui ne peuvent se diriger d'elles-mêmes, qui se sentent malheureuses et souhaitent que le monde entier soit également malheureux. Car, après tout, lorsque personne ne gagne, être perdant fait moins mal.

Gagnant

On peut aussi penser uniquement à gagner, tout seul, sans pour autant désirer que l'autre perde. Les gens qui pensent ainsi ne ressentent aucun plaisir particulier à écraser autrui. Tout ce qui compte, c'est d'obtenir ce que l'on veut, c'est-à-dire assurer ses arrières, et laisser aux autres le soin d'assurer les leurs. En dehors des situations de concurrence manifeste, ce mode de pensée reste sans doute le plus fréquent.

Quelle option faut-il prendre ?

Il n'existe pas de règle générale sur l'efficacité de ces paradigmes. Bien entendu, dans une rencontre sportive, si vous gagnez, l'autre perd. Vous pouvez aussi préférer cette solution si vous dirigez une division d'entreprise sans concurrence importante sur un certain territoire. Cela stimulera, en effet, les affaires. Toutefois, à l'intérieur même d'une société, ce paradigme peut entraîner des catastrophes puisque le travail requiert la coopération de tous. Si, dans une situation donnée, le plus important reste les rapports que vous entretenez avec l'autre partie, vous pouvez renoncer, pour une fois à gagner. Vous préservez ainsi les relations. Vous pouvez aussi penser que le temps et l'énergie nécessaires pour arriver à un bon compromis constitueraient un trop grand investissement par rapport au résultat escompté. Dans d'autres circonstances, vous voudrez simplement gagner. Par exemple, si votre enfant était en danger, vous ne vous soucieriez pas de ce qui arrive aux autres. Vous ne penseriez qu'à sauver sa vie.

Le bon choix dépend donc de la réalité rencontrée. Toute la difficulté consiste à reconnaître la réalité de manière précise et à ne pas se réfugier toujours dans un de ces modèles. La plupart des situations qu'offre la vie reposent cependant sur l'interdépendance. Gagner ensemble constitue alors la seule solution viable.

En effet, dans ces situations, si vous perdez contre moi, vos sentiments et nos rapports en souffrent. Ma victoire à court terme se transformera en un échec à long terme. Si, au contraire, je pars perdant, vous aurez l'impression de gagner. Mais comment pourrais-je ensuite travailler correctement avec vous ? Comment ma société pourrait-elle remplir notre contrat ? Je n'aurais peut-être plus envie de vous fournir à des prix aussi avantageux. Je fournirais en revanche vos concurrents. Nous perdrons tous les deux, ce qui n'est pas envisageable. En m'occupant de vaincre, je ne me soucie pas des conséquences, bonnes ou mauvaises, de ma victoire. Je ne cherche pas à développer des relations constructives.

Dans ces situations d'interdépendance, gagner ensemble apparaît donc bien comme la solution la plus avantageuse pour tous.

J'eus un jour une conversation intéressante avec un de mes clients. Il trouvait que gagner ensemble était effectivement la meilleure solution pour les relations humaines, mais ne comprenait pas que cela fonctionnait en affaires. Nous avions pragmatiquement étudié toutes les possibilités, et il avait fini par admettre qu'il pouvait gagner des clients en gagnant avec ses clients. Mais quelque chose le gênait encore : « Je peux faire ça avec mes clients, mais pas avec mes fournisseurs. » Je lui fis simplement remarquer qu'il était, pour ses fournisseurs, ni plus ni moins qu'un client ; si le paradigme se révèle juste pour ses propres clients, pourquoi ne fonctionnerait-il plus pour lui-même ? Il me répondit qu'il avait déjà essayé, qu'il avait négocié avec un fournisseur en partant sur cette base. Mais finalement, il s'était fait « rouler ». En discutant, nous sommes arrivés à la conclusion suivante : puisqu'il s'estimait roulé dans cette affaire, c'est qu'il avait abordé les négociations vaincu d'avance. Dans le cas contraire, il aurait prolongé la phase de communication plus longtemps avant de signer un contrat. Il aurait écouté le fournisseur, il aurait exprimé son opinion avec plus de courage et ce jusqu'à ce qu'un contrat profitable aux deux parties puisse être conclu.

Tout ou rien

S'ils n'avaient pu trouver un contrat profitable à tous, ces deux personnes auraient pu alors opter pour le paradigme tout ou rien :

puisque l'on ne peut pas s'entendre sur un point, autant respecter nos divergences et ne pas conclure de contrat. Si nos buts, nos valeurs s'opposent manifestement, il vaut mieux ne pas s'engager ensemble, ne pas créer d'attentes, ne pas espérer de résultats précis. Il vaut également mieux réaliser cela dès le début, au lieu d'attendre que les négociations portent leurs fruits. Car, en réalité, les deux parties perdent alors leurs illusions.

Partir avec ce principe en tête vous libère. Vous ne vous sentez pas obligé de manipuler les gens, de bousculer votre agenda, d'imposer votre volonté. Vous restez ouvert à toute éventualité et essayez de comprendre les difficultés qui sous-tendent les différentes positions. Vous pouvez affirmer sincèrement vos intentions (tout ou rien). Faites comprendre à votre interlocuteur qu'il est préférable de ne pas passer de contrat plutôt que d'en conclure un qui ne bénéficie pas aux deux parties. Vous pourrez peut-être vous entendre la prochaine fois.

Chaque fois qu'une des parties perd, cette défaite provoque des conséquences à long terme sur les relations. Il faut donc estimer avec soin ces conséquences avant de prendre toute décision.

Et, bien souvent, se retirer du jeu vaut mieux que de mal jouer.

Dans une famille, cette solution donne à chacun une immense liberté affective. Si personne ne veut, par exemple, regarder la même émission à la télévision, il est toujours possible de s'accorder pour faire quelque chose de totalement différent qui plaise à tout le monde. Dans certaines conditions, il ne peut être question de refuser tout accord : je n'abandonnerai jamais ma femme et mes enfants sous prétexte de ne pas pouvoir trouver la solution avantageuse pour tous. Je préfèrerais chercher un compromis qui ne laisse personne complètement vaincu.

Si cette option (gagner ensemble) convient très bien lorsque les relations débutent, elle reste parfois difficilement applicable dans des relations d'affaires suivies, au sein d'une entreprise familiale ou d'une association amicale. Là, les compromis s'accumulent, année après année, donnent naissance à des problèmes tant sur le plan humain que sur celui des affaires. Ceci se révèle d'autant plus vrai lorsque la concurrence exige des victoires communes et la force de synergie que crée un travail d'équipe.

Privées de cette possibilité de refus, beaucoup de ces entreprises se désagrègent, ou doivent finalement faire appel à une aide professionnelle extérieure. L'expérience montre qu'il vaut mieux se reconnaître, dès le départ, un droit au refus de s'engager en cas de désaccord flagrant. Une sorte de contrat sur les possibilités de compromis ou de refus peut être établi afin que les affaires puissent prospérer sans détruire les rapports humains. La liberté d'action offerte par ce paradigme est alors surprenante.

GAGNANT/GAGNANT : CINQ PARAMÈTRES ESSENTIELS

Penser « gagnant/gagnant » revient à acquérir l'habitude nécessaire pour nous diriger dans nos relations avec autrui. Pour cela, nous faisons de nouveau appel à ces dons spécifiquement humains : conscience de soi, imagination, conscience morale et volonté indépendante. Nos rapports avec autrui doivent aboutir à un apprentissage réciproque de chaque caractère, permettre une influence mutuelle et des bénéfices communs. Ceci requiert un grand courage et beaucoup d'attention, particulièrement si l'interlocuteur a tendance à penser « gagnant /perdant ». Pour nous diriger dans nos relations humaines, il nous faut savoir où nous voulons aller. Il nous faut prendre l'initiative et disposer de toute notre assurance, d'autodétermination, de sagesse et de force, de toutes ces qualités que nous développons en axant notre vie sur de justes principes.

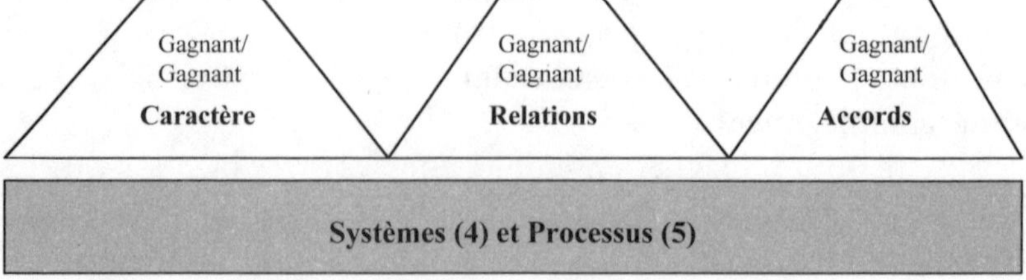

Gagner ensemble constitue un principe essentiel pour la réussite de nos interactions. Il se compose des cinq paramètres suivants : le point de départ est notre caractère, viennent ensuite les relations humaines puis les accords qui découlent de ces deux premiers éléments ; tout ceci grandit grâce aux structures et aux systèmes de notre environnement, et demande que nous suivions un processus progressif. Nous ne pouvons pas essayer autrement de gagner ensemble.

Le caractère

Cinq traits de caractère constituent la base d'une victoire commune.

L'intégrité. Nous avons déjà défini l'intégrité comme la valeur de notre propre personne. Les habitudes 1, 2, et 3 nous aident à développer notre intégrité et à la conserver en toutes circonstances. En identifiant les valeurs qui nous tiennent à cœur et en agissant toujours en fonction de celles-ci, nous prenons conscience de notre caractère et nous acquérons une volonté indépendante. Ceci nous permet de nous engager envers autrui et de tenir ces engagements.

Mais nous ne pouvons pas envisager de gagner avec autrui si nous ne savons pas ce qui, pour nous, constitue une victoire, c'est-à-dire un succès en harmonie avec nos valeurs. Car il ne sert à rien de s'engager si l'on doit ensuite ne pas respecter ses engagements, envers soi-même ou envers les autres. Ceci crée un manque de confiance et fait ressortir la duplicité de notre caractère. Sans confiance, il ne peut exister de victoire commune. Le paradigme « gagnant/gagnant » devient alors une tactique superficielle.

La maturité. La maturité d'une personne rend compte de l'équilibre entre son courage et sa prévenance envers autrui. Quelqu'un qui peut exprimer ses sentiments et ses plus profondes convictions tout en respectant ceux des autres peut être considéré comme une personne mûre. Elle maintient l'équilibre P/CP. Dans les domaines du recrutement ou de la formation professionnelle, vous remarquerez d'ailleurs que de nombreux tests reposent sur cette notion de maturité. Il existe en effet un lien étroit entre cette qualité et les théories sur l'interaction humaine, sur le management et la direction d'entreprise. On peut considérer qu'avoir le courage de ses opinions revient à s'attacher surtout aux œufs d'or, alors que respecter les opinions d'autrui équivaut à ménager la poule aux œufs d'or, par exemple les actionnaires dans le cas d'une société.

Nombreux sont ceux qui pensent qu'on ne peut être compréhensif et ferme à la fois. Pourtant, pour gagner ensemble vous devez vous montrer aimable envers les autres, sans vous avilir pour autant. Vous devez avoir confiance, respecter autrui, être sensible à ses opinions, mais ne pas reculer devant elles. Là se trouve l'essence de ce principe.

Si j'ai beaucoup de courage, mais peu de respect pour vous, j'aurai tendance à vouloir gagner en vous laissant vaincu. Pour compenser mon manque de maturité et de sentiments pour vous, je tirerai ma force de ma position, de mon autorité, de mon crédit, etc. Si, au contraire, je fais très attention à vous respecter et que je manque de courage, je vous laisserai gagner, quitte à perdre moi-même. Je n'oserai pas vivre mes convictions et mes désirs.

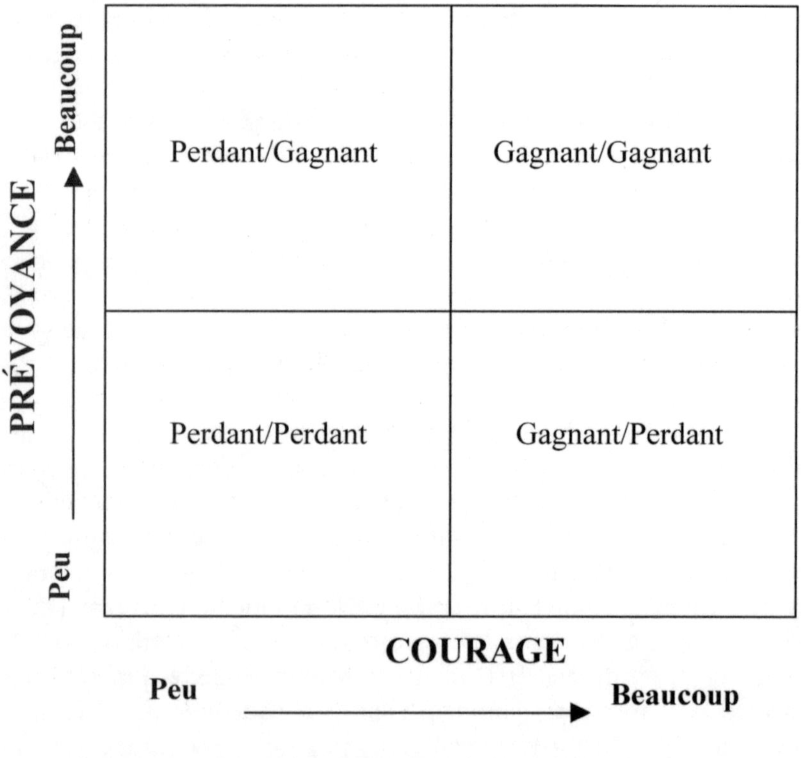

Courage et respect d'autrui sont deux qualités requises pour pouvoir gagner ensemble, pour pouvoir écouter, comprendre et aussi confronter mes idées à celles de mon entourage.

La mentalité d'abondance. La plupart des gens ont ce que j'appelle la mentalité du rationnement. Ils ont l'impression qu'il n'y a jamais assez de tout pour tout le monde. Cette mentalité représente le point zéro de la vie. Lorsqu'ils effectuent un travail de collaboration, ces personnes ont du mal à partager la reconnaissance, le pouvoir ou le mérite attribué à tout le groupe. Elles éprouvent aussi du mal à apprécier réellement la réussite des autres, et parfois plus spécialement le succès de leurs proches. On a l'impression que ce succès leur enlève quelque chose, même si oralement elles expriment une certaine joie. Elles ne ressentent leur valeur qu'en comparaison avec celle d'autrui. Le succès d'autrui signifie leur échec.

Les individus possédant cette mentalité ruminent en secret le désir de voir les autres subir des échecs, pas de gros échecs, mais des échecs suffisants pour qu'ils puissent, de leur côté, se maintenir à une place honorable. Ils dépensent leur énergie à l'acquisition de biens ou à la conquête de personnes afin de sentir leur propre valeur augmenter. Ils préfèrent s'entourer d'amis qui acceptent toujours leurs idées et ne les concurrencent pas, des gens plus faibles qu'eux. Au contraire, si je pense qu'« il y en aura assez pour tout le monde », et même davantage, je peux partager la reconnaissance, les bénéfices, les décisions... Les possibilités d'interactions, de développement et de croissance et les solutions communes sont ainsi plus nombreuses et plus créatives. Cette mentalité s'appuie sur la satisfaction, le bonheur et l'épanouissement que procurent les trois premières victoires intérieures. Elles débouchent sur l'extérieur. Elle permet de reconnaître le caractère unique de chacun, le sens que chacun donne à sa vie et sa proactivité.

Lorsque je parle de victoire publique, je n'entends pas par là une victoire sur les autres, mais des relations constructives qui entraînent des résultats positifs pour toutes les parties engagées. Cela signifie apprendre à travailler ensemble, à communiquer ensemble, à agir ensemble pour réaliser en agissant indépendamment. Ces victoires publiques émanent du paradigme de l'abondance. Un individu pourvu d'un caractère intègre et mûr et qui suit ce paradigme possède une sincérité de loin plus efficace que toutes les techniques de communication interactive.

Pour les personnes ayant l'habitude de penser « gagnant/perdant », il me semble utile d'avoir un modèle sur lequel prendre exemple pour acquérir cette mentalité. Lorsque l'on vit dans un univers où tout fonctionne sur la concurrence, il est parfois difficile de trouver un tel modèle. C'est pourquoi je recommande de lire des ouvrages tels que la biographie d'Anouar el Sadate ou *Les Misérables*, ou encore de voir des films comme *Les Chariots de feu*. Ces œuvres donnent un bon exemple de ce qu'est une personne qui souhaite gagner avec les autres.

Mais rappelez-vous : nous acceptons ce paradigme ainsi que de nombreux autres principes, à condition de les rechercher dans notre for intérieur et de nous efforcer ensuite de les vivre.

Les relations humaines

Grâce à notre caractère et à la confiance qu'il instaure, nous pouvons établir et entretenir des relations dans le but de remporter des victoires communes. Si chacun respecte l'autre et a confiance en lui, il devient possible de se concentrer sur le problème et non sur les divergences de personnalité ou d'opinion. Nous cherchons tous deux à comprendre et à trouver une solution, une troisième opinion qui nous satisfait tous les deux.

Une relation qui crédite les comptes affectifs constitue le point de départ idéal pour l'habitude 6 : la synergie. Sans éliminer les divergences, elle supprime les effets négatifs que causent, en général, les différences de personnalité et d'opinion.

Lorsqu'en revanche j'aborde une personne qui pense avec une toute autre mentalité, qui ne sait pas ce que signifie la notion « gagnant/gagnant », la relation pose un problème en soi. Elle empêche de s'attaquer de manière constructive au vrai problème. Il faut alors travailler dans ce cercle d'influence, c'est-à-dire créditer les comptes par des gestes sincères qui respectent l'autre. La phase de communication d'approche devient plus longue. Il faut écouter plus et mieux, s'exprimer davantage et avec plus de courage, éviter de se montrer réactif, puiser au fond de nous force et proactivité. Et ce jusqu'à ce que l'autre comprenne que vous ne jouez pas votre sincérité, que vous voulez que les deux parties tirent bénéfice de la solution envisagée. Ce seul procédé d'approche constitue en soi un bon versement. Plus vous serez sincère, proactif et engagé, mieux vous pourrez persuader votre interlocuteur. Là, vous maîtrisez véritablement vos relations avec les autres. Ce paradigme vous conduit ainsi au-delà des relations purement transactionnelles vers des rapports transformationnels : vous modifiez les individus en même temps que vous modifiez vos relations avec eux.

Chacun pouvant vérifier dans sa vie quotidienne que le principe « gagnant/gagnant » fonctionne, vous n'aurez pas de mal à convaincre la plupart des gens de l'appliquer. Certains pourtant s'enferreront dans leur mentalité de « gagnant/perdant ». Dans ce cas, rappelez-vous que vous pouvez opter pour le refus de tout accord, et ce même si votre crédit affectif est élevé. La clef de voûte reste la relation. Admettons que nous travaillions ensemble et que vous veniez me dire : « Écoute, je sais que ce que je vais faire ne te plaira pas. Je t'expliquerai plus tard. Tu acceptes ? » Bien entendu, si j'ai une grande confiance en vous, je réponds oui. J'espère que vous avez raison et que j'ai tort. En revanche, si je ne vous accorde que peu de confiance, je « n'avalerai peut-être jamais la pilule ». La prochaine fois, je répondrai agressivement : « Tu m'as déjà fait le coup ! qu'est-ce que tu veux que je fasse aujourd'hui ? » Si je réagis avec exagération, je peux même vous obéir et ne faire exactement que ce que vous dites, en niant toute responsabilité. C'est un peu le principe auquel ont recours certains employés lorsqu'ils font la grève du zèle.

S'il n'est pas soutenu dans le caractère des personnes engagées et par leur relation, un accord ne signifie rien. Pour gagner ensemble, il faut avoir une envie sincère de s'investir dans la relation.

Les accords

Quand les relations sont établies, il en découle des accords qui fixent le cap à suivre pour une victoire commune. Ils recouvrent un large éventail d'interactions, de relations interdépendantes.

Les cinq paramètres énoncés dans l'exemple de l'habitude 3 (l'entretien de la pelouse) restent valables pour toute situation mettant en scène des personnes interdépendantes désireuses de travailler en commun pour atteindre un même objectif. Ils clarifient les attentes des individus engagés.

Révisons rapidement ces cinq paramètres :

Résultats escomptés (surtout pas de méthodes) : identifiez ce qu'il y a à faire et les délais de réalisation.

Directives : fixez les limites (principes, stratégies, etc.) dans le cadre desquelles les résultats doivent être obtenus.

Ressources : quels sont les supports humains, financiers, techniques et collectifs sur lesquels vous pouvez compter ?

Responsabilités : établissez des normes afin de pouvoir évaluer le chemin parcouru.

Conséquences : déterminez les conséquences (bonnes ou mauvaises, naturelles ou logiques) qui découleront de ces évaluations.

Des accords conclus selon ces cinq paramètres revêtent une toute autre valeur : les personnes pourront ainsi mesurer elles-mêmes leur propre réussite. Vous aurez simplement à apporter votre aide et à évaluer les performances aux dates fixées d'un commun accord. En revanche, dans les relations « gagnant/perdant », où les objectifs restent vagues et où la confiance fait défaut, on a tendance à vouloir contrôler les autres.

En jugeant lui-même de ses actions, l'individu acquiert un sentiment plus noble de sa personne. Lorsqu'on se trouve dans un climat de confiance, le jugement est aussi plus précis. L'homme peut dire bien plus que ce que tous les chiffres veulent bien montrer. Le discernement d'une personne surclasse toutes mesures.

Former les managers au rapport « gagnant/gagnant »

Il y a quelques années, je participais à un projet de conseil pour une grande banque. Les directeurs voulaient que nous améliorions le système de formation des managers. Leur programme comprenait une sélection des candidats puis, sur une période de six mois, des stages de deux semaines au sein de chaque branche (crédits commerciaux, crédits industriels, comptabilité, etc.) À la fin de cette formation, les cadres étaient promus assistants dans l'une des branches.

Après avoir analysé le programme, nous avons réalisé que le véritable problème résidait dans ses visées. Nous avons donc posé la question suivante : « Quelles connaissances les cadres doivent-ils avoir acquises dans chaque service ? » Les réponses furent très diverses, voire contradictoires ? Nous avons suggéré ensuite de mettre à l'essai un autre programme de « contrôle continu par le stagiaire-cadre ». Ces derniers devaient identifier leurs objectifs, les critères qui rendraient compte de leurs résultats, leurs lignes directrices, leurs ressources, leurs responsabilités et les conséquences de leurs objectifs. Dans ce cas précis, les conséquences consistaient en une promotion, une formation plus pratique, acquise « sur le tas », ainsi qu'en une augmentation de salaire.

Nous avions beaucoup insisté sur les objectifs. Il y en avait au départ une centaine, que nous avions résumés en trente-neuf points plus précis concernant les comportements à adopter et les critères qui leur étaient liés.

Les cadres et la direction de la banque étaient motivés parce qu'ils avaient tout à gagner : un meilleur salaire pour les uns, un meilleur encadrement pour les autres. Nous avions simplement expliqué aux stagiaires le nouveau système d'évaluation et les ressources. Eux-mêmes comptaient parmi ces dernières : ils avaient tout à fait le droit de coopérer pour apprendre.

Les objectifs furent atteints trois semaines et demie plus tard. Ce changement de paradigme s'était révélé très motivant. Il avait libéré le potentiel créatif des stagiaires. Bien entendu, il provoqua aussi des résistances, comme tous les changements de paradigme. Selon les cadres déjà en place, la formation semblait trop courte pour acquérir un bon jugement. Les stagiaires n'avaient pas assez de répondant. En réalité, ils voulaient dire : « on en a bavé pour tout comprendre. Pourquoi ne passeraient-ils par par là eux aussi ? »

Nous avions prévenu les stagiaires des risques de résistance. Nous travaillâmes donc à nouveau pour définir ensemble huit objectifs supplémentaires, ainsi que de nouveaux critères. Les managers qui participèrent à certaines séances de travail en conclure effectivement que ceci préparait les stagiaires beaucoup mieux que le programme précédent. Ils s'accordèrent à dire que les stagiaires qui réussiraient mériteraient bien le titre d'assistant. Et les stagiaires se mirent au travail d'arrache-pied.

Ils allèrent trouver les directeurs des services concernés et demandèrent franchement la collaboration de leurs employés. Ainsi, quelques heures de d'explication et de travail en commun permettait d'apprendre ce que nous avions fixé, ensemble, comme étant leur programme d'étude. Ils échangeaient aussi entre eux leurs expériences et leurs connaissances. En une semaine et demie, ils réalisèrent les huit derniers objectifs. Le programme initial de six mois se réduisait maintenant à cinq semaines, et les résultats se révélaient nettement plus positifs.

Ce mode de pensée peut s'appliquer à de nombreuses situations à l'intérieur et à l'extérieur de l'entreprise. Il faut cependant que les individus possèdent le courage nécessaire pour modifier leurs paradigmes de base et se consacrer à une victoire commune.

Les accords de performances « gagnant/gagnant »

Conclure des accords de performances « gagnants/gagnants » pour obtenir une victoire commune requiert en effet des changements de paradigmes essentiels. Il faut pouvoir se concentrer sur les résultats et non sur la méthode. Or nous avons plutôt tendance à diriger selon la méthode « yaka ». Il nous faut donc apprendre à laisser chacun se servir de son potentiel pour créer un effet de synergie et développer ainsi nos capacités de production.

Alors que la plupart des méthodes d'évaluation traditionnelles mettent les gens en porte-à-faux ou sèment le doute dans leur esprit, les critères fixés par les accords de performances « gagnant/gagnant » permettent de se référer à des paramètres précis. Grâce à leur définition exacte, par exemple, un enfant de sept ans peut évaluer lui-même si la pelouse est bien « verte et propre ».

Lorsque j'enseigne, les meilleurs résultats proviennent toujours des cours basés sur le paradigme « gagnant/gagnant ». J'informe les étudiants des critères correspondant à chaque note et je leur demande de réfléchir à la note qu'ils peuvent atteindre et aux moyens qu'ils vont se donner. Je leur indique aussi que je suis là pour aider tout le monde à obtenir la meilleure note possible. Les objectifs sont compris, les critères aussi, et les résultats suivent. Il existe d'autres moyens d'arriver à ce niveau de compréhension : réécrire sous forme de lettre ce que l'on a retenu d'un entretien avec son supérieur, par exemple.

Les cadres qui supervisent une équipe dans ces conditions peuvent diriger beaucoup plus de collaborateurs, car ils sont assurés que ces employés feront le travail comme cela a été convenu. Les conséquences deviennent le résultat naturel et logique des performances, et non une punition ou une récompense arbitraire.

On compte quatre conséquences principales. Sur le plan financier, on parle de revenus, d'options sur le capital, de primes ou de refus de primes. Les conséquences psychologiques comprennent, entre autres, la reconnaissance, le respect, le consentement, la crédibilité ou la perte d'un de ces éléments. Les possibilités de formation, de développement, ou autres petits avantages, forment un troisième groupe de conséquences. Enfin on trouve l'accroissement ou la réduction des responsabilités. Les accords conclus selon le principe « gagnant/gagnant » précisent les conséquences dans plusieurs de ces domaines au moins., de sorte que les participants ne jouent pas aux devinettes. Ils ont des points de repère précis.

Notifier les conséquences naturelles pour toute l'entreprise reste tout aussi important. Que se passera-t-il si j'arrive toujours en retard, si je ne me montre pas coopératif, si j'essaie de gagner aux dépens de mes subordonnés, etc. ?

Lorsque ma fille obtint son permis de conduire, nous avions également conclu un accord pour l'utilisation de la voiture familiale. Elle acceptait de l'entretenir, de s'en servir pour des déplacements utiles, de nous servir de chauffeur lorsque cela serait nécessaire et de ne pas rechigner à toutes ses autres tâches habituelles. En échange, je lui fournissais la voiture, l'assurance et l'essence. Nous avions décidé de discuter chaque semaine de notre contrat pour évaluer nos performances. Nous y gagnions tous : elle jouissait de la voiture, nous n'avions plus à jouer les taxis, ni à nettoyer la voiture. Nous pouvions lui faire confiance, elle savait respecter les responsabilités que nous avions fixées en commun. Cette confiance, son intégrité, sa conscience et son discernement la guidait bien mieux que tous les ordres ou les réprimandes. Nous nous sentions tous libérés.

La sensation de liberté qui résulte de tels accords est considérable. Mais ces accords ne peuvent tenir que s'ils découlent d'un paradigme précis, d'un caractère intègre et d'une relation de confiance. Dans ce cas seulement, ils peuvent engendrer les interactions et la bonne interdépendance pour lesquelles ils ont été conclus en premier lieu.

Les systèmes

Pour gagner ensemble, il faut se sentir soutenu par un système qui fonctionne dans le même esprit. Si je parle de victoire commune, mais que les récompenses désignent un gagnant contre un perdant, le programme n'incite pas à gagner ensemble.

Or on obtient que ce que l'on récompense. Si vous voulez obtenir des résultats en harmonie avec votre énoncé de mission, le système de récompenses doit donc s'aligner sur ces valeurs et ces objectifs. Faute de quoi, votre système ressemblerait à la « Course aux Seychelles » présentée au début de ce chapitre.

Un grand groupe immobilier avec lequel je travaillais voici quelques années avait l'habitude d'organiser, une fois par an, une journée spéciale pour la remise des récompenses. La première fois que j'assistai à cette « remise d'oscars », huit cents agents étaient présents. La société avait invité des orchestres pour animer la réunion et motiver tout ce monde. Quarante personnes reçurent un prix. Les sept cent soixante autres avaient donc perdu.

À la suite de cette expérience, nous travaillâmes à mettre au point un système de formation et une structure d'entreprise en harmonie avec notre paradigme « gagnant/gagnant ». Les employés au plus bas de l'échelle purent concevoir des systèmes qui les motiveraient. Nous les incitions à coopérer, à créer une force de synergie afin que le plus grand nombre d'entre eux puissent atteindre les résultats fixés par leurs propres contrats de performance.

L'année suivante, à la remise des prix, huit cents agents, sur les mille présents, furent récompensés. Il y eut quelques victoires individuelles comparatives, mais le programme s'attachait surtout à récompenser les gens et les équipes en fonction des objectifs qu'ils avaient eux-mêmes choisis. Il fut inutile d'inviter des orchestres. Les participants s'intéressaient naturellement à la manifestation et leur comportement témoignait de leur enthousiasme.

La plupart des personnes primées avaient obtenu des résultats équivalents à ceux des quarante agents récompensés l'année précédente. Le changement de paradigme avait permis de récolter plus d'œufs tout en soignant la poule. Presque tous s'étonnèrent d'ailleurs des résultats que pouvait produire cette synergie dans le travail.

En effet, si la concurrence a sa place sur le marché, si un système comparatif se révèle efficace lorsqu'il n'existe pas de réelle interdépendance entre les éléments comparés (par exemple, une autre société ou les résultats de l'année précédente), l'esprit nécessaire pour remporter des victoires communes ne peut survivre dans une telle atmosphère. Il faut qu'il soit soutenu par une structure, qu'il s'agisse de systèmes de formation, d'organisation, de communication ou de budgets, d'informations, de rémunérations, etc. Tous ces systèmes doivent concourir au même but : gagner ensemble.

Dans une autre société que je conseillais, le directeur général se plaignait du manque d'amabilité des vendeurs, de leu méconnaissance des produits et des clients. Il souhaitait leur faire suivre une formation à la communication pour pallier leurs défauts. Lorsque je me rendis dans les magasins, je constatai qu'il avait en partie raison. Mais quelle était la cause réelle de cette attitude ? Le directeur refusait de se l'avouer : les chefs de magasin étaient, il est vrai, extrêmement compétents. Ils surclassaient tout le monde dans le volume des ventes. Mais la définition de leurs fonctions (deux tiers de vente, un tiers de management) ainsi que le système de rémunération les poussaient à trier tout le travail en leur faveur. Pendant les périodes creuses, ils répertoriaient les tâches ingrates, (inventaires, manutention des stocks, nettoyage, etc.) pour les affecter aux vendeurs en période de pointe. Ils se réservaient ainsi le meilleur des ventes.

Nous avons modifié une seule donnée : le système de rémunération. Et, en un rien de temps, l'erreur fut corrigée. Les directeurs de magasin touchaient des commissions si les vendeurs vendaient. Les besoins et les objectifs des managers se confondaient avec ceux des vendeurs. Tout programme de formation à la communication devenait superflu.

Comme vous le voyez, le problème se situe souvent au niveau du système et non des hommes. Si vous installez une personne dans un mauvais système, vous obtenez de mauvais résultats. Si vous voulez que votre jardin fleurisse, il faut d'abord l'entretenir.

À mesure que les gens apprennent à penser ensemble, ils peuvent mettre au point leurs propres systèmes, transformer des situations de concurrence inutile en coopération. Ils peuvent améliorer leur constructivité, leur efficacité en maintenant un équilibre entre la production et les capacités de production.

Une entreprise peut réaménager sa structure pour créer une coopération interne afin d'affronter la concurrence externe. Dans le domaine de l'éducation, le professeur peut instaurer un système de notation reposant sur l'évolution des performances de chaque individu par rapport à des critères fixés en commun. Il peut encourager les élèves à travailler ensemble pour apprendre mieux et atteindre leur but. Dans une famille qui a l'habitude de pratiquer certains sports ou certains jeux, on peut établir un score familial et essayer chaque fois de le dépasser ensemble. Les tâches ménagères peuvent faire l'objet d'accords où chacun connaît ses responsabilités et les assume sans rechigner. Les parents peuvent alors se consacrer aux fonctions qu'eux seuls sont en mesure de remplir.

Un ami me montrait un jour une bande dessinée apparemment anodine. L'un des personnages disait : « Si maman ne se lève pas très vite, nous serons en retard à l'école. » Cette petite phrase dénotait, à elle seule, les difficultés qui naissent d'un manque d'organisation commune.

Lorsque l'on s'organise pour gagner ensemble, en revanche, chacun connaît ses responsabilités, les critères d'évaluation, les lignes directrices, les ressources. Et l'organisation même crée une atmosphère qui soutient et renforce les accords.

Processus progressif

Vous ne pouvez remporter de victoires communes si gagner ensemble ne constitue pas votre paradigme de base. Vous ne pouvez pas ordonner à quelqu'un : « Que vous le vouliez ou non, vous allez devoir gagner avec moi. » comment amener vos interlocuteurs à penser d'eux-mêmes ainsi ?

Dans leur livre *Comment réussir une négociation ?* (Seuil, 1982), Roger Fischer et William Ury, tous deux juristes et enseignants à Harvard, suggèrent d'aborder les discussions en faisant bien la différence entre personnes contractantes et problèmes à débattre. On peut ainsi concentrer ses efforts sur les intérêts et non sur les positions de chacun. On invente de nouvelles solutions communes et on insiste sur certains critères acceptés par les deux parties. Cela se rapproche assez de ce que je conseille aux personnes et aux entreprises avec qui je travaille. Je propose pour ma part une progression en quatre étapes.

Premièrement, envisager le problème du point de vue de l'interlocuteur. S'efforcer de véritablement comprendre et exprimer les besoins et les préoccupations de l'interlocuteur aussi bien, voire mieux, qu'il ne le fait lui-même.

Deuxièmement, reconnaître les problèmes clés et les préoccupations (pas les positions) de chacun.

Troisièmement, déterminer les résultats qui constitueraient une solution vraiment acceptable pour toutes les parties.

Quatrièmement, déterminer les possibilités d'action et de concrétiser ces solutions.

Les habitudes 5 et 6 traitent plus particulièrement de deux étapes, que nous étudierons dans les chapitres à venir. Pour le moment, j'aimerais encore insister sur la notion de « gagnant/gagnant » et vous rappeler qu'il ne s'agit pas là d'une technique de développement de la personnalité, mais bien d'un principe de vie. Vous ne pouvez viser une victoire commune si vous ne vous investissez pas complètement dans le processus. Cet investissement ne peut provenir que d'un caractère intègre, mûr, d'une personne consciente que la Terre est assez grande pour tout le monde. Il grandit en s'appuyant sur des relations de confiance et s'exprime par des accords qui clarifient les différentes attentes et les résultats. Cet investissement prospérera s'il est encadré par un système adéquat et se concrétisera alors grâce au processus que nous étudierons avec plus de précision dans les habitudes 5 et 6.

SUGGESTIONS

1. Pensez à une situation d'interaction dans laquelle vous serez amené à rechercher un accord et à négocier une solution. Engagez-vous à maintenir un équilibre entre votre courage et votre prévenance envers l'interlocuteur.
2. Établissez une liste d'obstacles qui vous empêchent d'appliquer le plus souvent le principe « gagnant/gagnant ». Réfléchissez à ce que vous pouvez entreprendre, à l'intérieur de votre cercle d'influence, pour éliminer quelques-uns de ces obstacles.
3. Choisissez une relation pour laquelle vous aimeriez mettre au point un accord du type décrit précédemment. Essayez de vous mettre à la place de votre interlocuteur. Rédigez ensuite une liste des résultats qui, selon vous, constitueraient une victoire. Demandez alors à la personne concernée si elle veut bien discuter jusqu'à ce que vous trouviez des points d'entente et une solution qui vous permettraient de sortir tous deux gagnants de cette négociation.
4. Identifiez trois relations clés de votre vie. Indiquez brièvement le niveau de confiance mutuelle atteint dans chacune de ces relations. Écrivez quelques idées sur la manière dont vous pourriez encore augmenter les dépôts affectifs pour chaque relation.

5. Analysez en profondeur le scénario selon lequel vous fonctionnez. Serait-il basé sur le paradigme « gagnant/perdant » ? Comment influe-t-il sur vos interactions avec autrui ? Pouvez-vous identifier les différentes sources d'où il découle ? Analysez le tout afin de savoir si ce scénario s'adapte bien à votre réalité.
6. Prenez modèle sur une personne qui cherche, même dans les circonstances les plus défavorables, à gagner avec ses interlocuteurs et non à leurs dépens. Engagez-vous à mieux observer cette personne et à tirer enseignement de sa façon de procéder.

Habitude n° 5

Cherchez d'abord à comprendre, ensuite à être compris

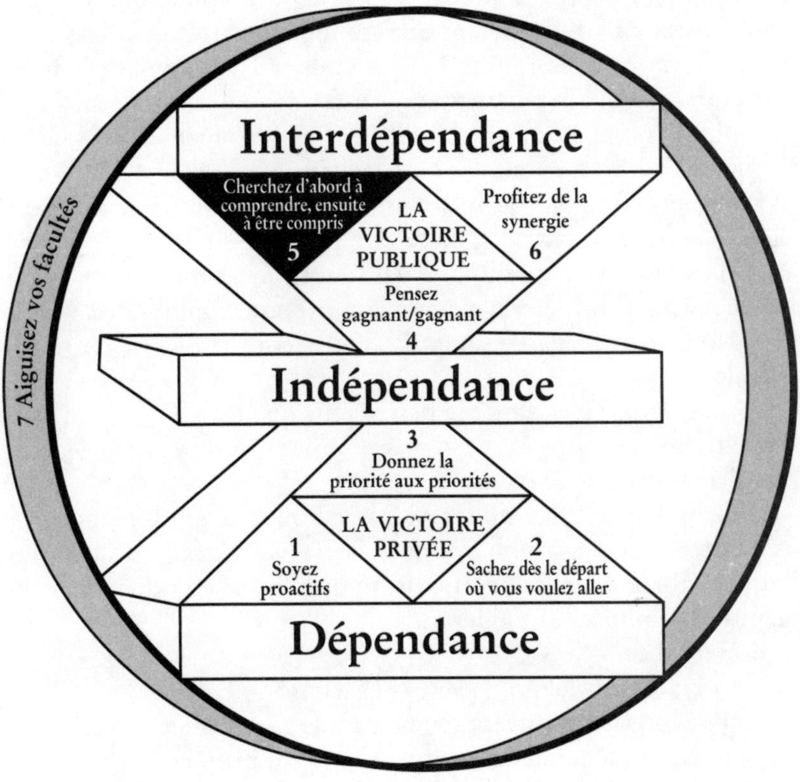

PRINCIPES DE COMMUNICATION

« Le cœur a ses raisons que la raison ne connaît point. »

Blaise Pascal

IMAGINEZ que vous ayez des problèmes de vue. Vous vous rendez chez l'ophtalmologue. Vous lui expliquez brièvement votre cas. Il ôte alors ses lunettes et vous dit : « Tenez ! Prenez celles-ci. J'en ai une paire de rechange à la maison. Elles m'ont rendu de très grands services. »

Vous chaussez ses lunettes et, bien entendu, vous répliquez aussitôt : « C'est pire que tout, je n'y vois rien. » L'ophtalmologue aura beau insister en vous répétant que ses lunettes lui étaient très utiles et qu'elles vont vous rendre la vue, vous n'y verrez pas plus clair pour autant. Vous repartirez en éprouvant une certaine méfiance. Un ophtalmologue qui prescrit des verres sans même avoir fait de diagnostic ? C'est impensable.

Pourtant, combien de fois agissons-nous de la sorte ? Le dialogue suivant, par exemple, ne vous rappelle-t-il rien ?

– Mais, qu'est-ce que tu as ? Tu sais, tu peux me le dire. Je sais que ce n'est pas facile. Mais, vraiment, je peux comprendre.

– Non, maman, laisse-moi. Tu vas encore trouver que je suis ridicule.

– Mais, non. Tu sais que je t'aime plus que tout. Pourquoi as-tu l'air si triste ?

– J'en ai marre des études !

– Tu en as marre des études ? Mais, enfin, tu te rends compte que les études, c'est ton avenir. Tu devrais essayer de faire un peu plus d'efforts. Regarde ta sœur. Tu sais, tu devrais essayer de mener une vie plus disciplinée, ça t'aiderait.

Brève pause.

– Alors, qu'est-ce qui ne va pas exactement ?

Nous avons trop souvent tendance à nous emballer, à donner des conseils avant même de connaître le fond du problème. Pour résumer le principe essentiel que j'ai retenu de mes recherches sur la communication interactive, je dirais ceci : « Cherchez à comprendre avant de vous faire comprendre. » Ce principe est la clé de toute relation constructive.

CARACTÈRE ET COMMUNICATION

En ce moment, vous êtes en train de lire un livre que j'ai écrit. Écrire, lire, voilà deux formes de communication. Parler et écouter en sont deux autres. Pensez un peu à toutes les heures que nous consacrons à ces quatre types de communication. Il est donc important, si nous voulons mener une vie constructive, de savoir communiquer. Nous consacrons des années à l'apprentissage de la lecture et de l'écriture ; il nous faut des années pour apprendre à parler aussi. Mais apprend-on jamais vraiment à écouter ? Quelle éducation, quelle méthode nous enseigne à écouter afin de comprendre un autre être humain en nous basant sur son propre vécu ? Bien souvent, nous n'apprenons pas cela. Les quelques formations à l'écoute que l'on nous propose reposent sur l'Éthique de la personnalité, et ignorent la base de toute communication : le caractère de chacun et les rapports entre les interlocuteurs.

Si vous souhaitez interagir avec moi (ou votre conjoint, ami, enfant, associé...) de façon constructive, si vous voulez me persuader de vos conseils, vous devez essayer de me comprendre sans hypocrisie. Si je ressens une duplicité de votre part, je ne me sentirai pas assez en confiance pour m'exprimer. Votre conduite sincère reste la seule clé de votre influence sur moi. Elle découle de votre caractère, de ce que vous êtes réellement, et non de ce que les autres prétendent voir en vous, ou ce que vous-même essayez de me prouver. C'est en fonction de ce que votre véritable caractère et vos efforts de communication représentent pour moi que je peux acquérir ou non une certaine confiance en vous.

Tant que je ne peux pas me montrer ouvert face à vous, tant que vous ne comprenez pas mon caractère, ma situation et mes sentiments, vous ne pourrez pas me conseiller. Ce que vous direz sera sans doute juste et réfléchi, mais n'aura aucun lien avec mon cas.

Vous aurez beau me dire que vous m'appréciez, que vous voulez m'aider, je n'obtiendrai de vous que des mots, et je ne pourrai pas me fier à ces mots. Je serai trop agressif, trop défensif (peut-être coupable ou craintif) pour me laisser persuader. Même si, au fond de moi-même je sais que j'ai besoin de votre avis.

Tant que vous n'essayez pas de me comprendre, vos conseils resteront sans intérêt pour moi. Vous devez pouvoir m'écouter en vous identifiant à moi. Pour cela, vous devez faire preuve, par votre caractère, de tolérance et de sincérité afin que nos comptes affectifs soient régulièrement crédités et qu'une relation de cœur s'instaure entre nous.

ÉCOUTE PAR EMPATHIE

Pour chercher d'abord à comprendre, il nous faut opérer un changement de paradigme considérable. En effet, la plupart du temps, nous essayons d'abord de nous faire comprendre. Nous écoutons trop souvent dans l'intention de pouvoir ensuite répondre : nous parlons ou nous nous préparons à parler. Nous filtrons, à travers nos propres paradigmes, ce que nous entendons et nous projetons notre autobiographie sur les expériences de ceux que nous prétendons écouter. Nous projetons nos propres expériences sur les comportements des autres. Nous prescrivons aux personnes avec lesquelles nous interagissons de porter notre paire de lunettes. Lorsque nous avons un problème avec quelqu'un (enfant, conjoint, collègue de travail...), notre attitude consiste à penser : « Il (ou elle) ne peut pas comprendre. »

Un adulte me disait un jour : « Je ne comprends pas ce qu'a mon fils. Il ne veut plus m'écouter. » Je répondrai en reformulant sa pensée :

– Si je vous comprends bien, vous ne comprenez pas votre fils parce qu'il ne vous écoute plus.

– Oui, c'est ce que je veux dire, répliquait le père impatient.

– Je pensais que, pour comprendre quelqu'un, c'était *à vous d'écouter* cette personne.

Il réfléchit un long moment et reprit : « En fait, je le comprends, je suis passé par là moi aussi. Mais, ce que je ne comprends pas, je crois, c'est la raison pour laquelle il ne veut plus m'écouter. »

En réalité, cet homme n'avait pas la moindre idée de ce qu'il se passait dans la tête de son fils. Il ne cherchait la réponse que dans sa tête à lui, et il croyait y voir le monde et les pensées de son fils.

Nous avons tous tendance à écouter de cette manière. On compte en général quatre niveau d'écoute. On peut ignorer l'autre, c'est-à-dire ne pas écouter du tout. On peut faire semblant d'écouter, en acquiesçant de temps à autre. On peut procéder par écoute sélective, et ne retenir que certains passages de la conversation. Ceci est très courant lorsque nous « écoutons » les bavardages continuels des jeunes enfants. On peut également écouter attentivement, mais ne prêter attention qu'aux mots. Il existe pourtant un cinquième niveau d'écoute : l'écoute par empathie, par laquelle vous vous identifiez à votre interlocuteur pour le comprendre..

Attention, quand je parle d'identification, je ne pense pas à toutes ces techniques d'écoute qui préconisent que l'on imite le discours de son interlocuteur. Ce type d'écoute repose sur des tactiques qui font peu de cas du caractère de chacun et de l'état des relations. Souvent, écouter de cette manière représente une sorte d'insulte pour celui qui est écouté. Même si vous n'interprétez pas sciemment ses paroles selon votre propre vécu, votre intérêt dans la conversation est cependant personnel : vous écoutez pour répondre, contrôler, voire manipuler.

Lorsque je parle d'identification, je veux dire qu'il faut véritablement se mettre à la place de l'interlocuteur pour le comprendre. Le paradigme est totalement différent. Vous vous imprégnez du point de vue de votre interlocuteur pour voir le monde à sa façon, pour comprendre son mode de pensée, et ce qu'il ressent.

Empathie ne signifie pas non plus sympathie. La sympathie, et le sentiment de compassion qui l'accompagne, constituent une forme d'acceptation, de jugement. Effectivement, dans certaines situations c'est la seule réponse possible. Mais on se raccroche trop souvent à ce sentiment. On en devient dépendant. Lorsque vous essayez de véritablement comprendre quelqu'un en vous mettant à sa place, vous n'avez pas à être d'accord avec lui. Mais vous devez chercher à comprendre cette personne en profondeur, à saisir ses sentiments, son raisonnement. Et cela exige bien plus que de simplement entendre, retenir ou même comprendre les mots prononcés. Les spécialistes en communication estiment que seuls 10% de la communication passent par les mots, 30% passent par les divers autres sons que nous émettons, 60% par notre corps. Il nous faut donc écouter avec nos oreilles, mais aussi et surtout avec nos yeux et notre cœur. Il faut écouter les sentiments, le sens, le comportement en se servant tout autant de l'hémisphère droit de notre cerveau que du gauche.

On recueille ainsi des données exactes à partir desquelles nous pouvons progresser car nous communiquons avec la nature profonde de notre interlocuteur. D'autre part, écouter en s'identifiant à l'autre crédite les comptes affectifs. Parfois, on s'efforce en vain de gagner la confiance de quelqu'un, pour voir finalement cette personne se méfier de plus en plus parce qu'elle ressent nos efforts comme un dévouement intéressé, comme de la manipulation ou de la complaisance.

L'écoute par empathie constitue en elle-même un approvisionnement des comptes. Cela permet à votre interlocuteur de respirer, cela lui apporte de l'air neuf. C'est déjà une forme de thérapeutique.

Si la pièce où vous vous trouvez venait à se vider de tout air, plus rien au monde ne vous importerait que de respirer, que de survivre. La survie physique serait l'unique motivation de toute action. En ce moment, vous pouvez respirer normalement, donc vous ne cherchez pas à respirer. Vous n'êtes pas motivé pour cela. Seuls les besoins non satisfaits motivent. Or, les deux besoins primordiaux de l'Homme sont, tout d'abord, la survie physique, puis la survie psychologique (être compris, accepté, apprécié).

Lorsque vous écoutez quelqu'un en adoptant son cadre de référence, vous favorisez sa survie psychologique ; vous lui fournissez de l'oxygène. N'oubliez pas que ce besoin fondamental « d'oxygène psychologique » influe sur tous les aspects de la communication dans notre vie. Je me rappelle avoir enseigné cette notion « d'oxygène psychologique » lors d'un séminaire et avoir eu confirmation de mon opinion le jour suivant, en discutant avec l'un des participants. Cet homme me raconta une importante négociation qu'il avait conduite. Pendant le cours du matin, j'avais invité tous les participants à écouter leurs interlocuteurs, toute une journée, en essayant de s'identifier à eux. Ce stagiaire s'était rendu à une négociation en pensant qu'il allait perdre le contrat. Tout semblait contre lui. Il essaya toutes les techniques de vente possibles avec l'intention de retarder la décision. Mais ses interlocuteurs étaient pressés de conclure. Mis ainsi au pied du mur, il décida finalement de tenter l'expérience que j'avais proposée le matin. Il demanda franchement : « Pourrions-nous discuter encore de tout ça ? J'aimerais être sûr de comprendre vos préoccupations dans cette affaire. Lorsque vous penserez que je les ai véritablement comprises, nous pourrons ensuite rediscuter le contrat lui-même. » Il s'efforça ensuite de se mettre dans la peau de son interlocuteur, de reformuler tout ce qu'il avait retenu de leurs conversations. Et, au milieu de la discussion, son interlocuteur l'informa qu'il acceptait le contrat.

Par le simple fait d'apporter de « l'oxygène psychologique », le stagiaire avait crédité son compte confiance. Dans ces conditions extrêmes, la dynamique humaine fait toute la différence et prend le pas sur les techniques de négociation.

Bien entendu, chercher d'abord à comprendre autrui, à établir le diagnostic avant de rédiger l'ordonnance, se révèle plus difficile que de donner nos lunettes à celui qui, selon nous, n'a pas une bonne vue. Mais cet effort respecte l'équilibre P/CP. Car on ne peut produire de résultats interdépendants sans comprendre ce qui anime ceux avec qui nous agissons. Et il n'existe pas de capacité de production collective et véritablement interdépendante sans harmonie entre cette compréhension et nos actions.

Écouter en s'identifiant à l'interlocuteur engendre également un risque de vulnérabilité certain. Pour mieux écouter, il faut rester ouvert à ce que l'on entend. Ainsi, pour influencer, il faut se laisser influencer. Pour cela, il faut avoir, à l'origine, une grande confiance en soi et vouloir réellement comprendre autrui. Les habitudes 1, 2 et 3 sont, à ce niveau, essentielles : elles procurent cette sécurité interne qui permet à toute personne d'envisager ensuite de tels risques avec force et tranquillité.

DIAGNOSTIC ET PRESCRIPTION

Aussi difficile à appliquer qu'il soit, ce principe : comprendre d'abord, reste valable dans la majorité des domaines de la vie. Il l'est pour de nombreuses professions, comme celles des médecins. Accepteriez-vous de prendre des médicaments prescrits par un médecin qui ne vous aurait ni ausculté ni écouté, qui ne saurait pas que tels produits sont contre-indiqués dans votre cas ? Lorsque vous n'avez pas confiance dans le diagnostic, vous vous méfiez aussi de l'ordonnance.

Comme le médecin, le vendeur doit également s'efforcer de comprendre les préoccupations, les besoins et la situation de ses clients. Les vendeurs amateurs vendent des produits, les vrais commerciaux vendent des solutions adaptées aux problèmes et aux besoins de leur clientèle. Le professionnel doit apprendre à diagnostiquer, à comprendre, à faire le lien entre les besoins du consommateur et son produit ou service. Il doit aussi faire preuve d'une grande intégrité pour pouvoir dire le cas échéant : « Non, vraiment, mon produit ne vous conviendra pas. » Les concepteurs de produits étudient d'ailleurs les goûts et les besoins des consommateurs avant même de concevoir un produit. S'ils travaillaient autrement, ils courraient à leur perte. De même, un ingénieur analyse le terrain avant de s'engager à construire un pont. Un professeur teste le niveau de sa classe avant d'entreprendre l'enseignement. Un élève cherche à comprendre les règles avant d'effectuer un exercice. Un bon père s'efforce de comprendre ses enfants avant d'évaluer leurs performances ou de les juger.

Un bon jugement ne peut reposer que sur la compréhension. Celui qui juge d'abord ne comprendra jamais entièrement son interlocuteur. Si ce principe s'applique dans tous les domaines de la vie, c'est dans les relations humaines qu'il donne les meilleurs résultats.

QUATRE RÉPONSES AUTOBIOGRAPHIQUES

Nous écoutons généralement en nous basant sur notre propre vécu, notre propre cadre de références. Ceci nous pousse à répondre de quatre manières différentes : nous évaluons, c'est-à-dire nous sommes d'accord ou nous ne le sommes pas ; nous enquêtons en posant des questions conçues à l'intérieur de notre cadre de références ; nous conseillons en nous référant à notre propre expérience ou nous interprétons ; nous essayons d'expliquer les motivations et le comportement de nos interlocuteurs en nous appuyant sur nos propres motivations et sur notre comportement. Ces réponses nous viennent naturellement, car on nous montre habituellement ce système de dialogue comme un modèle à suivre. Mais, nous permettent-elles vraiment de comprendre autrui ?

Pourtant, si j'essaie de comprendre mon enfant de cette façon, si je juge toutes ses paroles avant qu'il ne se soit complètement expliqué, se sentira-t-il vraiment libre de me parler ? Est-ce que je lui donne bien tout « l'oxygène psychologique » dont il a besoin ? Et que pense-t-il lorsque je lui pose des questions ? Que j'essaie de le diriger, que j'envahis sa vie privée ! De plus, ces questions relèvent de la logique. Or, le langage des émotions et des sentiments n'a rien à voir avec la logique. Vous pouvez jouer au jeu de la vérité avec quelqu'un pendant toute une journée et ne pas savoir, au bout du compte, ce qui est réellement important pour cette personne. Ce questionnement incessant est souvent à l'origine du fossé qui sépare les parents de leurs enfants. Combien de fois peut-on entendre le dialogue suivant dans une famille :

– Alors, ça va ?

– Ça va.

– Qu'est-ce que tu as fait dernièrement ?

– Oh, rien de précis.

– Et le lycée ? Comment ça se passe ?

– Pas grand-chose.

Et pourtant, lorsque ce même « enfant » téléphone à ses amis, la conversation dure des heures. Vous avez l'impression que la maison n'est plus qu'un hôtel pour lui, qu'il ne partage rien, qu'il ne veut pas se confier à vous. Mais, réfléchissez ! Pourquoi devrait-il se confier à vous puisqu'à chaque fois qu'il essaie, vous le bombardez de vos conseils et de vos « Tu vois, je te l'avais dit ! » ?

Nous sommes tellement formés à ce genre de réponses que nous ne nous apercevons même plus que nous les formulons. J'ai déjà fait découvrir ce phénomène à des milliers de personnes, lors de séminaires de travail. Nous nous entraînons à l'écoute par empathie, et les stagiaires finissent ainsi par prendre conscience de leurs « tics ». Ils se rendent ainsi compte des résultats extraordinaires qu'apporte la communication par empathie. Essayer d'abord de comprendre devient alors la plus grisante des sept habitudes, celle qu'ils peuvent aussi appliquer tout de suite.

Étudions un peu le dialogue suivant entre un père et son fils. Les réponses, caractéristiques du père, reflètent exactement les quatre catégories présentées plus haut.

– J'en ai vraiment marre du lycée.

– Qu'est-ce qu'il t'arrive ? (enquête).

– Je ne vois pas à quoi ça me sert.

– C'est normal. Je disais pareil à ton âge. Je me rappelle que je trouvais certains cours totalement inutiles. Mais, en fin de compte, ce sont ces cours-là qui m'ont servi le plus. Crois-moi, continue et prends patience. Ça te servira un jour (conseil).

– Ça fait dix ans que je traîne sur les bancs de l'école ! J'en ai assez ! Tu peux me dire à quoi ça va me servir toutes ces formules mathématiques quand je serai mécanicien ?

– Mécanicien ? Tu plaisantes, j'espère (évaluation).

– Non. Regarde Bernard. Il a arrêté l'école. Il est dans la mécanique maintenant, et il est bien payé. Lui, au moins, il sait où il va.

– Aujourd'hui peut-être. Mais demain, il regrettera de ne pas avoir continué ses études. Tu ne veux quand même pas devenir garagiste ? ! Tu dois d'abord acquérir des connaissances, une formation pour assurer ton avenir (conseil).

– J'en doute un peu. Bernard s'en sort très bien.

– Écoute ! Est-ce que tu crois que tu as vraiment essayé de t'intéresser aux études ?

– Ça fait deux ans que je suis dans ce lycée, alors tu penses bien que j'ai essayé. Je perds mon temps.

– C'est un très bon lycée, avec d'excellents professeurs. Fais-leur un peu confiance ! (conseil et jugement).

– Les autres pensent comme moi.

– Est-ce que tu réalises tout ce que nous avons sacrifié ta mère et moi pour que tu puisses entrer dans ce lycée ? Tu ne peux pas laisser tomber alors que tu touches au but (jugement).

– Je sais que vous vous êtes sacrifiés, mais ça ne vaut pas la peine.

– Peut-être que si tu passais un peu moins de temps devant la télé, ça irait mieux (conseil et jugement).

– Laisse tomber, papa. De toute façon, ça ne sert à rien qu'on en discute.

Le père était plein de bonnes intentions. Mais, a-t-il vraiment essayé de comprendre ?

Étudions maintenant les réactions du fils, non seulement les mots, mais surtout sa réflexion et ses sentiments (indiqués entre parenthèses).

– J'en ai vraiment marre du lycée. (Je veux attirer ton attention, je veux te parler.)

– Qu'est-ce qu'il t'arrive ? (Mon problème t'intéresse. Super !)

– Je ne vois pas à quoi ça me sert. (J'ai vraiment des problèmes à l'école. Je ne sais plus quoi faire.)

– C'est normal. Je disais pareil à ton âge. (Oh non ! Chapitre premier de l'autobiographie du bon père de famille. C'est pas de ça que je veux parler. Si on parlait plutôt de mon problème.) Je me rappelle que je trouvais certains cours totalement inutiles. Mais, en fin de compte, ce sont ces cours-là qui m'ont servi le plus. Crois-moi, continue et prends patience. Ça te servira un jour. (Le temps ne changera rien à mon problème. Si seulement je pouvais lui dire ce que je pense !)

– Ça fait dix ans que je traîne sur les bancs de l'école ! J'en ai assez ! Tu peux me dire à quoi ça va me servir toutes ces formules mathématiques quand je serai mécanicien ?

– Mécanicien ? Tu plaisantes, j'espère. (Il ne m'aimera pas si je deviens mécanicien. Il ne m'aimera pas si j'arrête l'école. Il faut que je justifie mon idée.)

– Non. Regarde Bernard. Il a arrêté l'école. Il est dans la mécanique maintenant, et il gagne bien. Lui, au moins, il sait où il va.

– Aujourd'hui peut-être. Mais demain, il regrettera de ne pas avoir continué ses études. (Chapitre 2: De l'utilité et de la valeur des études.) Tu ne veux quand même pas devenir garagiste ? (Qu'est-ce que tu en sais ? Est-ce que tu sais seulement ce que je veux ?) Tu dois d'abord acquérir des connaissances, une formation pour assurer ton avenir.

– J'en doute un peu. Bernard s'en sort très bien. (Ce n'est pas parce qu'il a arrêté l'école que sa vie est un échec.)

– Écoute ! Est-ce que tu crois que tu as vraiment essayé de t'intéresser aux études ? (On tourne autour du pot. Est-ce que tu ne peux pas m'écouter un peu ? Je veux te parler de choses importantes.)

– Ça fait deux ans que je suis dans ce lycée, alors tu penses bien que j'ai essayé. Je perds mon temps.

– C'est un très bon lycée, avec d'excellents professeurs. Fais-leur un peu confiance ! (Allez ! On aborde le Chapitre 3 sur la crédibilité. Mais on n'a toujours pas parlé de mon problème.)

– Les autres pensent comme moi. (Moi aussi je suis tout à fait crédible. Je ne suis pas aussi idiot que j'en ai l'air.)

– Est-ce que tu réalises tout ce que nous avons sacrifié, ta mère et moi, pour que tu puisses entrer dans ce lycée ? Tu ne peux pas laisser tomber alors que tu touches au but. (On y est : Chapitre Sacrifice et culpabilité. L'école, c'est génial, papa et maman sont super et, finalement, je suis bien aussi idiot que j'en ai l'air).

– Je sais que vous vous êtes sacrifiés, mais ça ne vaut pas la peine. (Tu ne comprends rien.)

– Peut-être que si tu passais un peu moins de temps devant la télé, ça irait mieux. (Ce n'est vraiment pas le problème ! Pas du tout ! De toute façon, je n'arriverai jamais à te l'expliquer. Je me demande bien pourquoi j'ai essayé.)

– Laisse tomber, papa. De toute façon, ça sert à rien qu'on en discute.

Vous rendez-vous compte de nos limites lorsque nous nous efforçons de comprendre une personne en nous attachant simplement aux mots et en regardant l'expérience de cette personne à travers nos propres lunettes ? Comprenez-vous les limites de notre vécu lorsqu'une personne tente de nous faire comprendre sa propre vie ?

Vous ne pourrez jamais vous glisser dans la peau de votre interlocuteur si vous n'en avez pas véritablement envie, si vous ne possédez pas une grande force de caractère et un compte affectif bien rempli et si vous ne développez pas votre pouvoir d'écoute par empathie. Pour ce dernier point, vous pouvez procéder en quatre étapes, étapes qui ne forment cependant que la partie visible de l'iceberg.

La première phase, la moins constructive sans doute, consiste à imiter l'interlocuteur. Ceci peut devenir insultant si, à la base, la relation et votre caractère ne produisent pas un climat de confiance suffisant. Mais, cela vous force au moins à écouter attentivement. La technique est, en outre, relativement facile à appliquer : vous écoutez et répétez ce qui se dit. Vous n'avez pratiquement pas besoin de faire appel à votre réflexion, à votre cerveau.

La deuxième phase consiste à reformuler les paroles de l'interlocuteur.

– J'en ai vraiment marre du lycée.

– Tu as envie d'arrêter le lycée.

Cette fois-ci vous exprimez la signification de ses paroles avec vos mots à vous. Vous réfléchissez à ce qu'il a dit et vous vous servez pour cela de votre hémisphère gauche.

La troisième phase fait intervenir votre hémisphère droit. Vous reflétez le sentiment.

– J'en ai vraiment marre du lycée.

– Tu te sens complètement frustré.

Vous ne faites pas tant attention aux mots qu'aux sentiments. La quatrième phase regroupe les deux dernières. Vous reformulez la phrase en exprimant le sentiment.

– J'en ai vraiment marre du lycée.

– L'école te frustre complètement.

Vous utilisez les deux hémisphères de votre cerveau pour comprendre les deux aspects de la communication : les mots et les sentiments.

Par le simple fait d'écouter en vous efforçant de comprendre et de reformuler la phrase en exprimant le sentiment qu'elle cache, vous fournissez à votre interlocuteur son « oxygène psychologique ». Vous l'aidez à réfléchir sur sa pensée et sur ses sentiments. Il prend peu à peu confiance en vous, et la barrière qui sépare ce qu'il pense réellement de ce qu'il communique se lève petit à petit. Il parle alors du fond du coeur.

– J'en ai vraiment marre du lycée. (je veux attirer ton attention, je veux te parler.)

– L'école te frustre complètement. (C'est exactement ce que je ressens.)

– Je ne vois pas à quoi ça me sert.

– Tu as l'impression que l'école ne t'apporte rien de bon ? (Est-ce que c'est bien ce que tu veux dire ?)

– Oui, c'est un peu ça. Regarde Bernard, il est dans la mécanique et il s'en sort très bien.

– Tu penses que c'est Bernard qui a eu la bonne idée ? (Bon, après tout...)

– Je crois que c'est vrai, dans un certain sens. Il gagne de l'argent en tout cas. Dans quelques années, il s'en voudra peut-être de ne pas avoir continué.

– Tu crois qu'il pensera avoir pris la mauvaise décision ?

– Sûrement. Il va passer à côté d'un tas de trucs. Sans études, on ne s'en sort pas aujourd'hui.

– L'éducation est donc si importante ?

– Oui. Sans le bac, pas d'études supérieures, pas de travail ! Et, qu'est-ce qu'on devient dans ces cas-là ?

– C'est important pour ton avenir ?

– Oui... Mais, tu sais... Tu me promets de ne pas le dire à maman ? J'ai eu la note de ma dernière interro. Le prof dit que j'ai le niveau d'un élève de troisième alors que je suis en première.

Vous constatez tout de suite la différence. Tous les conseils du monde ne serviront à rien si l'on ne s'attaque pas au vrai problème. Et nous ne pouvons repérer le vrai problème si nous nous confinons à notre vécu, à notre vision des choses, si nous n'enlevons pas nos lunettes pour mieux voir le monde sous le même angle que notre interlocuteur.

– Je crois que ce n'est pas la peine que je continue, papa. Pourtant, j'aurais bien aimé entreprendre des études.

– Tu es pris entre deux feux ? Tu ne sais plus quoi faire ?

– Qu'est-ce que tu me conseillerais ?

En s'efforçant de comprendre d'abord, le père a changé une relation transactionnelle en une conversation transformationnelle : il peut avoir un impact non seulement sur son fils, mais aussi sur leurs rapports. Il a crédité les comptes affectifs et permis ainsi à son fils de s'ouvrir à lui progressivement pour enfin aborder son problème. Le père et le fils regardent bien désormais le même problème, et c'est le fils qui demande à son père de le conseiller grâce à son expérience, qui lui demande de faire le point.

Mais, même lorsqu'il va le conseiller, le père doit rester à l'écoute de ce que son fils souhaite communiquer. Tant que la réponse est logique, le père peut continuer à poser des questions et donner des conseils. Dès que le discours devient plus affectif, il lui faut, au contraire, se concentrer uniquement sur l'écoute.

– Tu pourrais envisager plusieurs choses.

– Lesquelles ?

– Prendre des cours particuliers. La ville organise peut-être des cours de rattrapage pour aider les élèves.

– Je me suis déjà renseigné là-dessus. Ça me prendrait deux soirs par semaine, et une partie du samedi.

Le père sent que la conversation prend une tournure plus sensible ; il revient à l'écoute par empathie.

– Le prix à payer te paraît un peu trop élevé.

– Et puis, j'ai promis d'entraîner l'équipe des cadets.

– Tu ne peux pas les laisser tomber.

– Si j'étais certain que les cours de rattrapage me servent, j'irais tous les soirs. Je me débrouillerais pour leur trouver un entraîneur.

– Tu n'es pas certain que cela en vaille le coup ?

– Tu crois que je m'améliorerais vraiment ?

Le fils redevient plus logique et plus ouvert. Il fait appel, une nouvelle fois, à l'expérience de son père. Le père peut à nouveau influer sur sa réflexion, transformer la relation.

Parfois, cette transformation ne requiert aucun conseil extérieur. Lorsqu'une personne expose librement ses problèmes, les solutions possibles se révèlent souvent d'elles-mêmes. D'autres fois, il faudra en revanche apporter une aide extérieure. Pour cela, il faut avant tout avoir le désir d'assurer le bien-être psychique de son interlocuteur et le laisser aborder son problème, et les solutions, à son propre rythme, étape après étape, un peu comme l'on pèle un oignon pour atteindre finalement son cœur.

Lorsqu'une personne souffre et que vous l'écoutez avec l'intention de la comprendre, cette personne éprouvera, d'elle-même, le besoin de s'ouvrir à vous. Les enfants ressentent particulièrement ce besoin de se confier, à leurs parents d'ailleurs bien plus qu'à leurs camarades. Et ils le font s'ils savent que leurs parents sont prêts à les entendre sans les juger, sans se moquer, et à les aimer sans poser de conditions. Vous serez surpris de constater à quelle vitesse la conversation progressera et vous découvrirez chez votre interlocuteur un niveau de connaissance et de compréhension que vous ne soupçonniez pas. Il n'est pas toujours nécessaire d'utiliser les techniques d'écoute par empathie. À elles seules, ces techniques ne peuvent d'ailleurs produire de résultat satisfaisant. Parfois même, les techniques et les mots gênent la communication. Le degré de compréhension dont je vous parle transcende tout ceci. J'ai toutefois tenu à énumérer les quatre étapes de l'écoute par empathie parce qu'elles font partie des bonnes habitudes qu'il nous faut acquérir. Nous avons besoin de savoir-faire, mais ce savoir-faire ne nous servira que dans la mesure où nous ressentons également un désir sincère de comprendre.

Nous détestons tous être manipulés. Si vous discutez avec une personne qui vous est proche, il peut donc être utile de l'informer d'emblée de votre intention : vous venez de lire un livre sur ce sujet et vous avez compris, à la lecture, que vous ne saviez pas écouter attentivement; vous voulez vous améliorer, mais vous avez pour cela besoin que l'on vous aide. Si vous êtes sincère, vous créditerez votre compte affectif. Si vous ne l'êtes pas, je vous conseille d'éviter ce genre de dialogue, vous risqueriez de créer chez votre interlocuteur une vulnérabilité qui se retournerait contre vous lorsqu'il s'apercevrait de la supercherie et se retrouverait exposé à vos agressions. N'oubliez pas que votre savoir-faire ne constitue que la partie visible de l'iceberg ; la partie immergée, qui la soutient, se compose de votre caractère.

Certains protesteront que ce type d'écoute prend trop de temps. En réalité, le démarrage peut exiger plus de temps que prévu, mais le gain à long terme est incontestable. Pour un médecin, le seul moyen de parvenir à prescrire le bon traitement consiste à d'abord établir un bon diagnostic. Vous ne pouvez pas dire : « Je n'ai pas le temps de diagnostiquer. Prenez simplement ces médicaments. »

Je travaillais un jour à mon bureau. Les fenêtres de la pièce étaient grandes ouvertes. Le vent se leva d'un seul coup et toutes mes feuilles, y compris celles que je n'avais pas numérotées, s'envolèrent. Pris de panique, je courais dans tous les sens, sans arriver à mettre de l'ordre dans mes papiers. Je ne réalisais qu'après qu'il valait mieux prendre quelques secondes pour fermer les fenêtres.

Ceci relève du même principe : prendre le temps de réfléchir nous permet finalement d'aller plus vite. Cela nous évite de devoir rattraper le temps perdu à corriger les erreurs, les malentendus, de vivre avec des problèmes refoulés, irrésolus, et de manquer, un jour ou l'autre, d'oxygène psychologique. Nous avons tous besoin d'être compris. Et, quel que soit le temps passé à comprendre autrui, les résultats se révéleront en fin de compte fructueux, car vous vous basez sur des données exactes et sur une relation de confiance.

COMPRÉHENSION ET PERCEPTION

À mesure que vous écouterez les autres avec plus d'attention, vous découvrirez les différences de perceptions qui existent entre vous et vos interlocuteurs. Vous en viendrez à apprécier l'impact de ces différences lorsque vous aurez à travailler ensemble dans des situations d'interdépendance.

Nos manières de voir le monde peuvent être à l'opposé l'une de l'autre. Nous sommes peut-être enfermés chacun dans nos paradigmes. Nous pensons que notre vue du monde est la réalité, et nous mettons en doute les facultés mentales et le caractère de ceux qui ne peuvent pas voir cette « réalité ». Pourtant, malgré toutes ces différences, nous devons travailler ensemble (dans un couple, une entreprise, une association bénévole...). Comment y parvenir ? Comment dépasser les limites de notre perception pour communiquer en profondeur, pour aborder les vrais problèmes et remporter des victoires communes ?

SE FAIRE COMPRENDRE

Savoir se faire comprendre constitue la seconde partie de l'habitude 5, une partie tout aussi cruciale pour trouver des solutions avantageuses pour tous.

Au début de ce chapitre, nous avons défini la maturité comme l'équilibre entre le courage et le respect d'autrui. Comprendre exige que l'on respecte son interlocuteur ; se faire comprendre requiert du courage. Pour parvenir ensemble à la victoire, il faut doser ces deux composantes car, dans des situations d'interdépendance, nous devons comprendre l'autre, mais nous ressentons aussi le besoin d'être compris.

La rhétorique grecque était autrefois basée sur trois phases : ethos, pathos, logos. Pour moi, ces trois mots représentent l'essentiel de l'habitude 5. Ils posent le principe d'évolution dans les rapports humains : caractère, relations, logique de l'expression.

Ethos représente vos caractéristiques, votre caractère et la confiance qu'il inspire. Pathos représente l'empathie, l'émotion et la communication de ces sentiments. Logos signifie parole, raison, c'est la partie logique, réfléchie de votre prestation.

Or, la plupart des gens passent directement à la troisième phase. Ils pensent d'abord à exprimer logiquement (fonction de l'hémisphère gauche) leurs idées. Ils essaient de convaincre leurs interlocuteurs du bien-fondé de leur logique sans d'abord prendre en compte les deux autres éléments ethos et pathos.

À une époque, un de mes amis se plaignait sans cesse de son directeur. Son style de direction ne menait à rien : « Pourquoi ne peut-il pas prendre une décision correcte. Je lui en ai déjà parlé plusieurs fois. Il est tout à fait conscient du problème, mais il ne fait rien. » J'avais donc suggéré à cet ami de s'exprimer de manière plus efficace et constructive : « Lorsqu'un vendeur ne vend pas sa marchandise, qui renvoie-t-on se recycler ? Sûrement pas le client ! Tu dois faire un effort pour t'exprimer de sorte que ton directeur te comprenne. Tu dois te mettre à sa place, pénétrer son mode de pensée pour exprimer ton point de vue simplement, visualiser la situation et décrire la solution de ton directeur mieux qu'il ne le ferait lui-même. Ça va te demander du travail. Tu crois que tu en as vraiment envie ? » Il ne voyait pas pourquoi il devait en passer par là. Il voulait bien changer le style de management de son directeur, mais il ne voulait pas modifier son propre style d'expression. Le prix à payer lui semblait trop élevé. Je lui conseillai donc d'apprendre à accepter le style de son directeur. Mais, cela ne lui convenait pas non plus. Il n'accepta aucune solution, et la situation resta donc bloquée.

Une autre personne de ma connaissance était pour sa part prête à payer le prix qu'il fallait pour obtenir ce qu'elle voulait : le financement de ses recherches. Elle s'entraîna avec moi pour parvenir à exprimer précisément le point de vue de ses interlocuteurs et, ensuite seulement, pour démontrer la logique de sa demande.

Lors de l'entretien avec les directeurs de son service, elle commença par résumer leurs préoccupations et leurs objectifs en ce qui concernait son secteur de recherche. Elle n'eut pas le temps de finir son résumé, car le directeur du service lui accorda très vite le budget désiré.

Lorsque vous réussissez à exprimer vos idées de manière claire, précise, visuelle et que vous les restituez dans un contexte plus général (les paradigmes et les préoccupations de votre entourage), vous augmentez votre crédibilité. Vous ne vous enfermez pas dans votre petit monde à vous. Vous ne vous lancez pas dans une explication dithyrambique. Vous comprenez. Ce que vous exprimez peut d'ailleurs différer de ce que vous pensiez à l'origine car, en vous efforçant de comprendre, vous avez enrichi vos connaissances.

L'habitude 5 vous permet d'acquérir un niveau de précision et d'intégrité plus élevé dans vos explications. Et cela se ressent. Vos interlocuteurs sentent que vous exposez une idée en laquelle vous croyez réellement, qui prend en compte les divers faits et points de vue connus, et qui tient compte de tous.

UN CONTRE UN

L'habitude 5 engendre des conséquences remarquables parce qu'elle agit à l'intérieur de votre cercle d'influence. Dans les situations d'interdépendance, de nombreux facteurs appartiennent à votre cercle de préoccupations (problèmes, désagréments, comportement d'autrui...). Si vous dépensez votre énergie pour modifier ces facteurs, qui ne dépendent pas de vous, vous ne déclencherez que peu de résultats positifs.

En revanche, lorsque vous vous efforcez de comprendre votre interlocuteur, vous travaillez dans un domaine que vous contrôlez. Vous vous concentrez sur votre cercle d'influence et vous vous apercevez que vous pouvez comprendre la situation en profondeur. Vous disposez de données précises, vous entrez plus vite au cœur du sujet, vous créditez les comptes et vous fournissez l'oxygène nécessaire pour que vos interlocuteurs aient envie de travailler de manière constructive avec vous.

Vous opérez de l'intérieur vers l'extérieur. À mesure que vous écoutez attentivement votre interlocuteur, vous constatez aussi que vous devenez plus influençable. Cela n'a rien d'inquiétant, au contraire : se laisser influencer reste le seul vrai moyen de pouvoir influencer. Votre cercle grandit. Vous acquérez les capacités voulues pour influer sur certains éléments relevant de votre cercle de préoccupations. Plus vous comprenez les autres, plus vous apprenez à les apprécier, et plus vous les respectez.

Vous pouvez dès maintenant pratiquer l'habitude 5 et essayer de comprendre vos interlocuteurs sans en référer toujours à votre propre expérience. Même si la personne ne souhaite pas dans un premier temps se confier à vous, vous pouvez vous identifier à elle lorsque vous l'écoutez. Vous pouvez ressentir ses sentiments, sa souffrance et vous pouvez y répondre par quelques mots : « Ça n'a pas l'air d'aller aujourd'hui. » Votre interlocuteur ne répondra peut-être pas, mais cela n'a pas d'importance. Vous aurez prouvé par ces mots que vous le comprenez et que vous le respectez. Ne perdez pas patience. Nul n'a obligation de se confier à vous tant que vous ne comprenez pas véritablement les comportements de ces personnes, que vous n'êtes pas en phase avec elles. Montrez-vous proactif. Effectuez un travail de prévention : vous n'avez pas à attendre que surviennent les problèmes de vos enfants ou vos prochaines négociations de contrat pour intervenir. Consacrez dès maintenant du temps à chacun de vos enfants. Écoutez-les, comprenez-les. Observez, de leur point de vue, la vie qu'ils mènent à la maison, à l'école ; étudiez les problèmes qu'ils rencontrent, les petites difficultés qu'ils doivent affronter. Donnez-leur de l'oxygène.

Ménagez-vous des soirées avec votre conjoint. Écoutez ce que vous avez à vous dire. Efforcez-vous de vous comprendre mutuellement. Regardez la vie avec les yeux de votre conjoint. Je ne renoncerais pour rien au monde aux discussions que nous avons ma femme et moi, chaque jour. Non seulement nous essayons de nous comprendre mutuellement, mais nous nous entraînons à écouter nos enfants, à débrouiller les problèmes familiaux. Nous « jouons » le rôle de nos enfants, nous exprimons notre vision de la situation et nous analysons les réponses que nous donnons. Nous essayons de visualiser les moments d'interaction importants entre nos enfants et nous-mêmes pour faire en sorte de réagir en accord avec nos principes, pour rester cohérent dans notre éducation. Nous rejouons aussi des conflits passés pour savoir où nous avons mal réagi.

Ce temps passé à se comprendre contribue à une communication plus ouverte, sans barrières. Dans ce climat de communication, les problèmes qui occupent la plupart des familles et des couples n'ont pas le temps de naître ni de se développer. Ils peuvent être résolus à leur base, et il règne, de toute façon, une assez grande confiance entre les individus pour qu'ils puissent traiter les conflits qui éclateraient.

Au sein de l'entreprise, vous pouvez accorder des entretiens réguliers à chacun de vos employés. Écoutez-les, comprenez-les. Établissez des systèmes d'évaluation des ressources humaines, des méthodes de communication afin d'obtenir un feed-back précis et sincère à tous les niveaux : clientèle, fournisseurs et employés. Il faut accorder autant d'intérêt aux ressources humaines que financières ou techniques. Lorsque vous exploitez ces ressources, vous économisez du temps, de l'argent et de l'énergie. Lorsque vous écoutez, vous apprenez. Vous apportez de l'oxygène à ceux qui travaillent pour et avec vous. L'attachement qu'ils vouent à leur entreprise les pousse alors bien plus loin que les simples exigences physiques de leur journée de travail.

Atteindre un niveau élevé de compréhension mutuelle nous aide à trouver un juste milieu dans nos décisions communes et nous ouvre la voie vers des solutions plus créatives. Nos différences ne sont plus des obstacles sur lesquels nous butons, mais des rochers sur lesquels nous prenons appui pour aller plus haut. La rencontre de ces différences crée une immense force de synergie.

SUGGESTIONS

1. Choisissez une relation pour laquelle vous sentez que votre compte affectif est déficitaire. Décrivez, par écrit, la situation en partant du point de vue de l'autre personne. La prochaine fois que vous lui parlerez, efforcez-vous de l'écouter pour la comprendre. Comparez ce que vous aviez écrit avec ce que vous avez écouté. Vos suppositions se révèlent-elles justes ou non ? Aviez-vous réellement compris le point de vue de votre interlocuteur ?

2. Faites part de votre connaissance de l'écoute par empathie à une personne qui vous est proche. Informez cette personne de votre volonté de pratiquer ce type d'écoute et demandez-lui d'évaluer vos performances. Quels sont vos résultats ? Qu'a ressenti la personne à qui vous aviez demandé de vous évaluer ?
3. La prochaine fois que vous aurez l'occasion d'observer des individus communiquer, bouchez-vous les oreilles pendant quelques instants et regardez. Quelles émotions pouvez-vous percevoir que des mots ne suffiraient pas à exprimer ?
4. La prochaine fois que vous vous surprenez en train de mettre en avant vos propres expériences lors d'une conversation, essayez de modifier la situation de manière à créditer votre compte affectif. Dites, par exemple : « Excusez-moi, je crois que je ne vous comprends pas exactement. Pourrions-nous revenir en arrière ? »
5. La prochaine fois que vous devez présenter un projet, une idée, faites-le en appliquant la méthode de l'empathie : décrivez d'abord le point de vue de vos interlocuteurs, puis présentez le vôtre en vous appuyant sur leur cadre de références.

Habitude n° 6

Profitez de la synergie

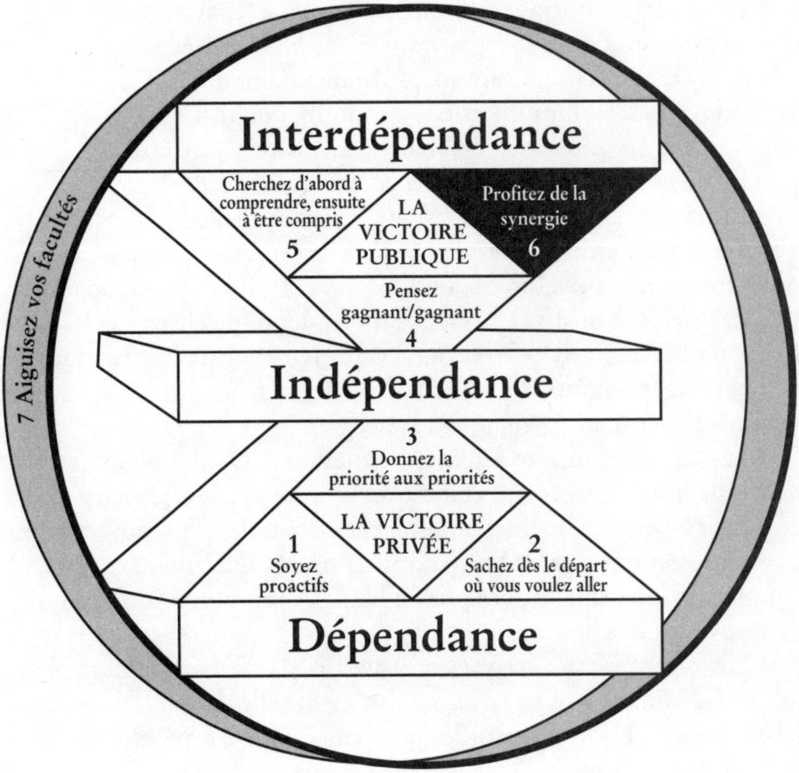

PRINCIPES DE COOPÉRATION CRÉATIVE

Je prends pour guide l'espérance d'un saint :
pour les choses cruciales :
l'unité pour les choses importantes : la pluralité
pour toutes choses : la générosité.

George Bush

LORSQUE Winston Churchill fut appelé à diriger les efforts de guerre de la Grande-Bretagne, il déclara que toute sa vie l'avait préparé à cette heure. Dans le même ordre d'idée, nous pouvons dire que toutes les habitudes précédentes nous préparent à développer des comportements synergiques.

Lorsque l'on comprend en profondeur comment fonctionne la synergie dans la communication, développer cette force devient l'une des activités les plus extraordinaires de notre vie. Cette force vous permet de concentrer l'utilisation de vos quatre dons humains, votre désir de victoires communes et votre technique d'écoute dans le but de faire face aux difficultés de la vie. Le résultat est extraordinaire : nous créons de nouvelles possibilités qui n'existaient pas auparavant.

La synergie constitue l'essence du leadership centré sur les principes, de l'éducation centrée sur les principes. Elle catalyse, unifie, et libère le potentiel de chacun. Toutes les habitudes que nous venons d'examiner mènent à la synergie.

Mais, que signifie exactement synergie ? Dans le contexte des relations humaines, cela signifie que les rapports entre deux parties constituent en eux-mêmes une troisième partie, plus puissante : la combinaison des possibilités aboutit à un résultat plus grand que la somme arithmétique de ces possibilités. La réunion d'individus crée de nouvelles possibilités.

Mais cette création représente aussi la partie la plus inquiétante de la relation, car nul ne peut prévoir ce qu'elle va être, ni où elle va nous mener. Nul ne connaît les nouveaux dangers qu'elle va engendrer, ni les nouveaux défis. Il faut déjà se sentir extrêmement sûr de soi pour avoir le courage de partir ainsi à l'aventure, à la découverte de la créativité. Il ne fait aucun doute qu'il est nécessaire d'abandonner le confort de son « chez-soi » intellectuel et émotionnel, pour ouvrir de nouvelles voies que d'autres pourront emprunter à votre suite.

La synergie se rencontre partout. Dans la nature, particulièrement : si vous plantez deux arbres, leurs racines s'enlaceront pour fertiliser le sol ; l'assemblage de deux pièces procure plus de solidité à une construction que le montage de ces deux éléments séparément ; la conception même d'un enfant par un homme et une femme représente en soi une forme de synergie : un plus un n'égale plus deux, mais trois ou plus encore.

Dans les relations humaines, le concept de synergie repose sur le respect de nos différences afin de développer nos forces et de compenser ainsi nos faiblesses.

Nous respectons et apprécions les différences physiques entre un homme et une femme. Mais qu'en est-il des différences sociales, intellectuelles ou psychologiques ? Pourquoi ne pourraient-elles pas aussi être à l'origine de nouvelles formes de vie ? Pourquoi ne pourraient-elles pas engendrer un climat où chacun s'épanouirait à sa façon, ce qui conforterait la valeur et l'assurance de chacun et qui permettrait à tous d'atteindre la maturité en tendant d'abord vers l'indépendance, puis vers l'interdépendance ? Pourquoi cette synergie ne pourrait-elle pas créer un nouveau modèle pour les générations à venir ? Un modèle tourné vers la coopération, l'entraide, un modèle moins défensif, moins agressif, moins politique, moins égoïste, plus ouvert, plus confiant, plus généreux qui reposerait sur l'amour et le respect d'autrui, plutôt que sur la possession et le jugement.

LA COMMUNICATION SYNERGIQUE

Lorsque vous communiquez avec synergie, vous ouvrez votre coeur et votre esprit à de nouvelles possibilités, à de nouvelles solutions. Vous me direz que je prône ici l'inverse de ce que je préconisais pour l'habitude 2. Pas du tout. Lorsque vous vous engagez dans ce type de communication, vous ne savez pas si tout va se dérouler comme vous le souhaitez, mais vous avez le sentiment très fort que vous entreprenez en toute sécurité une aventure extraordinaire qui apportera un plus à votre vie. La conclusion que vous gardez à l'esprit, c'est précisément ce plus, cette amélioration.

Vous partez avec l'idée que les parties impliquées se comprendront mieux. Ce désir de comprendre et d'apprendre entraînera toujours plus d'entente, d'enseignements et de progrès.

Beaucoup n'ont jamais vécu la moindre expérience de communication synergique, ni dans leur famille, ni ailleurs. Ils ont la certitude qu'ils doivent se méfier de tout et de tous. C'est là l'un des plus grands drames, l'un des plus grands gaspillages aussi, de la vie. Le potentiel de ces individus reste enfoui en eux et ne sera jamais valorisé sauf dans des occasions ponctuelles (sports d'équipe, situation d'urgence exigeant une solidarité sans bornes). Pour certains, ces moments de synergie semblent miraculeux. Or, ils ne le sont pas. Ils peuvent se reproduire tous les jours, pour tout un chacun. Mais cela requiert une grande force de caractère, un esprit ouvert et aventurier.

La plupart de ces efforts de création surviennent en effet à l'improviste. Ils paraissent souvent ambigus et risqués, ne progressant que par à-coups, erreurs et rectifications. Seules peuvent s'engager dans ces activités les personnes capables de tolérer ce genre d'instabilité. Car elles seules possèdent des principes infaillibles, un caractère intègre et un sens de leur propre valeur qui leur permettent de ne pas se sentir mal à l'aise dans de telles situations.

LA SYNERGIE DANS LA SALLE DE CLASSE

En tant que professeur, je pense que la plupart des cours sont constamment en danger de basculer dans le chaos le plus total. Essayer de travailler avec synergie met à l'épreuve la confiance entre l'enseignant et ses élèves : sont-ils ouverts au principe qui dit que l'ensemble est plus important que la somme de ses parties ?

Ni l'enseignant ni les élèves ne savent où ils vont. Au départ, l'atmosphère doit sembler assez stable pour que chacun ait envie d'écouter, d'apprendre et de comprendre les idées des autres. Puis, vient une phase de *brainstorming*. Là, la créativité, l'imagination, les associations d'idées prennent le dessus sur le jugement, et un phénomène extraordinaire se produit alors. L'ensemble de la classe s'enthousiasme pour une idée encore imprécise, mais déjà palpable. Le groupe évolue au fil de cet enthousiasme et semble résolu à passer outre les vieilles habitudes pour écrire lui-même son histoire.

Je n'oublierai jamais l'expérience que j'ai vécue dans l'un de mes cours intitulé « Philosophie du leadership ». Nous venions juste de commencer l'année, et, lors d'une conférence, un étudiant nous fit part d'expériences personnelles très fortes. Nous pouvions tous ressentir ses sentiments et le cheminement de sa réflexion. Toute la classe écoutait dans un silence respectueux et admiratif. Cet état d'esprit collectif donna une nouvelle impulsion au groupe. D'autres étudiants racontèrent d'autres expériences et en vinrent également à exprimer leurs doutes les plus intimes. Ils ne présentaient pas simplement leur travail, mais se nourrissaient des paroles de chacun pour progresser. Ils réécrivaient le projet pédagogique du cours que j'enseignais. Je participais activement, presque hypnotisé par ce nouvel esprit, au point que je laissai de côté la structure prévue de mon cours. Je sentais naître de nouvelles possibilités. Nous ne nous laissions pas emporter par un enthousiasme délirant, au contraire ; l'impression de maturité, de stabilité et de réflexion qui en ressortait valait cent fois plus que l'ancien projet d'enseignement fixé pour ce cours.

Nous avons abandonné le cursus prévu pour nous fixer de nouveaux objectifs. Au bout de trois semaines, nous avons ressenti le besoin de mettre en commun tout ce que nous vivions à ce moment. Nous avons décidé de rédiger un livre contenant tout ce que nous apprenions, chaque jour, toutes nos réflexions sur le sujet.

L'esprit de synergie qui régnait dans cette classe ne disparut d'ailleurs pas avec la fin de l'année universitaire. Les étudiants continuèrent à se revoir, et aujourd'hui encore, de nombreuses années plus tard, lorsque nous nous rencontrons, nous reparlons de cette expérience qui nous a tant marqués. Tout avait évolué extrêmement vite et de manière tout à fait sincère. Je pense que cela était dû à la maturité de ces étudiants. Ils ne venaient pas uniquement assister à un cours. Ils voyaient plus loin. Ils avaient soif d'apprendre, soif de nouvelles expériences enrichissantes. Et, ils avaient le sentiment que l'heure était venue pour eux de vivre cela. De fait, vivre la synergie au quotidien vaut bien mieux que d'enseigner ses principes à partir de vieux livres.

Comme beaucoup d'autres enseignants, j'ai aussi vécu des situations de chaos absolu et d'échec. Malheureusement, certaines personnes, refroidies par de telles expériences, finissent par aborder toute nouvelle tentative de coopération avec méfiance. Elles se coupent littéralement de tous les bienfaits de la synergie. Cela me fait penser à ces gestionnaires qui concoctent toujours de nouvelles règles générales pour pallier ainsi aux abus commis par quelques-uns, ou à ces hommes d'affaires qui rédigent leurs contrats en imaginant le pire, tuant dans l'oeuf toute créativité et toute coopération synergique.

En tant que consultant professionnel, je peux affirmer aussi que toutes les situations que j'ai dû débrouiller donnèrent lieu d'une certaine manière à une telle manifestation de synergie. Les personnes qui me consultent (membres d'une famille, d'une entreprise...) passent tout d'abord par un moment difficile. Il leur faut un grand courage pour affronter quelques vérités depuis trop longtemps dissimulées. Ce cap franchi, chacun se sent en mesure de s'exprimer sans crainte. Une communication synergique s'installe alors réellement et aboutit, en général, à un niveau de compréhension et à des projets que nul n'aurait imaginés.

« Ce qu'il y a de plus personnel en nous est aussi ce qu'il y a de plus commun. » Plus vous vous exprimez sincèrement, notamment sur vos sentiments et vos doutes, et plus vos interlocuteurs peuvent se sentir touchés par ce que vous exprimez. Ils se trouvent alors suffisamment en sécurité pour s'exprimer à leur tour. La communication se poursuit ensuite comme une réaction en chaîne qui s'auto-entretient. Les participants parlent parfois sans finir leurs phrases ; leurs discours semblent incohérents. Mais, ils se comprennent réellement. Si les projets qui naissent de ces discussions ne se concrétisent pas tous, il en résulte toujours une action positive et profitable.

LA SYNERGIE DANS LES AFFAIRES

L'une des expériences de synergie les plus marquantes que j'ai vécues sur le plan professionnel, remonte à la création avec mes associés de l'énoncé de mission de notre société. « Perdus » en pleine montagne, mes associés et moi avions commencé à rédiger notre brouillon. Tout d'abord, la communication resta très courtoise, réfléchie et, somme toute, prévisible. Puis, lorsque nous avons commencé à évoquer les diverses alternatives, les échanges devinrent plus sincères, plus profonds. Nous pensions à haute voix. Nous sautions d'une idée à l'autre. Nous comprenions véritablement ce que chacun pensait. En partant d'une conversation polie, nous sommes arrivés à une communication synergique et respectueuse. Je peux dire sans me tromper que l'énoncé de mission qui s'ensuivit émana vraiment de notre coeur, et il nous a toujours guidé par la suite. Il nous sert de référence, nous indiquant qui nous voulons être et surtout qui nous ne voulons pas être.

Une autre fois, je fus appelé à servir de « catalyseur » pour une compagnie d'assurances. Une assemblée de cadres avait été organisée comme à l'habitude depuis de nombreuses années. Basée sur le principe « gagnant/perdant », elle s'annonçait morne et plutôt infructueuse comme celles des années précédentes. Je proposai donc aux membres du comité d'organisation de rendre cette assemblée plus synergique. Nous avons demandé à plusieurs cadres de rédiger, au préalable, leur « livre blanc » sur des sujets bien spécifiques. Ils échangèrent ensuite leurs rapports avec leurs collègues et tous purent ainsi réfléchir à l'avance aux diverses idées émises par chacun. Le jour venu, l'assemblée prit une toute autre tournure. Au lieu de venir défendre leurs positions, les cadres s'y rendirent dans l'intention de discuter de ce qu'ils avaient lu, avec l'objectif réel d'écouter, de partager et de créer.

Nous avons consacré une demi-journée à l'apprentissage des habitudes 4, 5 et 6. La journée et demie restante fut réservée à la communication. Les participants, loin de s'ennuyer comme d'habitude, échangèrent leurs points de vue. Ils acquirent une image nouvelle de leur société et abandonnèrent leurs propositions pour en créer d'autres en commun. Ils apprécièrent enfin leurs différences et cherchèrent à les dépasser.

Lorsqu'une personne a connu une telle expérience de communication synergique, elle ne peut y rester indifférente. Elle sait désormais qu'une telle communion d'esprit peut toujours être atteinte. Toutefois, il est souvent inutile de vouloir reproduire exactement la même expérience. On ne peut que retrouver, à propos de nouveaux sujets, de nouvelles formes de synergie. « Il ne faut pas chercher à imiter les maîtres, mais plutôt rechercher ce qu'ils ont recherché. »

SYNERGIE ET COMMUNICATION

Lorsque la communication entre individus devient véritablement ouverte et synergique, les résultats envisageables peuvent être extraordinaires. Ils justifient à eux-seuls les risques que fait encourir l'ouverture.

Après la Seconde Guerre mondiale, les États-Unis ont nommé David Lilienthal à la tête de la nouvelle Commission pour l'Énergie atomique. Lilienthal a réuni un groupe de personnes importantes, connues dans leurs domaines respectifs - des exemples, en quelque sorte, dans leur propre cadre de référence.

Ce groupe avait un ordre du jour très chargé, et était pressé de commencer le travail, surtout que la presse les talonnait.

Mais Lilienthal a pris plusieurs semaines pour créer un compte affectif élevé. Il voulait que ce groupe apprenne à mieux se connaître - leurs intérêts, leurs espoirs, leurs buts, leurs soucis, leurs passés, leurs cadres de référence, leurs paradigmes. Il a provoqué des échanges qui ont créé des liens forts entre ces personnes pendant qu'on le critiquait vivement pour le temps qu'il prenait ainsi.

En fait, ce groupe est devenu extrêmement soudé, ouvert aux autres, créatif, et synergique. Le respect mutuel des membres de la Commission était tel que lorsqu'ils n'étaient pas d'accord entre eux, au lieu de s'affronter et de se défendre, ils essayaient vraiment de se comprendre. L'attitude de chacun était la suivante : « Si quelqu'un de votre intelligence et de votre compétence n'est pas d'accord avec moi, c'est qu'il y a quelque chose que je ne comprends pas, et je veux comprendre. Vous avez un point de vue, un cadre de référence que j'ai besoin de connaître. » Ainsi ont-ils pu communiquer de manière non défensive et développer une culture peu commune.

Le tableau suivant illustre à quel point la confiance est liée à différents niveaux de communication.

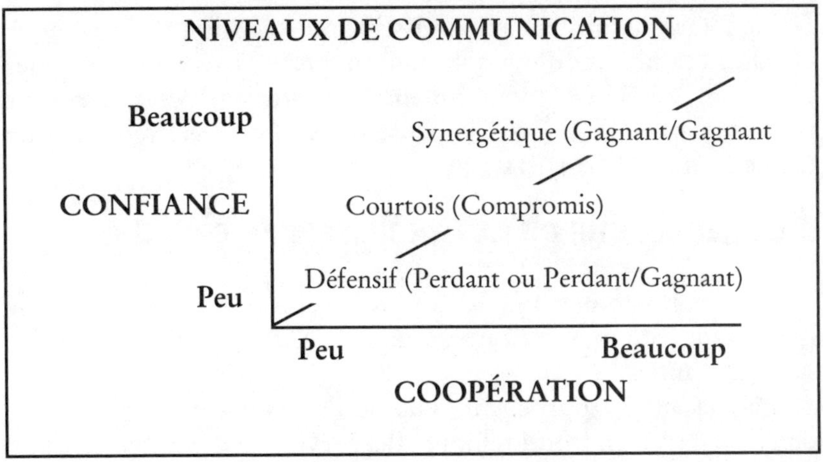

Le degré de communication le plus bas se traduit en général par un comportement protectionniste et un langage que je qualifierai de « législatif » : les interlocuteurs essaient de couvrir tous les cas de figure et de prendre des mesures préventives ; ils prévoient, de toute façon, des « clauses résolutoires » qui leur permettent de fuir toute communication si la relation tourne à leur désavantage. Le second niveau est celui de la conversation courtoise. Les gens se comprennent sur le plan intellectuel et possèdent une assez grande maturité pour éviter des confrontations trop blessantes. La communication reste toutefois superficielle, les interlocuteurs ne cherchant ni à reconnaître les paradigmes et les concepts qui sous-tendent leur comportement, ni à accepter de nouvelles options. Dans des situations d'interdépendance, ce type de communication débouche souvent sur des compromis : 1+1=11/2. Chaque partie cède un peu et gagne un peu, mais il n'existe pas de véritable création. Les interlocuteurs n'appliquent qu'à un moindre degré le principe de la victoire commune.

Lorsque la communication fonctionne avec synergie, un plus un égale huit, seize, voire seize mille. Les solutions trouvées sont différentes et meilleures que celles proposées au départ, et tout le monde en est conscient. Tous les participants prennent en outre un plaisir réel à interagir. Une mini-culture prend forme et s'auto-développe. Même si cette expérience dure parfois peu de temps, l'équilibre P/CP reste toujours maintenu.

Certaines circonstances bannissent toute possibilité de synergie et exigent pourtant qu'une solution soit prise. Dans ces cas-là, si les parties en présence se montrent sincères dans leur désir de trouver une issue à leur problème, je pense qu'elles parviendront tout de même à un résultat satisfaisant.

À LA RECHERCHE DE LA « TROISIÈME ALTERNATIVE »

Pour vous donner une idée plus précise de l'influence de ces niveaux de communication sur notre constructivité, imaginez la scène suivante :

Les vacances approchent. Un homme souhaite emmener sa famille dans un endroit idyllique. Il a prévu cela depuis le début de l'année, a réservé un chalet près d'un lac, a pris un permis pour pouvoir pêcher, et a déjà acheté le matériel. Sa femme, pourtant, a changé d'avis. Elle préférerait rendre visite à sa mère, car celle-ci est gravement malade. La conversation entre le mari et la femme pourrait donner ceci :

– Tout est déjà organisé. Les enfants se font une joie d'aller à la pêche. On ne peut pas remettre à plus tard de pareilles vacances.

– Mais, je ne sais même pas pour combien de temps ma mère est encore en vie. Je veux absolument la voir et c'est le seul moment de l'année où je peux me rendre auprès d'elle.

– Nous attendons ces vacances depuis le début de l'année. Les enfants vont être insupportables s'ils restent enfermés chez leur grand-mère toute la journée. De plus, ta mère n'est pas si malade que ça et ta soeur la soigne très bien.

– C'est ma mère aussi, je veux la voir.

– Tu pourras lui téléphoner tous les soirs et, de toute façon, nous avons prévu de passer les fêtes de fin d'année avec elle.

– Je ne sais même pas si elle vivra jusque-là. Elle a besoin de moi. Ma mère est plus importante que des vacances au bord d'un lac.

– Tu veux dire que ta mère est plus importante que ton mari et tes enfants ?

Et la conversation peut continuer longtemps ainsi jusqu'à ce qu'un compromis soit établi. Mais il ne satisfera jamais les deux interlocuteurs. Ils pourront se séparer et passer leurs vacances chacun de leur côté, mais ils ressentiront tous deux des remords qui affecteront aussi les enfants. Si le mari cède, ce sera à contre-coeur, et il fera tout pour prouver que les vacances sont bel et bien gâchées. Si c'est elle qui cède, elle lui en voudra pendant toutes les vacances. Et, si la maladie s'aggravait, si sa mère venait à mourir, lui non plus ne se pardonnerait jamais d'avoir empêché sa femme de voir sa mère dans ses derniers moments.

Quel que soit le compromis, il serait interprété comme une preuve d'insensibilité, de négligence, ou comme une mauvaise décision de la part de l'autre. Beaucoup de couples voient leur relation se détériorer ainsi à cause de petits incidents de ce genre. Car le mari et la femme envisagent la situation sous des angles tout à fait différents qui finissent trop souvent par les séparer. Mais ces différences peuvent aussi les rapprocher. S'ils ont cultivé de bonnes habitudes d'interdépendance et de constructivité, leurs différences de points de vue prennent une tout autre signification.

La communication se situe alors à un niveau supérieur. Ils se font confiance, veulent que leur couple sorte vainqueur de ces difficultés, et recherchent une troisième solution qui convienne à tous et qui soit meilleure que celles qu'ils proposaient séparément. Parce qu'ils s'écoutent en essayant de se comprendre, ils ont devant eux, et en eux, une image complète des valeurs et des préoccupations qui entrent en ligne de compte dans leur décision.

La combinaison de ces trois ingrédients (confiance, recherche d'une victoire commune, compréhension d'abord) engendre un climat idéal pour développer leur force de synergie, pour créer un juste milieu.

Il ressent le désir de sa femme d'aller au chevet de sa mère et comprend les raisons de ce désir. Une mère importe effectivement beaucoup plus que des vacances au bord d'un lac. Elle comprend le souhait de son mari de voir toute sa famille réunie et d'offrir des vacances inoubliables à ses enfants. Elle sait qu'il est important qu'ils aient des souvenirs heureux en commun. Ils décident donc de mettre en commun leurs désirs et d'inventer ensemble une troisième solution qui les satisfasse. Il pourrait tout arranger pour qu'elle puisse rendre visite à sa mère juste après les vacances. Il s'occuperait de la maison, des enfants. Ils pourraient louer une maison près de l'endroit où habite sa mère et organiser ainsi des activités pour les enfants. Ce ne sont là que quelques exemples.

Ils progressent avec synergie. Ils communiquent jusqu'à ce qu'une nouvelle solution convienne à toute la famille. Cette solution représente bien plus qu'un compromis, elle est le résultat de leur synergie et renforce autant la production que les capacités de production. Leur relation n'est plus une transaction, mais une transformation. Ils en retirent ce qu'ils désirent et la consolident en même temps.

LA SYNERGIE NÉGATIVE

La recherche d'un juste milieu requiert un changement de paradigme de la part des interlocuteurs. Il leur faut se défaire de leur ancienne mentalité selon laquelle il n'existerait toujours qu'une alternative : une partie gagne, l'autre perd. Si difficile à entreprendre qu'il soit, ce changement engendre des résultats fantastiques.

En effet, que d'énergie négative ne dégage-t-on pas en essayant, d'habitude, de débrouiller certaines situations d'interdépendance ? Que de temps nous gâchons à confesser les péchés d'autrui, à soupçonner, à affronter, à protéger nos arrières ou à manipuler ! En termes plus imagés, nous attaquons une côte en appuyant d'un pied sur l'accélérateur et de l'autre sur le frein. Et lorsque rien ne va plus, nous préférons accélérer de plus belle au lieu d'arrêter de freiner.

La difficulté vient souvent de la dépendance des parties. Dépendantes de leurs pouvoirs, elles veulent à tout prix sortir seules victorieuses de situations d'interdépendance et s'engagent d'emblée dans des négociations gagnant/perdant. Dépendantes de leur popularité, elles préfèrent céder et laisser l'interlocuteur gagner. Si elles parlent parfois de victoires communes, elles n'écoutent en réalité que dans l'intention de tourner la situation à leur avantage. Aucune force de synergie ne peut naître d'une telle ambiance.

Les personnes peu sûres d'elles-mêmes pensent en effet souvent que la réalité devrait tenir compte de leur vision des choses et s'y plier. Elles ne réalisent pas que toute la force de leurs relations réside dans ces différences de point de vue. Uniformité n'a jamais signifié unité. Elle est anticréatrice et étouffante.

La synergie vient au contraire de notre spécificité. Elle prend sa source dans l'assurance que nous procurent les principes des habitudes 1, 2 et 3. En faisant nôtres ces trois principes, nous acquérons la mentalité d'abondance indispensable pour remporter des victoires communes et vivre en toute sincérité l'habitude 5. L'un des grands avantages que nous apporte une vie axée sur de justes principes se trouve d'ailleurs en nous-mêmes : nous formons un tout.

Les personnes qui obéissent exclusivement à une pensée logique relevant de l'hémisphère gauche s'aperçoivent, lorsqu'il leur faut trouver des solutions plus originales, que leur mode de réflexion souffre de sous-développement face à ce genre de problème. Elles doivent produire des efforts supplémentaires pour réécrire de nouveaux scénarios grâce à leur hémisphère droit. Car elles en ont bien la capacité. Ce « muscle » n'est qu'ankylosé. Peut-être une éducation et une société très logiques et strictes l'avaient-elles atrophié. Lorsque nous réfléchissons à l'aide de nos deux hémisphères, nous développons ce que je considère être déjà une forme de synergie : une synergie psychique. Notre outil de travail s'adapte à la vie, car la vie n'est pas seulement logique. Elle est aussi émotions.

Lors d'un séminaire que j'avais intitulé « Gérer à gauche, diriger à droite », l'un des participants m'a apporté une preuve irréfutable de cet état de fait. Le séminaire, destiné à des chefs d'entreprise, prenait pour lui un sens tout à fait personnel. Cette dichotomie, hémisphère gauche/hémisphère droit, engendrait des problèmes au sein de son couple. Sa femme avait l'impression que leur vie ne comptait pas vraiment pour lui. De son côté, il s'appuyait sur des données matérielles précises pour affirmer qu'elle avait tout pour être heureuse. Lorsqu'ils m'invitèrent à discuter, en privé, de cette situation, la conversation dégénéra très vite. Ils ne comprenaient pas cette différence fondamentale. Il voulait des faits, des chiffres ; elle éprouvait des sentiments, des impressions. Pour leur faire remarquer la grande valeur de leurs préférences respectives, je leur posai une question apparemment déplacée : « Vous avez bien deux enfants ? Comment avez-vous pu réussir à les mettre au monde ? » Ils s'étonnèrent bien entendu de la question. Et pourtant ! Pour donner naissance à leurs enfants, ils avaient sans aucun doute su apprécier leurs différences. Ils avaient su alors faire preuve de synergie.

SAVOIR APPRÉCIER LA DIFFÉRENCE

C'est là la base de toute force de synergie : savoir reconnaître et apprécier les particularités affectives, intellectuelles et psychologiques de chacun d'entre nous. Pour cela, il faut prendre conscience que l'on ne voit pas le monde tel qu'il est, mais tel que nous sommes. Si nous ne comprenons pas ceci, comment pouvons-nous comprendre nos différences et nous intéresser à des gens qui, selon nous, sont « à côté de la plaque » ? Lorsque je pense, objectivement, voir le monde tel qu'il est, ce conditionnement m'impose déjà des limites. Je ne peux pas développer mon indépendance, et encore moins mon interdépendance. Je ne peux pas avoir de comportement influent et constructif.

Seuls peuvent y parvenir ceux qui ont l'humilité de reconnaître les limites de leurs perceptions. Car seules ces personnes apprécient vraiment le potentiel que leur offre la communication. Les différences se transforment en découvertes. Elles leur permettent d'en apprendre toujours plus sur la vie.

Est-il bien logique que deux personnes puissent être en désaccord et avoir pourtant toutes deux raison ? Non. Ce n'est pas logique, je vous l'accorde. C'est psychologique. Tant que nous ne savons pas que nous percevons la réalité de deux façons différentes, nous ne pouvons pas progresser vers un juste milieu. Rien ne se fera sans une réelle volonté de compréhension et un respect mutuel. Quand deux interlocuteurs sont du même avis, l'un est de trop. Quel intérêt trouverais-je à discuter avec quelqu'un qui abonde dans mon sens ? La communication se révélerait totalement stérile.

Au contraire, en parlant de nos différences, je prends conscience de ce qui m'était jusqu'alors inconnu, mais, aussi et surtout, je vous reconnais en tant qu'individu. Je vous fournis « l'oxygène » indispensable à votre survie psychologique. Je retire mon pied du frein et je libère toute l'énergie négative que vous pourriez déployer pour défendre votre point de vue. Je crée un environnement synergique.

L'ANALYSE DES FORCES

Dans les situations d'interdépendance, la synergie sert particulièrement à lutter contre ces forces négatives qui interdisent toute progression, tout changement. Pour le sociologue Kurt Lewin, toute performance ou tout être est le résultat d'un équilibre entre des forces motrices et des forces restrictives. Les premières nous poussent à progresser. Elles sont, en général, positives, raisonnables, logiques, réfléchies et économiques. Les secondes entravent ce progrès. Elles sont au contraire souvent négatives, affectives, illogiques, inconscientes, sociales ou psychologiques. Toutes deux coexistent et doivent donc être prises en compte lorsque l'on envisage un changement.

Chaque famille donne à son chez-soi une atmosphère particulière : un certain niveau d'interaction, de confiance, de respect et certaines possibilités de communication. Si vous désirez améliorer ce niveau, vos raisons logiques n'y suffiront pas. Elles résisteront un moment, mais finiront par céder. Vos efforts seront peut-être contrecarrés par un esprit de concurrence entre les enfants, par des divergences entre conjoints sur la notion de vie familiale, par certaines habitudes, par des contraintes professionnelles ou autres. Le mouvement ressemble à celui d'un ressort. Plus vous appuyez avec

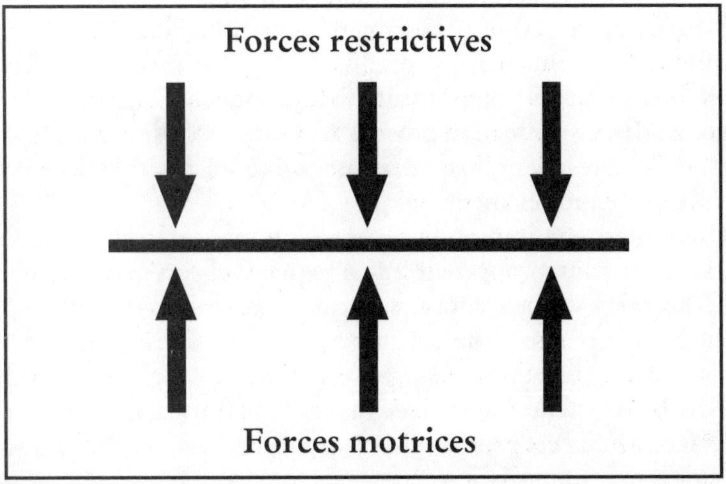

votre main sur le ressort, et plus celui-ci repousse votre main avec force, jusqu'à ce que, finalement, le ressort saute. Vous rattrapez le ressort et recommencez alors à appuyer. Le résul-tat est un mouvement de « Yo-Yo » qui finit par vous décourager. Vous vous dites que « les gens ne changeront jamais », que cette tâche est bien trop difficile.

En revanche, lorsque vous agissez avec synergie, vous vous appuyez sur le principe de l'habitude 4, vous utilisez les techniques de l'habitude 5 et la notion d'interaction contenue dans l'habitude 6 et vous travaillez directement sur ces forces restrictives. Vous créez une atmosphère dans laquelle on se sent assez en sécurité pour oser parler de ces restrictions. Vous vous en libérez, vous atteignez un nouveau degré de compréhension qui transforme finalement les restrictions en forces motrices. Vous impliquez les individus dans le problème, vous les immergez jusqu'à ce qu'ils le ressentent comme le leur, et ils deviennent alors un élément essentiel de la solution. Ils s'enthousiasment pour de nouveaux résultats, pour de nouveaux objectifs provoquant ainsi la naissance d'une culture nouvelle, plus humaine.

J'ai souvent été confronté à des situations extrêmes où les parties, lors d'un procès, se haïssaient au point de ne pouvoir, d'elles-mêmes, envisager une solution valable pour tous. Pourtant, lorsque je leur proposais de gagner ensemble le procès, et qu'elles essayaient de se comprendre réellement, nous parvenions à des résultats bien meilleurs que les compromis proposés par les juges. Parfois, les relations pouvaient même reprendre alors que la rupture semblait inévitable. Le problème pouvait s'être déclenché à la suite de malentendus. Il s'envenimait à cause d'accusations et de contre-accusations, mais se résolvait finalement assez vite si les parties acceptaient de s'écouter mutuellement.

Un promoteur immobilier me téléphona un jour parce qu'un conflit de ce genre l'opposait à sa banque. Celle-ci menaçait de saisir ses terrains s'il ne remboursait pas un prêt en retard. Il ne pouvait toutefois pas rembourser le prêt si on ne lui accordait pas les fonds nécessaires pour qu'il achève la vente des lots. Et la banque refusait bien entendu d'avancer de l'argent frais. Nous nous trouvions face à l'éternel problème de la poule et de l'oeuf dans les situations de sous-capitalisation.

Les propriétaires ayant déjà acquis des terrains commençaient d'autre part à s'inquiéter, car ceux-ci perdaient de la valeur. La municipalité montrait les dents, et ce qui devait devenir un coquet lotissement ressemblait de plus en plus à un terrain vague.

Finalement, je réussis à convaincre banquiers et promoteur d'organiser une réunion pendant laquelle nous rechercherions une solution synergique, un juste milieu.

Le jour de la réunion, l'atmosphère était extrêmement tendue. Je commençais par leur présenter les habitudes 4, 5 et 6 pendant près d'une heure et demie. Je notai au tableau les préoccupations des banquiers. Ils avaient reçu l'ordre de leur avocat de ne rien dire qui puisse ensuite leur nuire durant le procès, mais se firent plus bavards lorsqu'ils s'aperçurent que nos intentions étaient honnêtes. Comme nous essayions de les comprendre, ils nous firent aussi part de préoccupations plus personnelles : leur direc-teur allait les « assaillir », dès la fin de la réunion, pour savoir s'ils avaient obtenu le remboursement.

En fin de matinée, les banquiers pensaient toujours avoir raison de porter l'affaire devant une cour, mais ils se sentaient compris et ne se tenaient plus sur leur défensive.

Nous abordâmes alors les préoccupations du promoteur. La compréhension mutuelle progressait et les interlocuteurs se rendirent compte du peu d'ouverture d'esprit dont ils avaient fait preuve jusqu'ici. Ils s'aperçurent de l'état chronique de ces problèmes et du développement de leurs phases aiguës. Ils avaient le sentiment de mieux saisir leurs préoccupations respectives et cela facilita la communication.

La réunion devait finir à midi. Mais, à une heure, nous discutions encore. Le promoteur avança une première recommandation qui aboutit à un projet de refinancement qui fut présenté à la ville et à l'association de copropriétaires. La construction des lotissements se poursuivit ainsi malgré toutes ces complications et il n'y eut jamais de procès engagé.

Je ne veux pas suggérer par là qu'il faille à tout prix éviter d'avoir recours à la justice. Dans certaines circonstances, son action est absolument indispensable. Mais, à mon avis, cette solution doit être celle du dernier recours et ne doit pas servir d'outil de prévention. L'association de la crainte et du fonctionnement de la justice peut en effet déclencher des processus complètement antisynergiques.

UNE SYNERGIE NATURELLE

Le terme écologie rend parfaitement compte de la synergie de la nature. La nature est synergie : tout y a un lien avec autre chose. Et, c'est justement dans ces relations que l'on peut développer au maximum notre potentiel créatif, tout comme la combinaison des sept habitudes est plus fertile que la somme des possibilités offertes par chacune séparément.

Cette relation nous procure également la force d'instaurer une culture synergique qui se révélera d'autant plus créative et fructueuse que les participants se montreront confiants et sincères dans leur investissement. Ceci est, à mon vis, la raison du succès des japonais sur le marché mondial.

Le principe de la synergie fonctionne, car il est juste. Il couronne les habitudes précédentes. Il représente le summum d'une constructivité influente dans les situations d'interdépendance : constitution d'une équipe, travail d'équipe, essor de l'unité et de la créativité de chaque individu. Bien que vous ne puissiez commander ni les paradigmes d'autrui ni le processus de synergie par lui-même, vous pouvez travailler à de nombreux facteurs de synergie qui se situent à l'intérieur de votre cercle d'influence.

Votre synergie intérieure, par exemple, se situe entièrement dans votre cercle d'influence. Vous pouvez respecter les deux aspects de votre nature, logique et créativité. Même dans une ambiance extrêmement hostile, vous produirez votre propre force de synergie. Vous ne prendrez pas pour vous les insultes qui fusent. Vous aurez du recul par rapport à cette énergie négative. Vous choisirez de voir ce qu'il y a de bon dans votre interlocuteur et vous en servirez pour enrichir votre opinion.

Ayez le courage d'exprimer vos idées, vos sentiments et votre expérience d'une façon qui encourage vos interlocuteurs à se montrer à leur tour plus ouverts. Appréciez les divergences d'opinion. Vous n'avez pas à être d'accord avec tout le monde. Vous pouvez chercher à comprendre votre interlocuteur et reconnaître ainsi son existence. Si vous vous apercevez que vous n'envisagez que deux solutions, la vôtre et la « mauvaise », il est temps de com-mencer à réfléchir pour trouver une solution meilleure, un juste milieu. Dans la plupart des cas, ce juste milieu existe et, si vous travaillez dans le but d'une réelle victoire commune et cherchez réellement à comprendre l'autre, vous le trouverez sans aucun doute.

SUGGESTIONS

1. Pensez à une personne qui voit souvent le monde d'une manière tout à fait différente de la vôtre. Comment pourriez-vous utiliser ces différences comme moyen de trouver de nouvelles solutions ? Cherchez à comprendre le point de vue de cette personne sur un sujet bien précis et tentez d'apprécier ses particularités.

2. Dressez une liste des personnes qui vous énervent. Ont-elles des points de vue qui pourraient servir de base à une force de synergie si vous parveniez à vous sentir plus sûr de vous et à apprécier ces divergences d'opinion ?
3. Choisissez une situation dans laquelle vous souhaiteriez que les individus agissent avec plus de synergie. Quelles conditions faudrait-il réunir pour soutenir cette synergie ? Comment pouvez-vous créer ces conditions ?
4. La prochaine fois que vous engagez une conversation à propos d'un désaccord, efforcez-vous de comprendre les préoccupations qui sous-tendent la position de votre interlocuteur. Abordez ces préoccupations sous un angle qui prouve votre désir de créer une solution avantageuse pour tous.

Quatrième partie

LE RENOUVELLEMENT

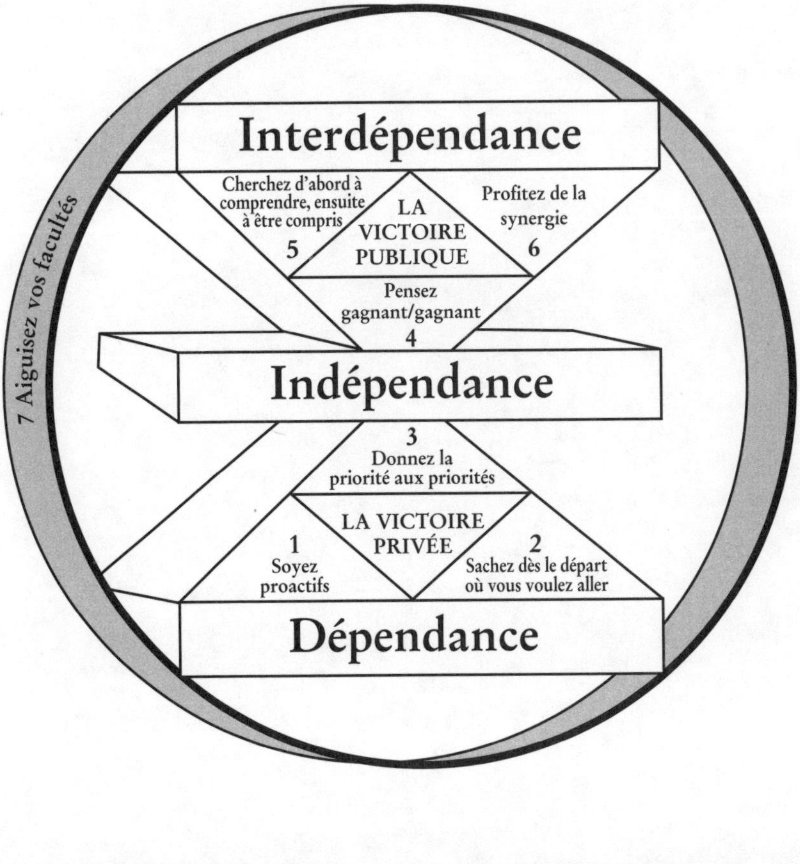

Habitude n° 7

Aiguisez vos facultés

PRINCIPES POUR UN RENOUVELLEMENT PERSONNEL ÉQUILIBRÉ

> *« Lorsque je vois les conséquences formidables*
> *Qu'ont les petites choses de la vie...*
> *Je suis tenté de penser...*
> *Que ce ne sont pas là de si petites choses. »*
>
> Bruce Barton

IMAGINEZ que vous vous promenez dans une forêt. Vous rencontrez quelqu'un qui s'affaire autour d'un arbre :

– Que faites-vous ? lui demandez-vous.

– Vous ne voyez pas que je scie un arbre !

– Mais, vous avez l'air épuisé. Depuis combien d'heures travaillez-vous ?

– Plus de cinq heures et je n'en peux plus. Ce n'est pas un travail de tout repos.

– Pourquoi ne prendriez-vous pas une petite pause. Vous pourriez aiguisez votre scie. Je suis sûr que vous iriez plus vite ensuite.

– Je n'ai pas le temps de m'arrêter. Je suis bien trop occupé à scier.

L'habitude 7 vous propose de prendre le temps d'aiguiser vos facultés. Elle englobe toutes les précédentes, car c'est elle qui les rend possibles.

LE RENOUVELLEMENT EN QUATRE DIMENSIONS

L'habitude 7 constitue votre capacité de production personnelle. Elle préserve et renforce le meilleur atout dont vous disposiez : vous-même. Elle renouvelle votre nature dans ses quatre aspects : physique, socio-émotionnel, spirituel et mental.

PHYSIQUE
Exercices, nutrition, gestion du stress

MENTAL
Lectures, visualisation, planification, écriture

SOCIAL-ÉMOTIONNEL
Service, empathie, synergie, sécurité interne

SPIRITUEL
Système des valeurs, études et méditation

Bien que les termes utilisés ne soient pas toujours les mêmes, la plupart des philosophies intègrent ces quatre dimensions. Les théories sur la vie en entreprise et la motivation des employés ne font pas exception : l'aspect physique correspond au contexte économique ; l'aspect social, à la manière dont on traite le personnel ; l'aspect mental et intellectuel, à la manière dont on développe et utilise les capacités des individus ; et l'aspect spirituel correspond au fonctionnement de l'entreprise, à sa contribution à la vie.

Lorsque je vous propose d'aiguiser vos facultés, je veux dire par là qu'il est bon de cultiver ces quatre aspects de votre nature, de manière régulière, constante et équilibrée. Pour cela, vous devez faire preuve de proactivité, car ces activités appartiennent sans aucun doute au Cadre II. Il faut vous conformer à ce cadre, insister sur le développement de vos capacités de production jusqu'à ce qu'elles deviennent votre seconde nature, une bienfaisante accoutumance. Or, comme ces capacités se trouvent en plein centre de votre cercle d'influence, personne ne peut les développer à votre place.

Ce travail représente le meilleur investissement que nous puissions faire de notre vie : un investissement sur nous-mêmes.

L'aspect physique

Ici, l'habitude 7 signifie prendre soin de votre forme physique en choisissant une nourriture équilibrée, en vous reposant suffisamment, en prévoyant des moments de relaxation et en prenant de l'exercice régulièrement.

Prendre de l'exercice est l'une de ces activités du cadre II que nous négligeons trop souvent parce qu'elle n'a aucun caractère d'urgence. Et cette négligence entraîne tôt ou tard des problèmes de santé.

La plupart d'entre nous pensons ne pas avoir le temps de faire un peu d'exercice. Pourtant, il ne s'agit que de quelques heures par semaine, autrement dit d'une demi-heure par-ci par-là, ce qui n'est pas exagéré quand on en connaît le bénéfice sur les quelque cent soixante autres heures de la semaine. Cela ne nécessite aucun matériel spécial, à moins que vous ne vouliez jouer au tennis ou suivre des cours de gymnastique dans un club. Mais, rien ne vous y oblige, vous pouvez tout aussi bien vous en passer. Si vous voulez un entraînement efficace, vous devez prévoir un programme que vous pourrez suivre chez vous et qui développera votre endurance, votre souplesse et votre force.

Endurance. Les exercices d'aérobic favorisent le fonctionnement de votre système cardio-vasculaire. En effet, le cœur est un muscle qui ne peut se travailler que si l'on travaille d'autres muscles, notamment ceux des membres inférieurs. La marche ou la course à pied, le jogging, sont également d'excellents exercices.

On considère qu'une personne dispose d'une forme physique convenable lorsque son cœur peut se maintenir à un minimum de cent pulsations à la minute durant une demi-heure. L'idéal serait d'augmenter votre rythme cardiaque jusqu'à un niveau équivalant au moins à 60 % de votre maximum, votre maximum correspondant à la vitesse à laquelle votre cœur peut battre tout en continuant à jouer son rôle de pompe. Le rythme cardiaque maximal d'un individu équivaut en général à 220 moins l'âge de l'individu. Si vous avez quarante ans, vous pouvez donc baser votre entraînement sur un rythme de 108 pulsations/minutes (220 – 40 = 180 x 6 = 108). Un bon entraînement vous permet normalement d'atteindre 72 et 87 % de votre rythme cardiaque maximal.

Souplesse. Vous gagnerez en souplesse par des exercices de *stretching*. Tous les sportifs recommandent d'ailleurs de faire quelques exercices d'assouplissement avant et après un entraînement aérobic. Cela échauffe les muscles, les prépare à des mouvements plus violents et élimine ensuite l'acide lactique responsable des courbatures.

Force. Vous l'acquerrez en exerçant la résistance de vos muscles par de simples mouvements : abdominaux, pompes, exercices avec haltères, etc. L'importance que vous attachez au développement de votre force physique dépend du type de vos activités. Cet entraînement peut vous être indispensable pour mieux pratiquer votre métier. Mais vous pouvez aussi le considérer comme un simple tonifiant qui vient compléter votre résistance et votre souplesse.

Un de mes amis, professeur de physiologie, m'a enseigné la règle suivante : c'est au moment où l'effort paraît le plus insupportable, à la fin d'un exercice, qu'il est le plus bénéfique pour la musculature ; les fibres musculaires sont au bord de la rupture, et en quarante-huit heures le système les reconstruit plus fortes qu'avant. Il va de même lorsque nous exerçons nos « muscles de la sensibilité », par exemple, notre patience. Ce n'est que dans les situations extrêmes, quand nous dépassons nos limites, que nous éprouvons la « fibre » émotionnelle de notre patience. La nature compense alors cette rupture en reconstituant une fibre plus résistante.

Bien entendu, nous ne sommes pas obligés de pratiquer une musculation aussi intensive à la limite de la douleur. Il nous suffit de pratiquer régulièrement une activité physique qui favorise nos facultés à travailler, à nous adapter et à nous sentir satisfaits. Il nous faut d'ailleurs faire preuve de sagesse dans la mise au point de notre programme. Souvent, après une longue période d'inactivité, nous avons tendance à vouloir trop en faire. Nous pouvons pourtant facilement éviter les douleurs, voire les accidents, que provoque cette impatience. Notre programme devrait en fait s'appuyer sur des thèses scientifiques récentes, sur les conseils de notre médecin et sur notre propre conscience.

Les débuts se révéleront probablement difficiles. Mais, vous entraînerez ainsi votre volonté en même temps que votre corps. Rappelez-vous que vous ne courez pas après une solution miracle et temporaire. Vous visez une amélioration de votre santé à long terme. Petit à petit, votre cœur résistera mieux à l'effort, votre corps fonctionnera de manière plus efficace. Les activités de tous les jours vous sembleront plus faciles à accomplir, vous disposerez encore de toute votre énergie en fin d'après-midi. La fatigue qui vous empêchait de prendre de l'exercice sera remplacée par un dynamisme qui transparaîtra dans tout ce que vous entreprenez.

Vous ressentirez également un autre avantage : la pratique régulière d'exercices physiques développera votre proactivité. Vous aurez la nette impression de ne pas vous laisser porter par tout ce qui vous empêchait de « bouger ». Vous redécouvrirez votre volonté, votre propre valeur, votre assurance.

L'aspect spirituel

En cultivant l'aspect spirituel de votre nature, vous acquerrez un plus grand contrôle sur votre vie. Ceci a un lien direct avec l'habitude 2. Votre esprit forme l'essence, le cœur de votre caractère : votre système des valeurs. C'est votre domaine privé. Il tire sa force de sources d'inspiration qui vous élèvent au-delà du matériel et vous font toucher toutes les réalités intemporelles du genre humain.

Pour ma part, je trouve mon renouvellement spirituel dans la méditation, la prière et la lecture des Écritures qui représentent mon système de valeurs. Mais, pour d'autres personnes, la lecture de grands auteurs ou la musique peuvent être la source de ce renouvellement. Certains cultivent aussi leur spiritualité à travers la nature. La nature procure à sa manière une certaine force à ceux qui s'immergent en elle. Après une « retraite » vécue au rythme de la nature, loin du bruit et des trépidations de la ville, vous vous sentez un autre homme. Vous vous sentez fort, imperturbable, pratiquement inébranlable, pendant un temps du moins, jusqu'à ce que les bruits et la discorde du dehors assaillent à nouveau votre paix intérieure.

J'ai lu autrefois une nouvelle autobiographique tout à fait intéressante à ce sujet. Arthur Gordon, l'auteur, traversait une de ces périodes de la vie où tout semble insipide. Son enthousiasme agonisait, il n'écrivait rien de satisfaisant, et la situation empirait de jour en jour. Il alla trouver son médecin qui ne remarqua rien de spécial sur le plan physique. Le médecin lui demanda toutefois s'il se sentait capable de suivre, à la lettre, un traitement intensif pendant toute une journée. Gordon répondit par l'affirmative.

Le docteur lui prescrivit de se rendre dès le lendemain à l'endroit où il s'était senti le plus heureux pendant son enfance. Il l'autorisa à manger, mais lui interdit de parler à quiconque, d'écouter la radio, d'écrire ou de lire. Il rédigea ensuite quatre ordonnances. L'auteur devrait les ouvrir l'une après l'autre respectivement à 9, 12, 15 et 18 heures.

Le lendemain, Gordon se rendit donc sur la plage de son enfance. Il lut la première ordonnance : « Écoutez. » Il pensa que le médecin était sûrement un illuminé. Qu'allait-il bien pouvoir écouter durant trois heures ? Mais, il avait promis de suivre les instructions, et il écouta. Il entendit le bruit de la mer, le chant des oiseaux. Il commença à repenser aux leçons que la mer lui avait enseignées : la patience, le respect, le lien entre toutes choses. Il écouta les bruits et le silence, et il sentit grandir en lui la tranquillité.

À midi, il lut la seconde ordonnance : « Essayez de vous souvenir. » Se souvenir de quoi ? Peut-être de son enfance, des jours heureux ? Et il se plongea dans son passé. Il s'efforça de se rappeler avec précision les meilleurs moments, et en remuant sa mémoire, il sentit son cœur se réchauffer.

À 15 heures, il lut la troisième ordonnance. Jusque-là, les prescriptions lui avaient paru relativement simples. Mais, celle-ci était différente. Elle disait : « Analysez vos motivations. » Il réagit tout d'abord de manière défensive. Il pensa à ce qu'il désirait : le succès, la reconnaissance, la sécurité. Et il justifia ses besoins. Mais, il réfléchit plus profondément et trouva que ces motivations n'étaient pas assez bonnes. C'était peut-être là la raison de son état. Et il repensa encore au bonheur passé. La réponse lui vint enfin. Il s'aperçut que rien dans la vie ne peut aller si l'on s'appuie sur de mauvaises motivations. Quel que soit notre métier, nous effectuons du bon travail tant que nous nous occupons de rendre service aux autres. Lorsqu'on ne se préoccupe que de soi, en revanche, le travail est moins bon. Cette loi est aussi incontournable que la loi de la gravité.

Quand sonnèrent les 18 heures, il ouvrit la dernière ordonnance. Il ne lui fallut que peu de temps pour suivre le traitement :

« Écrivez vos préoccupations. » Avec un coquillage, il rédigea la liste de ses soucis dans le sable, puis il partit. Il ne se retourna pas. Il savait que la marée allait monter.

Travailler à notre renouvellement spirituel requiert de notre part un grand investissement en temps, mais c'est un travail que nous n'avons précisément pas le temps de négliger. Martin Luther avait l'habitude de dire : « J'ai beaucoup à faire aujourd'hui, il faut que je prie encore durant une heure. » Prier n'était pas pour lui une habitude, mais bien une source d'énergie.

Quelles que soient les difficultés qu'ils affrontent, les maîtres bouddhistes portent en eux une grande sérénité, une grande paix intérieure. Ils puisent aussi cette force dans la méditation. Tôt le matin, ils entrent en méditation. Et, tout au long de la journée, ils gardent ainsi à l'esprit ces moments de tranquillité.

C'est pourquoi je pense qu'il est important de posséder un énoncé de mission. Si nous comprenons les axes et les objectifs notre vie, nous pouvons y repenser plus souvent. Nous pouvons réaffirmer nos engagements. Lorsque, chaque jour, nous travaillons à notre renouvellement spirituel, nous pouvons visualiser et vivre des événements quotidiens tout en restant en harmonie avec nos valeurs. Les plus grandes batailles de la vie sont celles que nous livrons chaque jour dans l'antichambre de notre âme. Lorsque vous gagnez ces batailles intérieures, vous ressentez une immense paix, le sentiment de savoir où vous êtes. Vous constaterez que les victoires publiques suivront ensuite d'elles-mêmes.

L'aspect mental

Une grande partie de notre développement intellectuel et de notre discipline nous vient de notre éducation scolaire. Mais, lorsque nous quittons la « férule » de l'école, la plupart d'entre nous laissent alors leur intellect s'endormir. Nous ne lisons plus que des ouvrages secondaires. Nous n'entreprenons plus d'étudier de nouvelles matières. Nous perdons notre esprit d'analyse. Nous n'écrivons plus, ou du moins plus de manière aussi critique, précise et concise. Nous nous contentons de passer notre temps devant la télévision.

Les sondages indiquent que, dans la plupart des foyers, la « télé » reste allumée, en moyenne trente heures par semaine. La télévision représente ainsi la plus puissante influence sociale contemporaine. En la regardant, nous nous soumettons à toutes les valeurs qu'elle prône.

L'habitude 3 nous aide à faire preuve de sagesse dans notre consommation télévisée.

Dans ma propre famille, nous limitons les loisirs télévisés à sept heures par semaine. Nous nous sommes réunis, en famille, pour en discuter en basant le débat sur des données sérieuses. Cette discussion, où chacun pouvait s'exprimer sans se sentir obligé de se justifier, nous a permis de comprendre à quel point l'on peut devenir dépendant de la télévision et de certains programmes. Si certaines émissions sont en effet très éducatives et enrichissantes, d'autres sont une pure perte de temps et peuvent avoir une influence négative sur nous.

Nous devons donc appliquer l'habitude 3 à la gestion constructive de toutes les ressources qui nous aident à accomplir notre mission.

Les études (éducation continue et enrichissante de notre intellect) représentent un facteur essentiel pour notre renouvellement intellectuel. Elles prennent parfois la forme de cours officiels, mais les personnes proactives trouveront elles-mêmes de nombreuses autres façons de cultiver leur esprit.

Il est aussi très important de savoir prendre du recul et d'analyser son propre programme d'études en le comparant à des sujets plus vastes et des paradigmes différents des nôtres. Une formation qui s'abstiendrait d'une telle analyse limiterait en définitive notre esprit en dissimulant les motivations qui la sous-tendent. Seule une éducation critique peut, à mon avis, être qualifiée de libérale.

Je ne connais pas de meilleur moyen pour développer son intellect que de lire de grands auteurs ou des ouvrages culturels. On pénètre ainsi les plus grands esprits de ce monde. La lecture sera d'autant plus bénéfique si l'on cherche à comprendre la pensée de l'auteur comme le suggère l'habitude 5. Je vous conseillerai de vous fixer, comme premier objectif, la lecture d'un livre par mois, pour arriver progressivement à un livre par semaine.

Rédiger un journal ou entretenir une correspondance constituent également de bons exercices pour affûter notre outil intellectuel. Il ne faut cependant pas nous contenter de décrire des faits et des événements, mais les communiquer, avec précision et clarté, pensées, sentiments et idées. Notre renouvellement intellectuel s'exerce aussi dans des activités d'organisation, lorsqu'on les associe aux habitudes 2 et 3. Nous nous entraînons ainsi à visualiser nos buts et à concevoir le déroulement de nos journées dans un contexte plus large.

Aiguiser ses facultés constitue ce que j'appelle une victoire intérieure quotidienne et je ne peux que vous recommander de vous atteler à cette tâche au moins une heure par jour, une petite heure quotidienne qui vous servira pour le restant de vos jours. C'est là le seul moyen d'arriver à un bon résultat. Vous constaterez par vous-même l'impact de cette discipline d'étude sur vos prises de décisions, sur vos relations et sur l'efficacité de chaque heure, de chaque jour. Même votre sommeil profitera de cette bénéfique influence. Cela vous procurera à longue échéance, la force physique, mentale et spirituelle nécessaire pour relever les difficiles défis de la vie.

L'aspect socio-émotionnel

Les aspects social et émotionnel sont étroitement liés entre eux, car notre sensibilité trouve ses sources essentiellement, mais non exclusivement, dans nos rapports avec autrui. Ils dépendent aussi plus que tout autre aspect des habitudes 4, 5 et 6. Nous pouvons travailler à leur renouvellement à chaque instant. Au contraire des trois précédents aspects, celui-ci ne nécessite aucune prévision d'horaires. Certains d'entre nous devront cependant se forcer plus que d'autres s'ils n'ont pas encore remporté les victoires intérieures indispensables pour que les habitudes 4, 5 et 6 leur viennent naturellement dans toutes leurs interactions.

Imaginons que vous soyez une personne clé dans ma vie et que nous ayons besoin de communiquer, de travailler ensemble continuellement.

J'applique l'habitude 4. Je vais à votre rencontre : « Je vois que nous n'abordons pas la situation de la même manière. Pourquoi ne pas en discuter jusqu'à ce que nous trouvions une solution qui nous plaise à tous deux ? Seriez-vous d'accord pour essayer ? » La plupart des gens répondent oui.

Je passe ensuite à l'habitude 5 : « Parlez, je vous écoute. » Et au lieu d'écouter dans le but de répondre tout de suite, j'écoute en essayant de me mettre à votre place pour comprendre votre point de vue. Lorsque je peux enfin expliquer votre opinion aussi bien que vous-même, je peux alors communiquer la mienne de telle sorte que vous me compreniez. Nous passons ensuite à l'habitude 6. Nous cherchons ensemble une solution à nos diffé-rences, une solution qui nous satisfasse tous deux et qui se révèle meilleure que celles que vous et moi proposions séparément.

Notre réussite dans les habitudes 4, 5 et 6 ne repose pas sur nos facultés intellectuelles, mais plutôt sur notre sensibilité et sur notre assurance. Lorsque notre sentiment de sécurité personnelle provient d'une source interne à nous-mêmes, nous avons alors la force de remporter ces victoires publiques. En revanche, si nous nous sentons peu sûrs de nous, les habitudes 4, 5 et 6 nous semblent terrifiantes. Or, notre assurance ne peut venir que de notre for intérieur et de l'intégrité avec laquelle nous vivons nos valeurs les plus profondes ainsi que les principes et les paradigmes exacts sur lesquels reposent celle-ci.

Une vie intègre constitue à mes yeux la source majeure de notre valeur personnelle. Je rejette en effet les théories énoncées par certains ouvrages grand public et selon lesquelles, notre valeur intrinsèque ne dépendrait en réalité que de notre état d'esprit. Nul ne peut trouver de véritable paix intérieure en adoptant simplement une attitude positiviste. Il faut savoir vivre en harmonie avec nos vraies valeurs.

Cette sécurité interne résulte également de la constructivité de nos interactions. Nous nous sentons plus sûrs lorsque nous savons qu'il peut exister une troisième solution, un juste milieu, et que la vie ne se limite pas à des victoires strictement personnelles ou des défaites. Nous nous sentons plus sûrs de nous si nous savons qu'il est possible de comprendre quelqu'un, de pénétrer son cadre de références sans pour autant devoir abandonner le nôtre. Nous nous sentons plus sûrs lorsque nous interagissons de manière sincère et créative avec autrui, lorsque nous vivons réellement les habitudes de l'interdépendance. Nous nous sentons plus sûrs aussi lorsque nous rendons service aux autres par notre travail, car nous avons le sentiment d'être utiles et créatifs, mais aussi par des actions plus anonymes. Ce qui compte n'est plus la notoriété que nous apporte notre action, mais son impact bénéfique sur la vie d'autrui.

Victor Frankl pensait que l'important était de donner un sens à son existence, un objectif qui transcende notre vie et capte notre énergie à sa source : nous-mêmes. Hans Selye, médecin mondialement connu pour ses recherches sur le stress, exposait une thèse approchante : ce n'est qu'en servant autrui, en concrétisant des projets passionnants pour nous et utiles pour notre entourage, que nous pouvons mener une vie longue, saine et heureuse. Une simple maxime résumait bien cette éthique : « Il faut mériter l'amour des autres. »

Eldon Tanner disait pour sa part : « Les services que nous rendons sont le prix à payer pour le privilège que constitue notre vie sur terre. » Et il existe des centaines de façons de rendre service. Que l'on appartienne ou non à une communauté religieuse ou à une association de bienfaisance, il ne se passe pas un instant sans que nous puissions au moins rendre un service élémentaire à une personne en lui montrant que nous ne posons pas de conditions à notre affection.

ÉCRIRE LE SCÉNARIO DES AUTRES

La majorité des êtres humains ne sont que le reflet de leur personnage dans le miroir que forme la société. Mais, en tant que personnes interdépendantes, nous vivons, vous et moi, sur la base d'un paradigme différent du leur, un paradigme qui inclut l'évidence que nous formons nous aussi une partie de ce miroir social. Or, nous pouvons choisir de renvoyer une image claire et sans distorsion de ces personnes. Nous pouvons les aider à affirmer leur nature proactive en les considérant comme des personnes responsables. Nous pouvons les aider à réécrire une vie axée sur des principes et des valeurs justes.

N'avez-vous jamais dans votre vie connu des personnes qui vous ont fait confiance alors que vous n'aviez pas vous-même confiance en vous ? Ces personnes vous ont aidé à réécrire votre histoire. Vous avez sûrement senti la différence. Pourquoi ne pourriez-vous pas vous aussi aider les autres à s'affirmer ? Alors que la société les a déterminés à se laisser guider sur une mauvaise pente, votre confiance peut les encourager à choisir eux-mêmes une meilleure route. Vous les écoutez, vous vous mettez à leur place. Vous ne les exemptez pas de leurs responsabilités, mais vous les encouragez au contraire à les assumer, à devenir proactifs.

Vous connaissez sans doute le personnage de Don Quichotte. Dans la comédie *L'Homme de la Mancha* tirée de l'œuvre de

Cervantes, ce chevalier médiéval tombe amoureux d'une prostituée que tout son entourage incitait à continuer de vivre sa vie de prostituée. Mais, le chevalier et poète voyait autre chose en elle. Il admirait sa beauté, sa gentillesse, il voyait en elle la vertu. Et il le lui prouvait chaque jour. Il lui donna un nouveau nom, Dulcinée, qu'il associait à un nouveau paradigme, à une nouvelle conception de la vie. Elle refusa tout d'abord, le considérant comme un fou. Mais, il insista, lui vouant à chaque instant un amour inconditionnel. Cela finit par l'influencer et elle dévoila sa vraie nature. Elle changea progressivement son mode de vie et, à la grande conster-nation de tout son entourage, décida de vivre selon ce nouveau paradigme.

Plus tard, elle replongea dans sa vie de prostituée, et le chevalier la fit appeler à son chevet. Là encore, il continua de croire en elle et murmura avant de mourir : « N'oublie jamais, tu es Dulcinée. »

Pour vous montrer l'impact que peut avoir notre sentiment d'assurance sur nous-mêmes, je vous citerai l'anecdote suivante. Dans une école anglaise, un ordinateur était chargé de classer les élèves en deux groupes : les « cracks » et les « cancres ». Cette classification servait de base pour le comportement des professeurs ; ils adaptaient leur enseignement en conséquence. L'ordinateur ayant été mal programmé, les résultats s'en trouvèrent inversés. Lorsque l'administration s'en rendit compte, elle fit subir de nouveaux tests aux élèves. Que croyez-vous qu'il se passa ? Les bons élèves, désignés comme des cancres par l'ordinateur, obtinrent des résultats plus faibles aux tests de QI, alors que les « vrais cancres » atteignirent un niveau supérieur. Les professeurs s'étaient adressés à eux comme à de brillants élèves et leur énergie, leur optimisme et leurs espoirs avaient révélé leurs possibilités et toute leur valeur. Lors des premiers cours, les enseignants avaient remarqué que leurs méthodes ne semblaient pas convenir à ces élèves. Mais, au lieu de remettre les élèves en cause, ils s'attachèrent au contraire à modifier leurs méthodes. Ils se montrèrent proactifs ; ils travaillaient à l'intérieur de leur cercle d'influence. Ce qui paraissait comme une incapacité de la part de l'élève n'était en fait qu'une inflexibilité de la part de l'enseignant.

Vous rendez-vous compte de la différence que crée chez un individu l'image que nous renvoyons de lui ? Nous pouvons refuser d'étiqueter les gens. Nous pouvons les regarder à chaque fois avec un regard neuf. Nous pouvons investir dans leur confiance : plus nous cherchons à découvrir chez les personnes que nous côtoyons leur potentiel, mieux nous pourrons utiliser notre imagination, plutôt que nos souvenirs, lorsque nous essaierons de comprendre notre conjoint, nos enfants, nos collègues de travail ou nos employés. Nous pouvons aider ces personnes à devenir indépendantes, sûres d'elles, et à entretenir avec autrui des relations satisfaisantes, enrichissantes et productives.

Goethe disait à ce sujet : « Traitez un homme pour ce qu'il est et il restera ce qu'il est. Traitez un homme pour ce qu'il peut être et il deviendra ce qu'il peut et devrait être.

UN RENOUVELLEMENT ÉQUILIBRÉ

Pour se révéler tout à fait constructif, le renouvellement de notre personne doit s'effectuer dans l'équilibre de ses quatre aspects. Négliger l'un des aspects revient à entraver le développement des autres.

Ceci s'applique autant aux entreprises qu'aux individus. Dans une société, l'aspect physique s'exprime en termes économiques, l'aspect intellectuel et psychologique en termes de reconnaissance, de développement et d'utilisation des talents de chacun. L'aspect socio-émotionnel correspond aux rapports humains, à la manière dont les employés sont traités. L'aspect spirituel correspond à la raison d'être de l'entreprise, à ses objectifs et à son intégrité. Qu'elle délaisse l'un de ses éléments, et l'entreprise voit toute l'énergie positive de ses hommes se transformer en une énergie négative ne servant qu'à lutter contre elle.

Je connais des sociétés dont le seul but est de faire de l'argent. Elles ne s'en vantent pas. Leur publicité vante même souvent de tout autres valeurs. Dans ces entreprises, j'ai rencontré une force de synergie négative : rivalités entre services, communication défensive, protectrice, manœuvres politiciennes et petits complots. Il n'est pas mauvais en soi de s'efforcer de gagner de l'argent, mais cette perspective ne représente pas une raison d'être suffisante pour une entreprise.

Mais, je connais également des entreprises qui ne cultivent que leur aspect socio-émotionnel. Elles expérimentent des techniques sociales, mais ne s'appuient sur aucun critère économique pour mesurer l'efficacité et la rentabilité de leur système. Elles perdent ainsi de nombreuses occasions de bien se placer sur le marché.

Certaines sociétés excellent dans trois des aspects. Leurs activités reposent sur des critères exemplaires en matière de service, de finance et de relations humaines, mais elles ne permettent pas aux talents de chacun de se développer, de s'épanouir et de servir l'entreprise. Or, lorsque ces forces psychologiques font défaut, l'entreprise finit par fonctionner comme une autocratie bienveillante et connaît, tôt ou tard, différentes formes de résistance collective : adversité, changements de personnel trop fréquents, et autres problèmes chroniques liés à cette culture.

Car, pour révéler toute sa constructivité, l'entreprise, tout autant que l'individu, a besoin de se renouveler sous tous ses aspects. Les entreprises et les personnes qui reconnaissent, par leur énoncé de mission, l'importance de ces quatre dimensions jettent les bases d'un renouvellement équilibré. Ce processus continu d'évolution constitue la clé du mouvement américain centré sur la Qualité Totale et de la réussite économique du Japon.

LA SYNERGIE DANS LE RENOUVELLEMENT

Un renouvellement équilibré représente en soi une force de synergie optimale. Tout ce que vous entreprenez pour aiguisez vos facultés dans l'un des aspects a un impact sur les autres domaines, car tous sont étroitement liés. Votre santé physique influe sur votre santé mentale; votre force spirituelle influe sur vos relations avec autrui et sur votre sensibilité.

Les sept habitudes créent également une synergie optimale dans toutes ces dimensions. Vivre l'un des quatre renouvellements vous donne la possibilité de réaliser au moins l'une de ces sept habitudes. La force de synergie générée par cette seule habitude vous permet ensuite, progressivement, de vivre les six autres. Plus vous vous montrez proactif (habitude 1), et plus vous pouvez diriger (habitude 2) et gérer (habitude 3) votre vie. Mieux vous gérez votre temps (habitude 3), et plus vous pourrez entreprendre d'activités de type II (habitude 7). Plus vous cherchez à comprendre les autres (habitude 5), et plus vous trouvez de solutions synergiques pour remporter avec les autres des victoires communes (habitudes 4 et 6). Plus vous progressez dans l'une des habitudes (1, 2 et 3), qui vous conduisent sur la voie de l'indépendance, et plus vous exercez une influence constructive sur les situations d'interdépendance.

L'habitude 7 vous donne pour sa part les moyens de trouver un certain regain dans chacune des six autres habitudes.

Lorsque vous cultivez votre forme physique, vous acquérez une meilleure image de vous-même (habitude 1), vous renforcez le paradigme de votre valeur personnelle, de votre volonté et de votre proactivité. Vous prenez conscience que vous êtes libre d'agir et de ne plus vous laisser guider, que vous êtes en mesure de choisir votre propre réponse à tout stimulus. C'est là sûrement le plus grand bénéfice d'un entraînement sportif. Chaque victoire intérieure quotidienne vous permet de créditer votre confiance intrinsèque.

En cultivant votre dimension spirituelle, vous renforcez votre aptitude à diriger votre vie. Au lieu de vivre sur vos souvenirs, vous développez votre aptitude à vivre suivant votre imagination et votre conscience. Vous comprenez vos paradigmes et vos valeurs les plus intimes. Vous pouvez créer en vous un axe de vie centré sur de justes principes, définir votre mission, réécrire votre vie, une vie en harmonie avec ces principes et qui trouvera sa source dans votre propre force. La richesse de votre vie intérieure ainsi engendrée viendra conforter la confiance que vous vous accordez.

Lorsque vous cultivez l'aspect mental de votre personne, vous améliorez votre gestion (habitude 3). En vous organisant, vous obligez votre esprit à reconnaître l'importance des activités comprises dans le Cadre II, des priorités et des autres occupations. Vous organiser autour de ces activités et priorités reste le seul moyen d'optimiser votre temps et votre énergie. En vous investissant constamment dans des études, vous accroissez vos connaissances et, par conséquent, vos possibilités de choix, Votre sécurité économique ne provient pas de votre métier, mais de votre pouvoir de production (facultés de penser, d'apprendre, de créer, de vous adapter). C'est là la véritable indépendance financière : non pas la richesse, mais la capacité de créer cette richesse. C'est une richesse intérieure.

Ce que j'appelle une victoire intérieure quotidienne, ce minimum d'une heure par jour destiné à votre renouvellement physique, spirituel et mental, représente la clé qui vous ouvre la porte des sept habitudes. Ce minimum se situe entièrement dans votre cercle d'influence et vous permet d'intégrer ces habitudes dans votre vie. Il vous aide à centrer votre vie sur de justes principes.

Il constitue aussi la base des victoires publiques quotidiennes. Il est la source de sécurité intérieure dont vous avez besoin pour

« aiguiser » l'aspect socio-émotionnel de votre personne. Il vous procure la force nécessaire pour vous concentrer sur votre cercle d'influence lorsque vous abordez des situations d'interdépendance. Vous pouvez ainsi regarder vos interlocuteurs sans voir en eux des concurrents. Vous pouvez apprécier leurs différences et vous réjouir de leurs succès. Vous possédez les bases indispensables pour pouvoir exercer les habitudes 4, 5 et 6 dans une réalité interdépendante.

LA SPIRALE ASCENDANTE

Ce renouvellement constitue à la fois le principe et le processus qui nous donnent la force de nous engager sur une spirale ascendante et de progrès continus.

Pour que cette progression soit effective, il nous faut toutefois accepter un autre type de renouvellement. Celui-ci touche ce don si spécifique à l'être humain qui lui permet de diriger son progrès : la conscience. C'est en effet notre conscience, lorsque nous l'entretenons correctement, qui capte le degré de cohérence ou de disparité qui existe entre nos principes et ce que nous vivons. C'est elle qui nous élève jusqu'à ces principes.

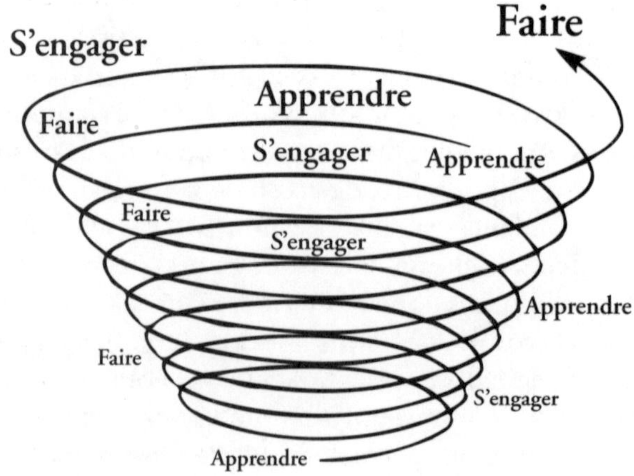

Tout comme le travail des muscles est indispensable à l'athlète et le travail de l'esprit indispensable à l'intellectuel, l'éducation de la conscience est essentielle aux personnes véritablement proactives et constructives. Elle requiert cependant toujours plus de concentration, de discipline, d'équilibre et d'intégrité. Il nous faut nous nourrir abondamment de l'inspiration des grands auteurs, de nobles pensées et, surtout, il nous faut vivre en harmonie avec la voix, aussi petite soit-elle encore, de notre conscience.

En effet, si une mauvaise nourriture et un manque d'exercice peuvent ruiner la santé d'un athlète, la vulgarité, l'obscénité, ou la pornographie peuvent tout autant endommager nos sentiments les plus nobles. Une conscience sociale remplace alors notre conscience naturelle et divine du bien et du mal. Si nous voulons que notre jardin reste propre, nous ne devons laisser aucune place aux mauvaises herbes.

Conscients de notre personne, nous devons choisir des objectifs et des principes en fonction desquels nous vivrons. Si nous ne le faisons pas, ce vide se remplira d'autres idées, et nous perdrons notre conscience. Nous deviendrons comme ces animaux qui, sans le savoir, ne vivent que pour la survie de leur espèce. Les individus dont l'existence ne dépasse pas ce niveau ne vivent pas, ils subissent la vie qu'on leur impose. Ils ne savent que réagir, inconscients qu'ils sont des dons qui dorment en eux.

Or, il n'existe pas « d'itinéraire bis » pour le développement de notre conscience : nous ne récolterons que ce que nous avons semé. Plus nous nous alignons sur de justes principes, mieux nous pourrons juger du fonctionnement de notre monde, et plus nos para-digmes (les cartes qui représentent ce monde) se révéleront exacts.

Je suis convaincu que notre ascension le long de cette spirale de croissance doit s'accompagner du renouvellement de notre conscience ; nous devons nous appliquer à l'éduquer et à lui obéir. Seule une conscience sans cesse instruite pourra nous propulser sur les chemins de la liberté, de l'assurance, de la sagesse et de la force.

Pour gravir cette spirale, il nous faut apprendre, nous investir et agir à des niveaux toujours plus élevés. Nous nous mentons à nous-mêmes en pensant que seule l'une de ces actions suffit. Pour continuer de progresser encore et toujours, nous devons sans cesse apprendre, investir et agir.

SUGGESTIONS

1. Dressez une liste des activités qui vous aideraient à vous maintenir en forme, qui conviendraient à votre style de vie et auxquelles vous prendriez plaisir.
2. Choisissez l'une de ces activités comme l'un de vos objectifs pour la semaine prochaine. À la fin de la semaine, évaluez vos performances. Si vous n'avez pas atteint votre objectif, est-ce parce que vous vous êtes consacré en priorité à des valeurs plus nobles, ou parce qu'au contraire vous avez manqué d'intégrité par rapport à ces valeurs ?
3. Établissez une liste des activités que vous pourriez entreprendre pour cultiver les aspects spirituels et intellectuels de votre personne. En ce qui concerne l'aspect socio-émotionnel, dressez une liste des relations que vous souhaiteriez améliorer ou des situations particulières dans lesquelles une victoire publique apporterait une influence beaucoup plus constructive. Choisissez un élément dans chacune des listes, et faites-en votre objectif de la semaine. Agissez, puis évaluez.
4. Efforcez-vous de répertorier par écrit des activités qui aiguisent vos facultés dans les quatre domaines cités. Entreprenez ces activités, évaluez ensuite vos performances et vos résultats.

À nouveau de l'intérieur vers l'extérieur

Le Seigneur opère de l'intérieur vers l'extérieur. Le monde opère de l'extérieur vers l'intérieur.
Le monde voudrait sortir les gens des taudis. Le Christ sort les taudis des gens, puis ils se sortent eux-mêmes des taudis.
Le monde façonne les hommes en changeant leur environnement. Le Christ change les hommes, qui change alors leur environnement.
Le monde voudrait former le comportement humain, mais le Christ, lui, change la nature humaine.

Ezra Taft Benson

J'AIMERAIS partager avec vous une histoire tout à fait personnelle qui, je le pense, retrace l'essence de ce livre. J'espère que vous saurez trouver le lien entre cette anecdote et les principes énoncés jusqu'ici.

Voici quelques années, je suis parti avec toute ma famille sur une île d'Hawaï. Nous avons pris une année sabbatique pour que je me consacre à l'écriture. Peu après notre arrivée, nous avons commencé à prendre un rythme de travail non seulement très productif, mais aussi très agréable. Nous débutions la journée par un footing sur la plage. Les enfants partaient ensuite à l'école, pieds nus et en short. Je me retirais dans un bâtiment situé près des champs de cannes où j'occupais un bureau. Le calme, la beauté, la sérénité y régnaient. Pas de téléphone, pas de réunions, pas de rendez-vous stressants. Ce bâtiment se trouvait également à proxi-mité de l'université. Un jour que je flânais dans la bibliothèque, un livre attira mon attention. Je l'ouvris et tombai sur un paragraphe qui a, depuis, influencé toute ma vie.

Ce paragraphe, que je lus et relus plusieurs fois, exposait une simple idée : il existe un espace entre stimulus et réponse, et de la façon dont nous utilisons cet espace dépend notre progrès et notre bonheur.

Je peux difficilement décrire l'impact de cette idée sur ma réflexion. J'étais pourtant déjà un fervent adepte de l'autodétermination et de toutes les philosophies s'y rattachant. Mais, avec cette expression « un espace entre stimulus et réponse », j'avais l'impression de découvrir un concept nouveau, d'une extraordinaire puissance. J'assistais en moi à une révolution, comme si le temps était venu pour moi de comprendre cette notion.

À mesure que je réfléchissais sur ce paragraphe, je constatais son effet sur ma façon d'envisager la vie. Je devenais le spectateur critique de mes comportements. J'analysais les stimuli, et je me sentais libre de choisir mes réponses (voire de devenir moi-même un stimulus, ou du moins d'avoir une certaine influence) et de les bouleverser.

Peu après cette révolution, ma femme et moi connûmes une période de communication intense. Nous partions chaque jour en moto à travers les champs de cannes pour nous arrêter ensuite sur une plage. Nous passions ainsi pratiquement deux heures par jour à discuter de sujets qui nous tenaient à coeur. Il n'est pas difficile d'imaginer le degré de compréhension et de confiance que nous avons pu atteindre en communiquant ainsi pendant toute une année.

Au tout début, nous parlions de toutes sortes de choses : amis, idées, événements, enfants, le livre que j'écrivais, nos familles, nos projets, etc. Petit à petit, la communication devint encore plus profonde et nous en vînmes à discuter de nos mondes intérieurs, de notre enfance, de notre éducation, de ce qui nous avait influencé, de nos sentiments et de nos doutes. Lorsque nous nous plongions ainsi dans ces conversations, nous les observions également comme un élément extérieur et nous nous observions nous-mêmes. Nous commençâmes à utiliser notre capacité de choix de manière plus intéressante. Cela nous amena à réfléchir sur la façon dont nous avions été « programmés » et sur l'influence de ces « programmes » sur notre perception du monde.

Un voyage au centre de nos mondes intérieurs commença ainsi, qui se révéla plus enthousiasmant, plus fascinant, plus captivant, plus astreignant aussi, que ce que nous avions connu jusqu'ici dans le monde extérieur. Une aventure pleine de découvertes et de révélations.

Tout n'était pas rose, loin s'en faut. Nous touchions parfois des points sensibles, nous avons remué des souvenirs pénibles, gênants, des moments révélateurs de notre caractère, qui nous rendaient plus vulnérables l'un envers l'autre. Pourtant, nous nous sommes aperçus que nous désirions découvrir tout cela depuis des années. En discutant de ces sujets qui nous touchaient le plus, nous en ressortions comme guéris. Nous nous encouragions mutuellement, nous nous soutenions en nous identifiant l'un à l'autre de manière à faciliter nos découvertes.

Tacitement, nous avons adopté deux règles. La première « stipulait » que nous devions cesser de poser des questions dès que nous atteignions les couches sensibles de notre vie. Nous devions seulement écouter pour comprendre. Les questions nous semblaient trop envahissantes, trop dirigistes et trop logiques. Nous nous trouvions en terrain inconnu et nous voulions en couvrir le plus possible, mais nous avons aussi appris à respecter le besoin de chacun d'avancer à son rythme. La seconde règle nous autori-sait à mettre fin à la conversation dès qu'elle devenait trop douloureuse pour l'un de nous. Nous pouvions aborder le sujet le lendemain, ou attendre que celui qui exposait ses sentiments soit prêt à en rediscuter. Nous portions en nous ces incertitudes et nous savions que nous voulions en parler. Nous avions tout notre temps. L'ambiance, notre enthousiasme, notre désir de grandir à l'intérieur de notre couple nous incitaient à attendre que le moment vienne pour nous d'aborder ces sujets et d'en débattre jusqu'au bout.

Nous avons connu les instants les plus difficiles, mais aussi les plus fructueux, lorsque nos deux vulnérabilités se rencontraient. Dans ces moments, qui dénotaient toute notre subjectivité, nous sentions que l'espace entre stimulus et réponse n'existait plus. Des sentiments malsains remontaient en surface. Mais notre désir de compréhension et notre accord tacite nous avaient préparés à reprendre le débat là où nous l'avions interrompu pour finalement démêler nos sentiments.

Mon caractère réservé constitua notamment l'un des obstacles. Mon père était un homme très réservé, très prudent qui possédait un grand contrôle sur lui-même. Ma mère, au contraire, était très ouverte, spontanée. Je combine en moi ces deux tendances et, lorsque je me sens peu sûr de moi, je me replie sur moi-même, comme mon père : je vis à l'intérieur de moi-même d'où je peux, en toute sécurité, observer l'extérieur.

Ma femme, Sandra, ressemble plus à ma mère. À de nombreuses reprises dans notre vie commune, sa spontanéité m'avait paru déplacée. De son côté, elle avait souvent ressenti ma réserve comme invivable autant pour moi que pour les autres, car je me fermais totalement aux sentiments d'autrui. Durant nos conversations, cette année-là, j'appris à apprécier le point de vue de Sandra, sa sagesse et la façon dont elle m'aidait à devenir un être plus ouvert, plus généreux, plus sensible et plus social.

Nous avons connu un autre moment difficile en abordant ce que je considérais être une « obsession » chez ma femme : son attachement à la marque Frigidaire. Même s'il nous fallait parcourir de nombreux kilomètres pour trouver un magasin, et si nous n'en avions pas les moyens, il n'était pas question d'acheter un appareil ménager qui ne provienne pas des usines Frigidaire. Heureusement, le problème se posait rarement, lorsque nous devions absolument acheter un article ménager. Le sujet m'irritait tellement, il revêtait une telle valeur symbolique, que je me retranchais généralement derrière mon attitude réservée : le meilleur moyen de traiter le sujet consistait, pour moi, à l'ignorer. Ma femme persistait à défendre avec une « logique » incroyable ce que je considérais comme une obsession totalement illogique. C'était cela surtout qui m'irritait. Et, si le problème ne s'est jamais envenimé au point de devenir une « cause de divorce », nos souvenirs à ce sujet étaient cependant très amers.

Je me souviendrai toute ma vie du jour où nous avons abordé la question. Nous étions en moto, mais, au lieu de nous arrêter sur une plage, nous avons continué à rouler. Peut-être voulions-nous éviter de nous regarder dans les yeux. Ce fut comme si Sandra elle-même découvrait la raison de son attachement à la marque Frigidaire. Elle commença à parler de son père, de son travail en tant que professeur, puis du commerce en électroménager qu'il avait monté pour arrondir les fins de mois. Durant une période de crise, il connut d'énormes difficultés financières, et seule la société Frigidaire lui accorda des avances pour maintenir ses stocks et, par conséquent, son affaire. Sandra, à cette époque, était extrêmement attachée à son père. Il se confiait souvent à elle. Or, c'est durant ces moments-là, où chacun abaisse toutes ses défenses, que nous sommes les plus influençables. Sandra avait probablement oublié tous les détails de son histoire, mais le climat de sécurité qu'engendrait notre mode de communication lui avait permis de s'en souvenir de manière tout à fait spontanée.

Nous étions tous les deux émus aux larmes de ce que nous nous disions, pas tellement parce que nous découvrions ce que nous n'avions jamais compris, mais surtout parce que notre respect l'un pour l'autre s'en trouvait immensément accru. Ce qui ne sont apparemment que de petits détails prennent en réalité souvent leur source dans des situations denses d'émotions. Et traiter ces petits détails en ignorant les sentiments qu'ils dissimulent revient à fouler aux pieds le coeur d'un être humain.

Cette expérience de communication nous enrichit énormément. Nous pouvions finalement nous « brancher » presque instantanément sur nos sentiments respectifs. D'ailleurs, lorsque nous avons quitté Hawaï pour rentrer aux États-Unis, nous avons décidé de poursuivre l'expérience. Et nous continuons effectivement ces excursions en moto, ou en voiture, dans le simple but de parler. Nous avons l'impression que la clef de notre amour réside dans ces conversations, particulièrement lorsque nous y évoquons nos sentiments. Même lorsque je suis en déplacement, nous essayons toujours de discuter ainsi plusieurs fois par jour. C'est un peu comme rentrer chez soi et retrouver la joie, la sécurité et les valeurs que représente la famille.

UN MODE DE VIE INTER-GÉNÉRATIONS

En développant au cours de cette année notre capacité à utiliser l'espace entre stimulus et réponse et nos quatre dons humains, nous avons appris à agir de l'intérieur vers l'extérieur. Auparavant, nous abordions nos problèmes dans le sens inverse. Nous nous aimions, mais nous tentions d'atténuer nos différences en maîtrisant nos attitudes et nos comportements par l'emploi de différentes techniques d'interactions. Mais les solutions que nous trouvions ne duraient qu'un moment. En commençant à travailler sur notre caractère, nous avons créé, au contraire, une relation de confiance et de tolérance qui nous a permis de dissoudre les blocages nés de ces différences. Nous avons travaillé à la base, à nos racines : notre éducation, notre conditionnement ; nous avons réécrit notre programme et géré nos vies de manière à nous octroyer assez de temps pour des activités de type II et une communication constructive. Ce n'est que grâce à cela que nous avons pu récolter les fruits d'une relation enrichissante pour tous les deux, d'une intime compréhension et d'une grande force de synergie.

Mais nous avons également cueilli d'autres fruits. Nous avons pris conscience de l'influence qu'avaient eue sur nous nos parents, et de celle que nous avions, nous-mêmes, sur nos enfants, une influence parfois inconsciente. Nous avons ressenti alors le désir d'agir de telle sorte que tout ce que nous léguerions aux générations futures, par nos conseils et notre exemple, ait pour base de justes principes.

J'ai beaucoup insisté dans ce livre sur les types de scénarios qui influencent notre vie et que nous souhaitons modifier. Pourtant, à mesure que l'on analyse ces influences, on découvre que certaines ont été bénéfiques, merveilleuses. Ce sont celles-là que nous considérons trop souvent comme des dûs et dont nous n'avons même pas conscience. En prenant véritablement conscience de nous-mêmes, le regard que nous portons sur elles change. Nous sommes alors en mesure d'apprécier ces différentes influences, et les personnes qui nous ont enseigné à vivre selon de justes principes parce qu'elles nous renvoyaient l'image, non pas de ce que nous étions, mais de ce que nous pouvions devenir.

Une vie familiale où se mélangent plusieurs générations constitue en effet une force considérable qui aide chaque individu à trouver sa place. Il est important pour un enfant de savoir qu'il appartient à la « tribu », qu'il existe des personnes qui le connaissent et qui l'aiment. De plus, cela présente un avantage lorsque des problèmes surgissent entre vous et cet enfant. Dans ces moments-là, un oncle, une tante, pourra vous remplacer auprès de votre enfant et jouer, pour un temps, le rôle de parent, de conseiller ou de héros.

Les grands-parents ont notamment une importance primordiale. Ils forment un remarquable miroir social. Ma mère est comme cela. Même aujourd'hui, à quatre-vingts ans, elle s'inté-resse à tous ses descendants et nous écrit de véritables lettres d'amour extrêmement émouvantes. Elle ne cesse de nous encourager.

Une famille ainsi liée représente la relation d'interdépendance la plus enrichissante, la plus gratifiante et la plus satisfaisante que je connaisse. Nombreux sont ceux qui ressentent également l'importance d'un tel mode de vie. Chacun d'entre nous possède des racines, et la capacité à se replonger dans son histoire, de s'identifier à ses ancêtres.

Notre volonté de conserver ce contact entre les différentes générations n'est pas liée à notre seule personne. Nous le faisons pour la postérité, la postérité de l'espèce humaine tout entière. « Nous ne pouvons laisser à nos enfants que deux héritages : nous pouvons leur rendre leurs racines et leur donner des ailes. »

UNE PERSONNE DE TRANSITION

Selon moi, donner des ailes à nos enfants, et à d'autres personnes, c'est leur apprendre à trouver la liberté qui les aidera à s'élever au-dessus de toutes les habitudes de vie dont nous avons hérité. Je pense que nous y parviendrons en devenant ce que mon ami et associé, le docteur Warner, appelle « une personne de transition ». Au lieu de transmettre aux futures générations ces scénarios périmés, nous pouvons les modifier et, ce faisant, construire de nouveaux types de relations. Ce n'est pas parce que vos parents vous ont maltraités dans votre enfance, que vous devez à votre tour maltraiter vos enfants, même si nous avons tous effectivement tendance à vivre en fonction de ce que nous avons connu. Nous pouvons toutefois nous montrer proactifs et réécrire notre vie. Nous pouvons choisir de ne pas maltraiter nos enfants, mais au contraire de les aider à s'affirmer.

Ceci peut faire partie de votre énoncé de mission. Vous pouvez utiliser votre imagination afin de visualiser et de concrétiser une vie harmonieuse. Et vous pouvez aussi prendre de bonnes résolutions vis-à-vis de vos parents : essayer de les comprendre, de leur pardonner et, s'ils vivent encore, tenter de reconstruire vos relations. Vous pouvez choisir de mettre fin à une tendance néfaste de votre famille : vous servez ainsi de transition entre les générations passées et celles du futur.

Le vrai changement ne peut émaner que de notre for intérieur. Il ne sert à rien de vouloir combattre les attitudes et les comportements de chacun par des techniques miracles. Il faut travailler à nos pensées, à la fabrication de celles-ci, aux paradigmes de base qui définissent notre caractère et façonnent le filtre à travers lequel nous observons le monde.

L'une des conséquences les plus bénéfiques des sept habitudes est l'unité que nous réussissons ainsi à créer, une union avec nous-mêmes, avec ceux qui nous sont chers, avec nos amis ou nos collègues de travail. La plupart d'entre nous ont déjà vécu quelques expériences d'union. Mais, nous avons plus souvent goûté aux fruits amers de la désunion et de l'isolement. Nous savons que cette unité reste fragile et précieuse. Je dois admettre que bâtir un caractère intègre et une vie faite d'amour et d'attention pour les autres n'est pas une tâche aisée. Pourtant, c'est là la base d'une telle union et vous pouvez mener cette tâche à bien.

Le travail commence par un désir, le désir de centrer sa vie sur de justes principes et, donc, de nous défaire des anciens paradigmes qui découlaient de différents autres axes de vie, de nos confortables, mais avilissantes, habitudes passées.

Nous commettrons parfois des erreurs et nous nous sentirons mal à l'aise. Mais si nous commençons par remporter nos victoires intérieures et si nous travaillons de l'intérieur vers l'extérieur, les résultats ne manqueront pas de se faire connaître. Nous connaîtrons alors le bonheur d'une vraie croissance qui nous mènera vers une vie intègre et constructive.

Je citerai encore une fois Emerson : « Ce que nous persistons à faire devient plus facile, non que la nature de la tâche ait changé, mais parce que notre capacité à l'accomplir s'est accrue. »

En centrant notre vie sur de justes principes, en maintenant un équilibre entre nos actes et notre capacité à agir, nous nous donnons la force de créer une vie constructive, utile, une vie de paix... pour nous-mêmes, et pour ceux qui viendront après nous.

Remarque personnelle

Pour conclure ce livre, j'aimerais partager ma conviction personnelle concernant ce que j'estime être la source des principes justes.

Je crois que les principes justes sont des lois naturelles et que Dieu, notre Créateur et notre Père à tous, est leur source, ainsi que la source de notre conscience. je crois que si les individus vivent selon cette conscience élevée, ils s'épanouissent naturellement ; s'ils ne vivent pas selon cette conscience, ils ne dépassent pas l'état animal.

Je crois qu'il y a des parties de l'être humain qui ne peuvent être atteintes par les lois et l'éducation mais demandent la présence de Dieu. Je crois qu'en tant qu'êtres humains, nous ne pouvons pas nous perfectionner. Si nous vivons selon des principes justes, nous recevons l'aide divine qui nous permet de réaliser le potentiel pour lequel nous avons été créés.

Comme l'a dit Teilhard de Chardin, « *Nous ne sommes pas des êtres humains vivant une expérience spirituelle. Nous sommes des êtres spirituels vivant une expérience humaine.* »

Je subis moi-même la plupart des choses que j'ai livrées ici. Mais la lutte est enrichissante et en vaut la peine. Cela donne un sens à ma vie et me permet d'aimer, de servir, et d'essayer à nouveau.

C'est encore T.S. Eliot qui exprime si bien ma propre révélation et conviction :

« *Nous ne devons pas nous arrêter d'explorer. Et la fin de notre quête sera d'arriver où nous avons commencé et de découvrir l'endroit pour la première fois.* »

Annexe A

Perceptions possibles selon votre axe de vie

Axes de vie	Perceptions possibles dans les autres domaines				
	Conjoint	Famille	Argent	Travail	Biens matériels
Conjoint	• Principale source de satisfaction de vos besoins	• Bien lorsqu'elle reste à sa place • Importance moindre • Un projet commun	• Nécessité pour prendre soin du conjoint	• Obligation de gagner de l'argent nécessaire pour prendre soin du conjoint	• Moyen de combler, d'impressionner ou de manipuler
Famille	• Membre de votre famille	• Priorité absolue	• Support économique de la famille	• Le moyen d'atteindre votre but	• Confort et avantages éventuels pour toute la famille
Argent	• Actif ou passif de votre budget	• Une fenêtre par laquelle disparaît votre argent	• Source de sécurité et d'épanouissement	• Indispensable pour gagner de l'argent	• Preuve de succès économique
Travail	• Aide ou obstacle	• Aide ou obstacle • Personnes à qui enseigner votre éthique professionnelle	• Importance secondaire • Preuve de l'accomplissement d'un travail difficile	• Source principale de satisfaction et d'épanouissement • Noble éthique	• Outil pour l'amélioration de votre travail Fruits de votre travail

Biens matériels	• Votre principale acquisition • Allié pour l'acquisition de possessions	• Possession que vous pouvez utiliser, exploiter dominer, étouffer, contrôler • Vitrine	• Moyen d'accroître vos possessions • Une possession de plus sous votre contrôle	• Possibilité d'acquérir un statut, une autorité et de jouir de la gratitude d'autrui	• Symboles de votre statut
Plaisir	• Compagnon (compagne) de vos instants de joie et de plaisir, ou obstacle à ceux-ci	• Catalyseur de vos joies ou interférence	• Moyen d'accroître les occasions de vous amuser	• Moyen d'arriver à vos fins • Préférence pour le travail superflu	• Objets de plaisir • Moyen de vous amuser toujours plus
Amis	• Possible ami(e) ou concurrent(e) Symbole de statut social	• Amis ou obstacles au développement de nouvelles amitiés • Symbole de statut social	• Source de votre ascension sociale et économique	• Possibilités de développer des relations	• Moyen d'acheter l'amitié • Moyen de se procurer des divertissements en société

Axes de vie	Perceptions possibles dans les autres domaines Plaisir	Amis	Ennemis	Religion	Vous-même	Principes
Conjoint	• Activités communes qui vous réunissent, ou intérêt négligeable	• Votre meilleur(e) voire votre seul(e) ami(e) • Amis communs	• Votre conjoint vous défend, ou ennemis communs qui déterminent l'histoire de votre couple	• Activité à partager • Conséquence de votre relation	• Votre valeur dépend du conjoint • Vulnérabilité par rapport au comportement du conjoint	• Idées qui créent et maintiennent votre relation
Famille	• Activités familiales ou intérêt moindre	• Amis de la famille, ou compétition • Menace pour l'union de la famille	• Définis par la famille Source d'énergie et d'utilité familiales • Menace de l'unité familiale	• Soutien	• Membre essentiel de la famille, mais dépend de celle-ci	• Règles qui maintiennent l'unité et la force de votre famille • Conséquence de la vie familiale
Argent	• Dépenses, ou preuve de vos difficultés financières	• Choix en fonction de leur statut financier ou de leur influence	• Concurrents • Menace pour votre sécurité financière	• Abattements d'impôts • Parcimonie	• Votre valeur dépendant de votre compte en banque	• Formules qui vous permettent de gagner de l'argent et de le gérer

Travail	• Perte de temps Interférence	• Amitié résultant du travail et d'intérêts partagés • Superflu	• Obstacles à la productivité	• Importance pour votre image • Gaspillage de temps • Occasions de créer des relations professionnelles	• Vous vous définissez en fonction de votre travail	• Idées qui vous ont permis de réussir dans votre professions • Besoin d'adaptation aux conditions de travail
Biens matériels	• Achat, lèche-vitrines, clubs	• Objets personnels • Utilisation selon vos besoins	• Voleurs, profiteurs • Concurrents possédant plus que vous	• « Ma » religion, symbole de statut • Source de critiques injustes des bonnes choses de la vie	• Vous vous définissez par vos possessions, votre statut	• Concepts qui vous permettent d'acquérir plus de possessions
Plaisir	• Objectif suprême de la vie • Principale source de satisfaction	• Compagnons de vos divertissements	• Personnes trop sérieuses • Empêcheurs de tourner en rond, accusateurs	• Contrainte, obstacle à l'amusement • Culpabilité	• Instruments de plaisir	• Impulsions naturelles et besoins que vous devez satisfaire
Amis	• Divertissements entre amis • Passe-temps en société essentiellement	• Très important pour votre bonheur personnel • Appartenance à un groupe, intégration, popularité ayant un importance cruciale	• Exclusion de votre cercle social • Ennemis communs, définition d'une amitié	• Lieu de réunions sociales	• Définition sociale du moi • Inquiétude face au rejet, peur de gêner	• Principes de bas, lois qui vous permettent de vous entendre avec autrui

Axes de vie	Perceptions possibles dans les autres domaines				
	Conjoint	Famille	Argent	Travail	Biens matériels
Ennemis	• Sympathisant ou souffre-douleur	• Refuge (soutien moral) ou souffre-douleur	• Arme pour votre combat ou pour prouver votre supériorité	• Échappatoire ou occasion de laisser libre cours à vos sentiments	• Armes pour votre combat • Moyen de vous assurer le soutien d'alliés • Échappatoire, refuge
Religion	• Compagne ou compagnon, ou assistant(e) dans vos activités religieuses, mise à l'épreuve de la foi	• Sujets grâce auxquels vous pouvez démontrer votre foi, mise à l'épreuve de votre foi	• Moyen de soutenir votre communauté religieuse et votre famille • Le mal, lorsque l'argent prend le pas sur les actes et les enseignements relgieux	• Nécessité pour une vie temporelle	• Possessions temporelles de peu d'importance • Réputation ou reflet d'une grande valeur
Vous-même	• Possession • Personne qui satisfait vos moindres désirs	• Possession • Satisfaction de vos besoins	• Source de satisfaction à vos besoins	• Possibilité de « faire ce que je veux »	• Source de définition de votre valeur Protection, mise en valeur de vous-même

Principes	• Partenaire à égalité avec vous-même dans une relation interdépendante dont vous partagez les avantages	• Amis • Aide, soutien, épanouissement possibles • Possibilités d'influence entre les générations en vue d'améliorations	• Ressources vous permettant d'accomplir vos priorités et vos objectifs	• Occasion d'utiliser vos talents à des fins utiles • Moyens de produire des ressources économiques • Investissement équilibré de votre temps qui vous laisse assez de place pour vous investir également dans d'autres activités en accord avec les priorités et les valeurs de votre vie	• Ressources • Responsabilités à assumer correctement • Importance secondaire par rapport aux individus

Axes de vie	Perceptions possibles dans les autres domaines Plaisir	Amis	Ennemis	Religion	Vous-même	Principes
Ennemis	• Pause et détente avant la reprise du combat	• Soutien moral, sympathisants • Vos alliés contre un ennemi commun	• Objet de votre haine • Source de problèmes personnels • Aiguillon de votre attitude défensive et de votre auto-justification	• Source de justification	• Victime • Progression interdite par votre ennemi	• Justification par comparaison avec l'ennemi • Origine des défauts de l'ennemi
Religion	• Plaisirs « innocents » qui constituent une occasion de vous réunir avec d'autres membres de la communauté Autres plaisirs rejetés car péchés ou perte de temps	• Membres de votre communauté	• Non-croyants, personnes en désaccord avec vos croyances et dont la vie s'oppose totalement à ses enseignements	• Guide pour conduite prioritaire	• Votre valeur dépend de vos activités religieuse, de votre contribution à la religion ou des performances qui reflètent votre éthique religieuse	• Doctrines totalement soumises à votre religion

Soi-même	• Désirs et droits qu'il convient de satisfaire,« mes droits », « mes besoins »	• Aide, soutien de votre « moi »	• Source de définition et d'autojustification	• Moyen de servir vos intérêts	• Toujours mieux, toujours plus intelligent, toujours plus de droits • Justification de votre personne par la reconnaissance d'autrui	• Source de justification • Les idées qui servent au mieux vos intérêts, adaptables selon vos besoins
Principes	• Joie émanant de toute activité dans une vie qui possède un sens Véritable récréation, élément d'équilibre	• Compagnons d'un mode de vie interdépendant	• Pas de véritable ennemis, simplement des individus dont les opinions et les priorités diffèrent des vôtres et qu'il importe de comprendre et de traiter avec respect	• Source de principes • Possibilités de rendre service, de contribuer à une bonne cause	• Une personne talentueuse, créative, qui parmi d'autres et avec elle, peut réaliser d'importantzs projets grâce à un travail indépendant et interdépendant.	• Lois naturelles immuables que l'on peut violer impunément • Guides de votre intégrité lorsque vous les respectez, ils mènent une vraie croissance et au véritable bonheur

Annexe B

Une journée au bureau selon le Cadre II

L'EXEMPLE suivant vous permettra de saisir l'impact sur votre travail du paradigme qui régit le Cadre II.

Supposons que vous soyez directeur du marketing dans une grande société pharmaceutique. Vous vous apprêtez à débuter une journée normale de travail et vous jetez un coup d'œil à votre emploi du temps. Vous avez prévu les activités suivantes, mais vous n'avez pas encore décidé des priorités :

1. Vous aimeriez déjeuner avec le directeur général (une heure et demie).
2. On vous a demandé hier de préparer votre budget publicitaire pour l'année prochaine (deux ou trois jours).
3. Votre corbeille « courrier du jour » déborde dans celle du « courrier à signer » (une heure et demie).
4. Vous devez voir le directeur des ventes pour discuter des ventes du mois dernier (quatre heures).
5. Votre secrétaire attend que vous lui dictiez des lettres, urgentes d'après elle.
6. Vous aimeriez enfin consulter la pile de magazines médicaux qui encombre votre bureau (une demi-heure).
7. Vous devez préparer une présentation en vue d'une réunion de vendeurs qui aura lieu dans deux mois (deux heures).
8. La rumeur court que le dernier lot de produits XYZ aurait échoué aux tests de qualité.
9. Les services du ministère de la Santé vous ont demandé de les rappeler à propos du produit XYZ.
10. Une réunion des directeurs est prévue pour 14 heures, mais vous n'en connaissez pas l'ordre du jour.

Accordez-vous quelques secondes de réflexion. Grâce à ce que vous avez retenu des habitudes 1, 2 et 3, organisez votre emploi du temps de manière constructive.

Planning de 8 à 17 h

8	
9	
10	
11	
12	
13	
14	
15	
16	
17	

Je vous demande ici de vous restreindre à une journée et d'ignorer le restant de la semaine, qui compte tant pour une bonne gestion. Mais ceci n'est qu'un exercice et cette restriction vous per-mettra de vous rendre compte de la manière dont vous pouvez modifier vos huit heures de travail en suivant les principes du Cadre II.

La plupart des tâches citées dans la liste appartiennent au Cadre I. À l'exception de la tâche n° 6, toutes semblent importantes et urgentes. Si vous êtes un manager de la troisième génération, vous possédez sûrement votre propre méthode de classification par priorités qui tient également compte des circonstances, de la disponibilité des personnes que vous devez rencontrer, du temps qu'il vous faut pour déjeuner, etc. Et, comme la plupart des managers de cette génération, vous déterminez alors l'heure à laquelle vous exécuterez telle ou telle tâche. Vous repousserez au lendemain celles que vous n'avez pas pu « caser » le jour même.

Ainsi, beaucoup de managers utiliseraient la première heure pour se renseigner sur l'ordre du jour de la réunion de 14 heures, organiser le déjeuner avec le directeur général et téléphoner au ministère de la Santé. Ils consacreraient ensuite une à deux heures au directeur des ventes, à la correspondance urgente et à la rumeur sur les tests manqués. Ils emploieraient le reste de la matinée à préparer la rencontre avec le D. G. et la réunion de l'après-midi, ou encore à traiter tout autre problème concernant les produits XYZ et les ventes du mois passé. Après le déjeuner, ils finiraient le travail de la matinée ou s'occuperaient encore du courrier urgent ou d'autres affaires survenues le jour même.

La plupart penseraient que le budget publicitaire et la préparation pour les vendeurs peuvent attendre des jours plus calmes où vous n'aurez pas à régler autant de problèmes du type L La lecture des magazines, une activité de type II, mais apparemment moins importante que les deux précédentes, est reportée.

Voilà à peu près le type d'emploi du temps que dresserait un manager de la troisième génération. Comment avez-vous, vous-même réparti toutes ces tâches dans votre journée ? Votre organisation est-elle aussi de la troisième génération ? Ou avez-vous, au contraire, abordé l'exercice en pensant au Cadre II comme le ferait un manager de quatrième génération ? (Reprenez le tableau présenté avec l'habitude 3).

Organisation de type II

Reprenons maintenant la liste en gardant en mémoire les principes du Cadre IL Les propositions qui vont suivre ne sont certes pas les seules valables, mais elles illustrent bien la réflexion que requiert une activité de type II.

Si vous appartenez à la quatrième génération de managers, vous classez les tâches selon leur appartenance au Cadre I, concernant la production, ou au Cadre II, qui concerne vos capacités de production. Vous savez aussi que le seul moyen d'accomplir les activités de type I est d'accorder une attention toute particulière à celles de type II, de prévoir, de créer de nouvelles possibilités et d'avoir le courage de dire « non » aux Cadres III et IV

RÉUNION DES DIRECTEURS à 14 HEURES. Nous supposerons qu'aucun directeur ne connaît à l'avance l'ordre du jour de cette réunion. Ce n'est pas rare. En conséquence, la plupart des participants arrivent à la réunion sans préparation. Les réunions de ce genre manquent en général d'organisation, seuls des problèmes de type 1 y sont traités, ce qui donne à chacun l'occasion de partager avec les autres son ignorance sur ces questions. Tout le monde perd son temps et seul le directeur qui a organisé la réunion en retire une quelconque satisfaction. Les activités relevant du Cadre II sont généralement considérées comme des problèmes annexes dont on n'a pas le temps de s'occuper. Et quand, enfin, on parvient à en discuter, les participants à la réunion sont tellement fatigués d'avoir parlé des problèmes urgents qu'ils ne trouvent plus rien à dire sur ces sujets-là.

Vous pouvez donc accorder plus d'attention au Cadre II en vous procurant d'abord l'ordre du jour, de manière à exposer ensuite votre point de vue sur la tenue de ces réunions. Vous pouvez passer une ou deux heures à préparer votre intervention, même si celle-ci ne doit durer que quelques minutes. Vous vous attacherez à prouver l'importance d'avoir un ordre du jour clair et précis afin que chacun puisse apporter sa contribution aux débats. Vous demanderez que l'on se préoccupe plus des activités de type II, qui requièrent un travail de réflexion créative, alors que les activités de type I exigent, de leur côté, un travail mécanique de l'esprit. Vous soulignerez l'utilité d'établir, immédiatement après chaque réunion, des comptes rendus qui récapituleraient les décisions prises et les dates fixées.

Voilà donc un exemple de ce que vous pouvez entreprendre pour restituer les tâches de la journée dans l'esprit du Cadre II. Pour cela, vous devez vous montrer proactif et avoir le courage de renoncer à vouloir classer les tâches comme vous en avez l'habitude. Vous devrez aussi parler avec égards afin d'éviter le genre de crise habituelle que provoquent ces réunions.

Pratiquement, toutes les autres tâches peuvent également être entreprises dans ce même état d'esprit.

TÉLÉPHONER AUX SERVICES DU MINISTÈRE DE LA SANTÉ. Vous appelez le service en question le matin, de façon à entreprendre quelque chose le jour même si cela est nécessaire. Il vous est difficile de déléguer ce travail, car vous avez peut-être affaire à un service qui ignore l'importance du Cadre II, ou à une personne qui refuse de parler à un de vos délégués.

Si vous pouvez tenter d'influer sur la culture de votre entreprise, votre cercle d'influence n'est sûrement pas assez large pour que vous influenciez le mode de pensée des employés d'un ministère. Vous devez donc vous plier à leurs exigences. Vous leur téléphonez pour savoir exactement où se situe le problème. S'il est de nature chronique, vous pouvez alors agir dès maintenant à l'intérieur du Cadre II pour empêcher qu'il ne se reproduise. Là encore, vous devrez faire preuve de proactivité si vous souhaitez que la qualité de vos relations avec les services de santé s'améliore et que les problèmes soient traités de manière préventive, et non curative.

DÉJEUNER AVEC LE DIRECTEUR GÉNÉRAL. Vous tenez là l'occasion de discuter, dans un climat décontracté, de projets à long terme appartenant au Cadre II. Vous aurez besoin d'environ trente minutes, voire une heure, pour préparer cette conversation. Mais vous pouvez aussi voir dans ce déjeuner l'occasion de faire une pause détente et, dans ce cas, ne rien préparer du tout. De toute façon, vous construisez ainsi vos relations avec le directeur général.

PRÉPARER LE BUDGET PUBLICITAIRE. Vous pouvez peut-être demander à deux ou trois de vos associés de préparer un mémo inter-services sur ce sujet (vous n'aurez peut-être plus ensuite qu'à signer ce rapport). Vous pouvez aussi leur demander d'ébaucher quelques projets, bien pensés. Vous pourrez ainsi étudier les conséquences de chaque projet et choisir le meilleur. Cela (fixer les résultats, les lignes conductrices, les ressources, les responsabilités et les conséquences) vous prendra peut-être une bonne heure, peu importe à quel moment de la journée. Mais vous exploitez ainsi les meilleures idées de vos subordonnés, idées qui seront parfois tout à fait différentes les unes des autres. Si vous n'avez jamais travaillé de cette manière, il vous faudra probablement consacrer une autre heure à l'explication de votre « méthode ». Vous devrez par exemple éclaircir le terme « inter-services », expliquer pourquoi vous pensez que vos différences peuvent être sources de progrès et indiquer comment travailler sur les options et leurs conséquences.

COURRIER. Vous pourriez former votre secrétaire ou assistant pour qu'il ou elle traite votre correspondance et le courrier compris dans la tâche n° 5. Cela prendra probablement quelques semaines, voire quelques mois, avant qu'il ou elle pense en termes de résultats et non de travail mécanique. Il ou elle pourrait répar-tir le courrier dans le service, classer par ordre de priorité les documents qui ne s'adressent strictement qu'à vous et vous les amener ensuite accompagnés d'une petite note explicative. Votre secrétaire traitera finalement 80 à 90 % du courrier, souvent bien mieux que vous ne le feriez vous-même, et vous pourrez alors vous consacrer à des activités de type II, au lieu de vous plonger dans vos corbeilles.

DIRECTEUR DES VENTES ET VENTES DU MOIS DERNIER. Pour la tâche n° 4, vous pourriez repenser vos relations avec le directeur des ventes ainsi que les accords de performances passés. L'exer-cice ne précise pas la nature de la conversation que vous voulez avoir avec ce directeur. Supposez simplement que ce problème entre dans le Cadre I. Essayez de le résoudre avec les principes du Cadre II : travaillez sur la nature chronique du « mal » et réfléchissez aussi au moyen de répondre aux besoins immédiats.

Vous pourriez probablement former votre secrétaire pour qu'il ou elle traite ces affaires tout(e) seul(e) et ne vous informe que du né-cessaire. Vous devrez probablement discuter avec le chef des ventes et d'autres cadres, modifier vos relations avec eux afin qu'ils comprennent que votre rôle consiste à diriger et non à gérer. Ils recon-naîtront peu à peu les capacités de votre secrétaire et vous laisseront le temps de vous consacrer aux activités de leadership qui appartien-nent au Cadre II Si vous sentez que le directeur des ventes peut se vexer de n'avoir affaire qu'à votre secrétaire, vous pouvez l'aider à instaurer de bonnes relations de sorte qu'il ait confiance dans le type d'activités que vous voulez développer avec lui.

LECTURE DES MAGAZINES MÉDICAUX. Voilà une activité de type II que vous avez chaque jour tendance à remettre à demain. Or votre compétence professionnelle, et l'estime qu'on vous porte, dépendent en grande partie de l'actualisation de vos connaissances dans ce domaine. Vous pourriez décider de porter ce sujet à l'ordre du jour d'une réunion d'employés où vous suggéreriez, par exemple, une lecture systématique et organisée des revues par vos employés. Chacun informerait ses collègues du contenu de la revue qu'il a lue ou distribuerait aux personnes concernées des articles choisis.

PRÉPARATION DE LA RÉUNION DE VENDEURS. Vous pourriez contacter au préalable quelques-uns de vos subordonnés et leur demander d'enquêter sur les besoins du personnel de vente. Ils pourraient vous remettre un rapport concernant tous les services. Vous fixeriez ensemble un délai (une dizaine de jours) qui vous laisserait assez de temps pour compléter le dossier et l'adapter selon les besoins. Cela signifie que vos subordonnés doivent recevoir les vendeurs un par un, pour identifier leurs besoins, ou qu'ils les classent par catégories, de manière à leur envoyer, à l'avance, un ordre du jour adapté à la situation sur lequel ils puissent travailler.

Au lieu de préparer la réunion tout seul, vous pourriez déléguer cela à un groupe de personnes qui représenteraient différentes branches et opinions au sein du service. Ces assistants vous fourniraient ensuite un résumé constructif de leurs travaux. Si vous n'êtes pas coutumier de ces méthodes de travail, il faudra probablement consacrer du temps à former votre équipe, à la motiver et à lui expliquer pourquoi vous désirez travailler ainsi et quels seront les bénéfices pour toute l'entreprise. Vous apprenez ainsi à vos subordonnés à réfléchir sur le long terme, à se sentir responsables du service et de ses résultats. Vous leur montrez comment agir de façon interdépendante et créative et à accomplir un travail de qualité dans des délais impartis.

PRODUITS XYZ ET CONTRÔLE DE QUALITÉ. Voyons maintenant la tâche n° 8. Votre travail à l'intérieur du Cadre II consisterait à déterminer si le problème est chronique et risque de se reproduire. Si tel est le cas, vous pouvez demander à un groupe d'analyser la nature du défaut, ses causes et les solutions envisageables. Vous pourrez ensuite leur demander de mettre en application ces solu-tions ou les modifier vous-même si nécessaire.

Résultat net d'une organisation de type II : vous déléguez, formez, vous préparez une réunion de cadres, vous passez un seul coup de téléphone et vous organisez un déjeuner constructif. En réfléchissant ainsi à long terme sur les capacités de production, vous n'aurez plus, dans l'espace de quelques semaines, ou quelques mois, à affronter de problèmes d'organisation relevant du Cadre I.

À la lecture de cette analyse, vous vous dites sans doute que tout cela est bien idéaliste. Vous vous demandez même si les managers de la quatrième génération savent ce qu'est le Cadre I. J'admets que l'exercice paraît idéaliste. Mais ce livre s'adresse bien à des personnes qui tendent vers un idéal afin de devenir plus constructifs.

Bien entendu, vous devrez aussi consacrer du temps à des activités du Cadre I. Même les emplois du temps les plus remarquablement organisés selon les principes du Cadre II ne peuvent être appliqués à 100 %. Mais, la part du Cadre I dans votre vie peut être réduite jusqu'à devenir gérable. Cela vous évitera de vous trouver sans cesse dans des situations de crise qui nuisent à vos décisions ainsi qu'à votre santé.

Il ne fait aucun doute que ce travail exigera de vous patience et persévérance. Vous ne serez d'ailleurs peut-être pas en mesure de traiter toutes les tâches de cette manière dès le premier jour. Mais, si vous pouvez progresser dans quelques-uns de ces domaines et créer un nouvel état d'esprit au sein de votre service, et en vous-même, les résultats qui suivront seront considérables.

Ici encore, je reconnais que, dans une famille ou dans de petites entreprises, déléguer ainsi ses fonctions se révèle parfois impossible. Mais ceci ne doit pas vous empêcher d'acquérir un état d'esprit qui vous permettra de réduire l'importance du Cadre I par des initiatives découlant du Cadre II.

POSTFACE

LES QUESTIONS QUE L'ON ME POSE SOUVENT

Je suis toujours gêné par les questions personnelles. Mais on m'en pose tellement souvent, et avec tant d'intérêt, que j'ai pris le parti d'en reproduire certaines dans cette postface. Un bon nombre d'entre elles figurent aussi, avec leur réponse, dans *Les Sept Habitudes en action*.

La première parution des *Sept Habitudes* remonte à 1989. Quelles modifications y apporteriez-vous, compte tenu de la longue expérience accumulée depuis cette date ?

Ma réponse peut paraître désinvolte mais je n'y changerais rien. Je pourrais approfondir le sujet, en examiner de plus nombreuses applications, mais je l'ai fait dans d'autres livres publiés depuis.

Le nombre de personnes négligeant plus que toute autre l'habitude n° 3 (« Donnez la priorité aux priorités ») a été estimé à 250 000. Dans *Priorité aux priorités*, j'ai particulièrement creusé les habitudes 2 et 3, tout en étoffant aussi l'ensemble des autres habitudes, exemples à l'appui.

Les Sept Habitudes des familles épanouies appliquaient l'esprit des Sept Habitudes à l'élaboration de rapports familiaux heureux, solides et efficaces.

Mon fils Sean s'en est inspiré pour décrire dans un style très visuel, plaisant et édifiant, les besoins, aspirations et difficultés propres aux adolescents, dans *Les Sept Habitudes des ados bien dans leur peau*.

Enfin, par dizaines de milliers, les lecteurs ont témoigné du changement qu'ils avaient apporté à leur existence en devenant leur propre force créatrice, après avoir adopté les Sept Habitudes. Dans *Les Sept Habitudes en action*, soixante-seize d'entre eux retracent leur extraordinaire parcours. Exemplaires par leur courage et originaux par leur démarche, ils prouvent combien les principes peuvent transformer notre vie personnelle et professionnelle, quelle que soit notre situation passée et actuelle.

Depuis la sortie du livre, qu'avez-vous appris sur les Sept Habitudes ?

J'ai approfondi mes connaissances dans certains domaines et j'en ai acquis beaucoup de nouvelles. En voici dix, brièvement exposées.

1. Il importe de comprendre la différence entre principes et valeurs. Les principes, lois naturelles qui nous sont extérieures, déterminent les conséquences de nos actes. Les valeurs, quant à elles, trouvent leur origine en nous. Subjectives, elles représentent le guide sur lequel nous choisissons d'aligner notre comportement. Il est à espérer que nous aboutissions à des *principes de valeurs*, de sorte que les résultats que nous recherchons maintenant nous permettent d'en atteindre par la suite de meilleurs encore, ce qui correspond à ma définition de l'efficacité. Nous avons tous des valeurs, même les membres du crime organisé. Les valeurs gouvernent nos comportements, tandis que les principes en gouvernent les conséquences. Indépendants de nous, ils s'appliquent que nous ayons conscience ou non de leur existence, et qu'ils remportent ou non notre adhésion. J'ai acquis la conviction que l'humilité est mère de toutes les vertus. Elle nous incite à admettre que ce sont les principes qui tiennent les rênes, et pas nous, et donc à nous y soumettre. L'orgueil nous dit que nous sommes maîtres de notre comportement et que, puisque ce sont nos valeurs qui en décident, nous pouvons mener notre existence à notre guise. Rien ne nous empêche de le faire, mais les conséquences de nos actes découlent des principes, et non de nos valeurs. C'est pourquoi nous devrions accorder aux *principes* la *valeur* qu'ils méritent.

2. Grâce à l'expérience accumulée dans le monde entier, je sais désormais que les principes qui sous-tendent la matière de mes ouvrages sont universels. Sous des aspects variables d'une culture et d'une pratique à l'autre, ils demeurent identiques. J'ai retrouvé les principes énoncés dans les Sept Habitudes au sein des six grandes religions. D'ailleurs, lorsque je m'exprime devant des fidèles de ces religions, je cite leurs textes sacrés. Je l'ai fait au Moyen-Orient, en Inde et dans le reste de l'Asie, en Australie et dans le Pacifique sud, en Europe, en Afrique, en Amérique du Sud et du Nord, parmi les cultures amérindiennes et auprès d'autres peuples aborigènes. Tous, hommes ou femmes, connaissons des besoins et des problèmes semblables, qui font vibrer en nous les mêmes principes. Nous possédons tous un sens de la justice et du bien commun. Nous avons tous une notion morale de responsabilité, d'honnêteté, de respect, d'entraide et de finalité de l'existence. Seules les pratiques diffèrent, selon la situation. Chaque culture interprète de façon spécifique des principes universels.

3. J'ai constaté que les Sept Habitudes avaient un rôle à jouer dans le monde de l'entreprise, bien qu'elle soit dépourvue d'habitudes au sens strictement technique. Sa culture comporte des normes, des mœurs, des codes sociaux, qui équivalent à des habitudes, de même que les systèmes et procédures dont elle se dote. En fait et en dernière analyse, tout comportement demeure de nature personnelle, même sous forme de décisions collectives, prises par la direction de l'entreprise quant à ses structures, systèmes, processus et pratiques. Nous avons travaillé auprès de milliers de sociétés ou autres organisations, dans presque tous les secteurs d'activité, et en contact avec quasiment toutes les professions. Cela nous a confirmé que les principes contenus dans les Sept Habitudes s'y appliquaient, et qu'ils en déterminaient le niveau d'efficacité.

4. L'enseignement d'une quelconque des Sept Habitudes mène à celui des six autres qui, en retour, viennent ensemble l'éclairer. Comme dans un hologramme, la partie contient le tout.

5. Bien que les Sept Habitudes suivent une approche dirigée de l'intérieur vers l'extérieur, celle-ci s'avère encore plus efficace lorsqu'on traite d'abord la difficulté de l'extérieur. Si le problème à surmonter est de type relationnel, une rupture de la communication et de la confiance, par exemple, cela définit la nature de l'approche intérieur-extérieur à adopter pour remporter la victoire d'ordre privé préalable à la victoire publique que constitue la solution du problème. C'est pourquoi je commence souvent à enseigner les habitudes 4, 5 et 6 avant les habitudes 1, 2 et 3.

6. L'interdépendance est bien plus difficile que l'indépendance. Pour privilégier l'intérêt commun au lieu de chercher à dominer l'autre, pour tenter de comprendre quand tout, en vous, veut d'abord se faire comprendre, pour chercher une troisième voie plutôt que la solution facile du compromis, il faut vraiment beaucoup d'indépendance mentale et affective. En d'autres termes, réussir à coopérer de façon créative exige énormément d'indépendance, de confiance en soi et de maîtrise. Dans le cas contraire, ce qui passe pour de l'interdépendance n'est que contre-dépendance (faire le contraire de l'autre pour affirmer son indépendance), ou co-dépendance (qui consiste à avoir besoin de la faiblesse de l'autre pour justifier sa propre faiblesse par l'aide qu'on lui apporte).

7. Les trois premières habitudes peuvent se résumer ainsi : « Promettre et tenir ses promesses. » Et les trois suivantes par ceci : « Intéresser les autres au problème et chercher à le résoudre ensemble. »

8. Les Sept Habitudes constituent une nouvelle langue, même si celle-ci ne comporte qu'à peine une dizaine de mots ou d'expressions. C'est un code qui permet de dire beaucoup en peu de mots : « S'agit-il d'un dépôt ou d'un retrait ? », « Est-ce une attitude réactive ou proactive ? », « Sommes-nous dans la synergie ou dans le compromis ? », « Sommes-nous dans le gagnant/gagnant, le gagnant/perdant ou le perdant/gagnant ? », « Accordons-nous la priorité aux priorités ? », « Cela consiste-t-il à envisager la fin ou les moyens ? » J'ai vu des cultures

entièrement transformées parce qu'on y avait vraiment compris les principes et concepts symbolisés par ce code très spécial, et qu'on y adhérait.

9. L'intégrité est une valeur plus élevée que la loyauté. Ou plutôt, elle en est la manifestation la plus élevée. Elle consiste à placer les principes avant la société, l'entreprise ou même la famille. La plupart de nos questionnements tournent autour de la distinction suivante : est-ce que cela se fait (est-ce convenable, correct, admis ?), ou est-ce que c'est bien ? Dès que la loyauté envers un individu ou un groupe nous paraît prévaloir sur ce qui nous semble bien, nous perdons en intégrité. Certes, cela nous permettra sans doute de gagner en faveur, ou de resserrer des rapports de fidélité-titre provisoire. Mais par la suite, ces liens pâtiront de cette perte d'intégrité. Il en va de même que lorsqu'on colporte des ragots derrière le dos de quelqu'un. Pendant un temps, cela nous rapproche de nos complices en médisance ; mais ils savent qu'en d'autres circonstances, sous d'autres pressions, ils feraient eux-mêmes les frais de nos commérages. En quelque sorte, les trois premières habitudes représentent l'intégrité, et les trois suivantes, la loyauté. Mais elles sont indissociables. À long terme, l'intégrité engendre la loyauté. À l'inverse, viser en premier la loyauté, c'est compromettre l'intégrité en la renvoyant à plus tard. Avant de susciter l'affection, il importe d'inspirer confiance. Celle-ci, alliée au respect, finit généralement par produire de l'amour.

10. Vivre les Sept Habitudes représente un combat quotidien. Il nous arrive à tous de trébucher sur l'une des sept, voire sur les sept à la fois. Très faciles à comprendre, elles le sont beaucoup moins à appliquer avec constance. Ce qui relève du bon sens ne se transforme pas forcément en bonne pratique.

Personnellement, quelle est l'habitude que vous avez le plus de mal à respecter ?

L'habitude n° 5. Pour peu que je sois fatigué, et convaincu *a priori* que j'ai raison, je n'ai pas du tout envie d'écouter. Je vais jusqu'à faire semblant. En fait, je fais ce que je dis de ne pas faire : j'écoute non pas pour comprendre mais pour préparer ma réponse. D'ailleurs, l'application des Sept Habitudes est pour moi un combat incessant. Je n'en domine encore aucune. Je les considère comme des principes de vie que nous ne maîtrisons jamais complètement. Plus en s'en approche, et plus on se rend compte du long chemin qu'il faut encore parcourir pour y arriver. De même que plus on sait, et plus on sait qu'on ne sait rien.

C'est pourquoi, à l'université, j'attribuais à mes étudiants la moitié de leur note pour la pertinence de leurs questions, et l'autre moitié pour celle de leurs réponses. Ainsi, elle traduisait mieux leur niveau de connaissance.

Dans le même ordre d'idées, les Sept Habitudes suivent un cycle ascendant. À un niveau supérieur, la n° 1 diffère amplement de ce qu'elle était au départ. Au premier niveau, être proactif se limite à avoir conscience de la distance qui sépare stimulus et réaction. Au niveau suivant, il est temps de faire un choix, celui, par exemple, de renoncer à régler des comptes, de ne plus chercher vengeance. Ensuite, on arrive à faire part de ce qu'on éprouve. Puis à demander pardon. Puis à pardonner. Puis à pardonner à ses parents. Puis à pardonner à ses parents défunts. Et au niveau ultime, à ne plus se sentir attaqué à la moindre offense.

Vous êtes vice-président de *FranklinCovey Company*. Votre société applique-t-elle les Sept Habitudes ?

Elle s'y efforce. L'une de nos valeurs les plus fondamentales consiste à essayer sans cesse d'appliquer ce que nous enseignons. Mais nous n'y parvenons pas tout à fait. Comme toute entreprise, nous devons faire face à l'évolution du marché. S'y ajoute la difficulté d'intégrer deux cultures, celle du *Covey Leadership Center* et celle de *Franklin Quest*, qui ont fusionné en 1997. Arriver à mettre nos principes en pratique est une question de patience et de constance. Notre réussite se démontrera véritablement à long terme. Aucune image figée dans le temps ne saurait en donner un reflet fidèle.

Souvent, les avions s'écartent de leur plan de vol, puis ils s'y alignent de nouveau et parviennent à destination. Il en va de même pour tous les individus, familles et organisations. L'essentiel est de garder sans cesse à l'esprit un objectif, de s'engager à une communication permanente et mutuelle, et de rectifier sa course en permanence.

Pourquoi pas six, ou huit, ou quinze habitudes ? Le chiffre sept est-il sacro-saint ?

Le chiffre sept n'a rien de sacro-saint, il se trouve juste que les trois habitudes qui aboutissent à des victoires d'ordre privé (liberté de choix, choix et action) précèdent les trois habitudes qui mènent à des victoires publiques (respect, compréhension, création). S'en ajoute une, qui permet de renouveler les autres, soit un total de sept.

Lorsqu'on me pose cette question, je réponds toujours que si l'on souhaite acquérir un trait de caractère (la ponctualité, par exemple), il suffit de l'intégrer à l'habitude n° 2, au sein de son système de valeurs. L'habitude n° 1 repose sur la possibilité d'adopter le système de valeurs de son choix. L'habitude n° 2 correspond à ces choix et à ces valeurs. L'habitude n° 3 consiste à s'y tenir. Ces trois habitudes sont donc très élémentaires, génériques et intimement liées.

Il se trouve aussi que je viens de terminer un autre ouvrage, intitulé *La Huitième Habitude*. Certains y verront une contradiction avec la réponse ci-dessus. Mais, comme je l'indique dans le premier chapitre de ce nouveau livre, le monde a profondément changé depuis la parution des *Sept Habitudes de ceux qui réalisent tout ce qu'ils entreprennent*, en 1989. La complexité de notre vie et, en particulier, de nos relations personnelles et professionnelles, est d'un nouvel ordre de grandeur. L'année 1989 – celle de la chute du mur de Berlin – est souvent considérée comme le début de l'ère de l'Information, l'émergence d'une nouvelle réalité, un raz-de-marée hautement symbolique… une nouvelle ère, vraiment.

Dans le monde d'aujourd'hui, que l'on soit un individu ou une entreprise, être extrêmement efficace représente le prix à payer pour entrer dans le jeu, et non plus une simple possibilité. Mais pour survivre, prospérer, innover, exceller et prendre la première place dans cette nouvelle réalité, il faut dépasser l'efficacité, s'en servir de base pour édifier autre chose. Une nouvelle ère en appelle à un accomplissement, à une optimisation passionnée, à une participation véritable, à une authentique grandeur. Ces notions se situent dans une autre dimension, de même que le sens diffère du succès par nature, et pas seulement par son degré. Répondre à une voix puissante, celle des aspirations les plus élevées, celle du génie humain, exige une nouvelle tournure d'esprit, de nouvelles compétences, de nouveaux outils… l'adoption d'une nouvelle habitude.

Il ne s'agit donc pas d'ajouter une habitude aux sept autres, comme pour combler un oubli, mais de comprendre ce qu'une troisième dimension leur apporte et d'en tirer parti, afin de relever le défi essentiel d'une nouvelle ère, celle du travailleur du savoir.

Nouvelle réalité des Sept Habitudes : la Huitième Habitude

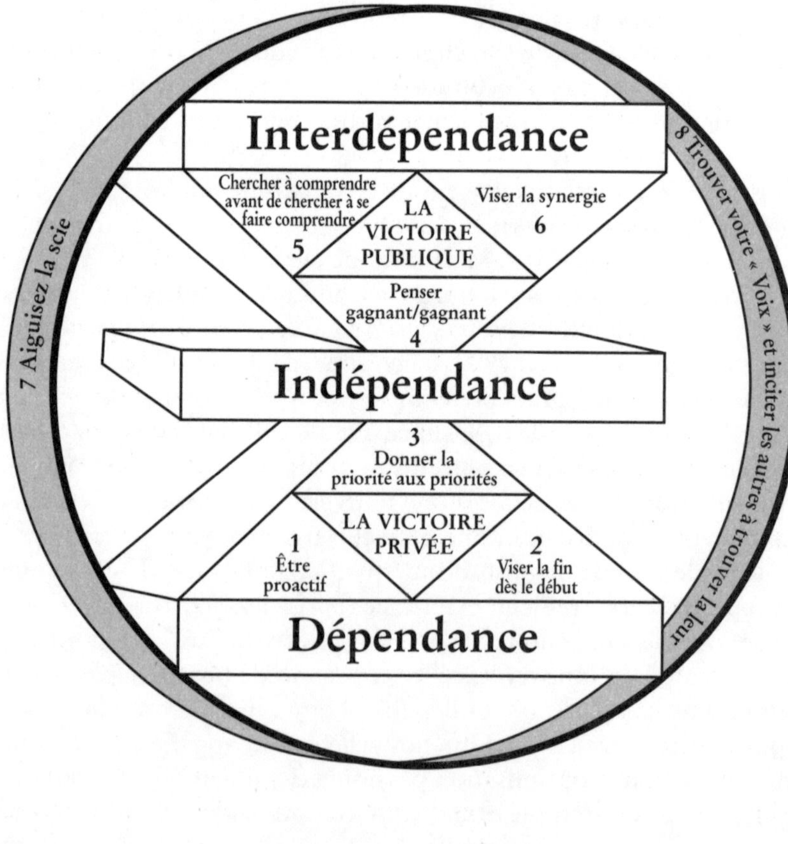

Quels effets votre notoriété a-t-elle sur vous ?

Elle en a plusieurs. Pour l'ego, il est flatteur d'être reconnu. Mais, n'ayant inventé aucun des principes que j'expose, je n'en tire aucun mérite et ma notoriété incite donc l'enseignant qui est en moi à l'humilité. Je ne dis pas cela par fausse modestie, mais par pure conviction. Je me considère comme quelqu'un qui cherche la vérité, comme quelqu'un qui tente de comprendre, de même que la plupart d'entre vous. Je ne suis pas un gourou et je méprise l'idée de passer pour tel. Je ne veux pas me faire de disciples. J'essaie seulement d'encourager une adhésion à des principes déjà présents dans les cœurs. Je tente d'amener les gens à vivre en accord avec leur conscience.

En tant que chef d'entreprise, que feriez-vous autrement, si c'était à refaire ?

J'appliquerais des méthodes de recrutement et de promotion plus stratégiques, plus proactives. Quand on jongle avec toutes sortes d'urgences, on a tendance à confier, trop vite, des responsabilités essentielles à des personnes qui détiennent apparemment des solutions. On « fait diligence », au lieu de définir avec soin les critères de sélection du poste à pourvoir, puis d'examiner scrupuleusement les CV et modes de comportement des candidats. Je suis certain qu'un recrutement stratégique – autrement dit, envisagé dans une perspective à long terme et dans un esprit proactif, et non pas décidé sous la pression du moment – procure tôt ou tard d'énormes bénéfices. Quelqu'un a dit : « C'est à ce que nous souhaitons le plus ardemment qu'il nous est le plus facile de croire. » Il est indispensable d'étudier en profondeur le caractère et les compétences du postulant car un jour ou l'autre, ses failles se manifesteront. Bien que la formation et l'acquisition de compétences en général aient leur importance, j'ai la certitude que la qualité du recrutement et de la sélection compte bien davantage.

En tant que parent, que feriez-vous autrement, si c'était à refaire ?

J'aurais aimé prendre le temps d'instaurer avec mes enfants, à chaque étape de leur vie, des « contrats » souples et informels, à notre avantage commun. Pris par mes occupations professionnelles et par mes déplacements, j'ai eu tendance à les gâter. J'ai laissé s'installer des situations gagnant/perdant, au lieu de m'efforcer à construire une relation qui, empreinte de cohérence, aurait abouti à des accords gagnants pour eux comme pour moi.

En quoi les techniques vont-elles transformer l'activité des entreprises ?

« Quand les infrastructures changent, tout se met en mouvement », a dit Stan Davis. Pour moi aussi, les infrastructures techniques sont à la base de tout. Elles exercent un effet d'accélération sur toutes les tendances, bonnes ou mauvaises. Pour cette raison même, je suis également convaincu que l'élément humain revêt d'autant plus d'importance : pas de *high-tech* sans *high-touch*. Plus la technologie pèse sur notre existence, plus le facteur humain, qui la commande, gagne en importance. Il s'agit en particulier de faire entrer dans notre culture le respect de critères applicables à l'utilisation de cette technologie.

***Les Sept Habitudes* ont connu un succès universel (quel que soit le pays, la culture, le sexe, l'âge). Cela vous étonne-t-il ?**

Oui et non. Oui, car je ne pensais pas que ce livre deviendrait un phénomène mondial. Certaines expressions qui en sont issues appartiennent désormais au patrimoine culturel américain. Non, dans le sens où cela faisait vingt-cinq ans que je vérifiais la véracité du contenu de l'ouvrage. Je savais qu'il allait marcher, surtout parce qu'il reposait sur des principes que je n'avais pas inventés et pour lesquels je ne m'attribue toujours aucun mérite.

Comment inculqueriez-vous les *Sept Habitudes* à de jeunes enfants ?

Je m'inspirerais des trois règles d'Albert Schweitzer : premièrement, l'exemple, deuxièmement, l'exemple, troisièmement, l'exemple. Mais je dirais, de façon moins radicale : d'abord, l'exemple ; ensuite, établir une relation aimante, qui soutienne l'enfant dans sa progression ; enfin, lui apprendre, dans son langage, les idées simples qui sous-tendent les habitudes, l'aider à acquérir une compréhension et un vocabulaire élémentaires en ce domaine. Cela consisterait à éclairer ses propres expériences à la lumière des principes, et à lui apprendre à reconnaître, dans son quotidien, une illustration des principes et des habitudes.

Mon patron (ou mon conjoint, mon enfant, un ami, etc.) ferait bien de lire les *Sept Habitudes*. Comment l'y inciter ?

Pour que les gens accordent de l'importance à votre savoir, il faut qu'ils sachent combien vous leur accordez d'importance, à eux. Commencez par nouer des liens sincères, en démontrant que vous êtes digne de confiance. Ensuite, vous montrerez à l'intéressé, par le simple exemple, en quoi les Sept Habitudes ont aidé à votre évolution. Puis, au moment approprié, invitez cette personne à une formation, offrez-lui le livre ou faites-lui part de certaines des idées de base qui y sont énoncées.

Quel est votre parcours et comment en êtes-vous venu à écrire les *Sept Habitudes* ?

Mon avenir semblait tout tracé : prendre la suite de mon père dans l'entreprise familiale. Mais il s'avéra que la formation des élites me passionnait encore plus. À la *Harvard Business School*, je me suis profondément intéressé à l'aspect humain des organisations. Par la suite, j'ai enseigné le management à la *Brigham Young University*, en travaillant par ailleurs dans les domaines de la formation et du conseil. C'est alors que j'ai commencé à élaborer des programmes complets de formation au management et au leadership, à partir d'un ensemble de principes organisés et équilibrés. Ces derniers ont finalement donné naissance aux Sept Habitudes et, appliqués au monde professionnel, à un concept de direction d'entreprise fondée sur le respect de principes. J'ai quitté l'université pour me consacrer à plein temps à la formation de dirigeants d'organisations de tous types. Après un an d'étude et de travail minutieux, nous avons abouti à la création de cette entreprise, destinée à la diffusion de nos connaissances dans le monde entier.

Que répondez-vous à ceux qui affirment détenir la véritable recette du succès ?

Je réponds tout d'abord que si leurs conseils se fondent sur des principes, ou lois naturelles, bravo, j'ai hâte d'en prendre connaissance. Je précise ensuite qu'ils décrivent sans doute les mêmes principes, mais en des termes différents des nôtres.

Êtes-vous vraiment chauve, ou vous rasez-vous le crâne dans un souci d'efficacité ?

Dites donc, vous, pendant que vous fignolez votre brushing, moi, je m'occupe des clients ! En fait, la première fois que j'ai entendu dire : « Tout ce qui est chauve est beau », je m'en suis trémoussé d'aise dans mon berceau !

Adresses

FranklinCovey-Cegos
11, rue René Jacques 92798
Issy-les-Moulineaux cedex 9,
France Tél : (33-1) 5500-9401
Fax : (33-1) 5500-9900

Covey Leadership Center, Inc.
Corporate Office
3507 North University Ave.
Suite 100
Provo, Utah 84605-9008
Tel :(801) 229-1333
Fax : (801) 342-6236

Covey Leadership Center
Australia / New Zealand
Headquaters
Mailing Address :
G.P.O. Box 231
Brisbane, QLD 4001
Tel : (61-7) 3259-0222
Fax : (61-7) 3369-7810

Covey Leadership Center
Bermuda
4 Dunscome Rd.
Warwick, Bermuda-WK08
Bermuda
Tel :(441) 236-0383
Fax : (441) 236-0192

Covey Leadership Center
Indonesia
Jl.Bendungan Jatiluhur 56
Bendungan Hilir
Jakarta, Inddonesia 10210
Tel : (62-21) 572-0761
Fax : (62-21) 572-0762

Covey Leadership Center
Ireland
5 Argyle Square
Donnybrook
Dublin 4, Ireland
Tel : (353-1) 668-1422
Fax : (353-1) 668-1459

Covey Leadership Center
Japan
Ogimura Bldg. 7F
23-4-11 Kudan Minami
Chiyoda-Ku, Tokyo 102, Japan
Tel :(81-3) 3264-7401
Fax : (81-3) 3264-7402

Covey Leadership Center
Korea
Prospo Bldg. Suite 302
1364-42 Seocho-Dong
Seocho-Ku
Seoul, South Korea, 137-070
Tel : (82-2) 3453-3361-4
Fax : (82-2) 3453-3365

Covey Leadership Center
Latin America / Caribbean
Headquaters
107 N. Virginia Ave.
Winter Park, FL 32789
Tel :(407) 644-4416
Fax : (407) 644-5919

Covey Leadership Center
Malaysia and Brunei
J-4, Bangunan Khas,
Lorong 8/1 E
46050 Petaling Jaya
Selangor, Malaysia
Tel : (60-3) 758-6418
Tel : (60-1) 755-1148
Fax : (60-3) 755-2589
Fax : (60-3) 758-6646

Middle East Region &
All Non-Licensed Areas
Covey Leadership Center, Inc.
International Operations Group
Attn : Cory Wengreen
3507 North University Ave.
Suite 100
Provo, Utah 84605-9008
Tel :(801) 342-6785
Fax : (801) 229-1233

Covey Leadership Center
Philippines
Ateneo Univ. C.G.B.
Loyola Heights
Quezon City, 1108
Philippines
Tel : (63-2) 924-4490
Fax : (63-2) 924-1869

Covey Leadership Center
Singapore, Hong Kong
Taiwan, China
350 Orchard Road n° 15-07/10
Shaw House
Singapore 238868
Tel : (65) 838-8600
Fax; (65) 838-8618
Fx : (65) 838-8628

Covey Leadership Center
Southern Africa
18 Crescent Road
Parkwood 2193
Johannesburg, South Africa
Tel :(27-11) 442-4589
Tel :(27-11) 442-4596
Fax :(27-11) 442-4190

Covey Leadership Center
Thailand
Queen Sirikit National
Convention Cneter
3rd Floor, Zone D
60 New Ratchadapisek Road
Kiongtoey, Bangkok 101 10
Tel : (662) 229-3911
Fax : (662) 229-3144

Covey Leadership Center UK
Newhall Court, George St.
Birmingham, B3 IQA England
Tel : (44-121) 604-6999
Fax : (44-121) 604-6777

Achevé d'imprimer par Corlet, Imprimeur, S.A. - 14110 Condé-sur-Noireau
N° d'Imprimeur : 96917 - Dépôt légal : décembre 2006 - *Imprimé en France*